伊拉斯谟计划：
欧盟高等教育一体化战略研究

Erasmus Programme：

Study on the Integration Strategy of European Union Higher Education

黎芳媛　著

河北大学出版社

·保定·

出 版 人：朱文富
责任编辑：李　达
装帧设计：王占梅
责任校对：李　易
责任印制：常　凯

YILASIMO JIHUA
OUMENG GAODENG JIAOYU YITIHUA ZHANLÜE YANJIU

图书在版编目（CIP）数据

伊拉斯谟计划：欧盟高等教育一体化战略研究 / 黎芳媛著. -- 保定：河北大学出版社，2023.4
ISBN 978-7-5666-2196-2

Ⅰ. ①伊… Ⅱ. ①黎… Ⅲ. ①欧洲联盟－高等教育－研究 Ⅳ. ①G649.5

中国国家版本馆CIP数据核字(2023)第061597号

出版发行：河北大学出版社
地址：河北省保定市七一东路2666号　邮编：071000
电话：0312-5073003　0312-5073029
网址：www.hbdxcbs.com
邮箱：hbdxcbs818@163.com
经　　销：全国新华书店
印　　刷：涿州市般润文化传播有限公司
幅面尺寸：170 mm × 240 mm
字　　数：222 千字
印　　张：16.5
版　　次：2023 年 4 月第 1 版
印　　次：2023 年 4 月第 1 次印刷
书　　号：ISBN 978-7-5666-2196-2
定　　价：63.00 元

如发现印装质量问题，影响阅读，请与本社联系。
电话：0312-5073023

序

在日益激烈的世界高等教育竞争环境下，以区域联盟的形式开展跨国合作逐渐成为许多国家和地区促进高等教育发展的重要路径。欧盟高等教育一体化是基于欧盟各国长期以来在经济、政治、外交及社会等领域中长期合作的结果，是欧洲一体化进程在教育领域中的外延。对于欧盟所开展的高等教育一体化项目来说，它有着坚实的合作经验、完备的法律制度保障和系统性的政策支持。而对于参与高等教育一体化的各国参与者而言，基于长久以来的文化认同和价值理解，其对一体化的合作模式也有着充分的观念认可。这些因素共同作用于欧洲高等教育领域，形成了欧洲不同于世界其他任何地区的教育联盟或组织，呈现出极具“欧洲式”的独特发展优势。伊拉斯谟计划作为欧盟推出的较为成功的、持续时间最长的、以欧盟成员国为核心的跨国合作项目，在其产生及发展的整个过程，无不体现着欧盟在高等教育领域上的合作、共赢之理念，为欧洲高等教育一体化和现代化发展发挥积极的作用。同时，随着计划的持续推进，越来越多的非欧盟国家也逐渐加入跨国合作的项目活动之中，为更多地区国家的高等教育质量提升与国际化发展贡献力量。

本书在论述欧洲地区开展区域性高等教育一体化战略的基础上，从国际层面、欧洲层面及师生个人发展层面阐释了一体化发展的必要性和意义；阐明了伊拉斯谟计划在欧盟高等教育一体化发展中的价值。同时运用文献法和历史分析法探讨伊拉斯谟计划的演变过程，分析计划中关于欧盟高等教育领域所开展的机构跨国合作、高校师生流动等重要项目举措；运用比较分析法对当前伊拉斯谟计划所开展的这些项目举措的发展现状和成效影响作年度、地区分析，探讨区域一体化发展中，国家或地区间在流动过程中所产生的利益冲突和发展差异等问题。

本书研究发现，以区域形式开展的高等教育人员跨国流动在国际流动市场上更具发展优势和竞争力，它为各国在流动发展中追求共性利益提供了充分的机会和空间。作为持续开展了三十多年的伊拉斯谟计划，其对提升欧洲高等教育的质量和一体化发展水平，促进各国高校之间在人员、机构及平台资源等方面的交流与合作取得了较好的发展成果。与此同时，由于高等教育跨国合作具有教育发展以外的溢出效应，各国的流动发展期望体现出对国际资源及国家利益的争夺趋向。而国家或地区间迥异的发展水平及世界影响力制约着各国在跨国合作项目发展中的作用力和利益份额，其中经济因素仍然是制约部分地区国家参与跨国合作项目及其效益获得的关键因素。这在一定程度上不利于弱势地区或国家的高等教育机构及高校师生在跨国合作项目中的参与和发展，同时这种地区间发展的不平衡性也将制约欧洲高等教育一体化的整体进程。

除此之外，随着近些年国际形势的变幻、全球发展问题的堆叠，欧盟在高等教育一体化的推进中面临着重重挑战。在内部困境与外部竞争加持的形势下，一体化仍然是欧洲绝大多数国家所坚信的最优发展战略，并且其更加强调对欧盟已有的一体化发展局势进行不断深化，加强欧盟机构在各成员国中的影响力和权威性，减少欧盟内部的矛盾与冲突，巩固一体化的发展秩序。对于欧盟各成员国而言，增强高校师生的欧洲价值观和身份认同感，重视高等教育的地区发展均衡性，坚持高等教育包容性与多样化发展理念，加快各国高等教育的数字化转型，以及提高欧洲高等教育的国际竞争力等策略，将成为今后欧盟高等教育一体化发展战略中的重要内容。

黎芳媛

2023 年 1 月

目　　录

绪　　论

一、欧盟高等教育一体化的研究意义

在全球化时代背景下，世界各国在教育尤其是高等教育领域的交流协作更加密切，培养国际化人才成为各国高校的共同发展目标，以期在国际人才市场中赢得主导权。同时，对于各国来说，在高等教育领域发展国际化本身不是最终目的，而是在这样一个全球化互联互通的世界中有效地提升高等教育质量的一种手段。① 因此，发展高等教育国际化成为各国教育发展的重要使命之一。对于欧洲国家而言，在基于欧盟这一区域性一体化国际组织的影响下，其在选择高等教育国际化的发展路径上，优先以欧盟成员国家作为跨国合作与交流的核心目标，即基于欧洲地区一体化的高等教育一体化发展道路。这种一体化发展模式成为欧洲地区不同于其他国家所具备的独特的高等教育发展优势，对于丰富高等教育国际化发展模式、提升欧洲高等教育的国际竞争力、促进欧洲区域一体化进程等方面发挥了重要作用。

（一）区域联盟成为高等教育国际化发展的新趋势

随着全球化趋势的不断加深，各国在开展高等教育国际化的形式

---

① 参见简・奈特《激流中的高等教育：国际化变革与发展》，刘东风、陈巧云译，北京大学出版社，2011，第1页。

上也渐趋多样化。以单一国家为单位的国际流动方式在世界高等教育竞争舞台上已不占优势，尤其对于中等发展水平的地区或国家而言，反而会增加国际流动的风险。全球化带来的一个意外结果是区域重要性的增加。以区域为基础的贸易区的建立，如北美自由贸易区（North American Free Trade Area）、亚太经济合作组织（Asia-Pacific Economic Cooperation）、欧盟等都是例证。基于区域的组织、联合体及联盟的发展进一步说明了区域化的趋势。[①] 在这种区域化发展的背景下，高等教育领域中基于区域的流动项目，例如亚太地区大学流动计划（University Mobility Program of Asia Pacific）、欧盟的伊拉斯谟计划（Erasmus Programme），以及南南之间的教育合作逐渐成为国际化发展的新形式。在日益激烈的世界高等教育竞争环境下，这种以区域联盟来开展高等教育国际化行动的方式更容易取得较好的成果和优势。不仅能够满足区域高等教育自身发展需求，提高区域高等教育的影响力和竞争力，同时还将超越教育维度，促进区域内部的经济、文化交流，对于地区整体发展具有良好的辐射带动作用。

（二）欧盟高等教育一体化发展模式的特色与优势

伴随着经济全球化和科学技术国际化脚步的加快，欧盟各国对于培养优秀跨国人才的重视度不断增加。为满足欧盟各成员国在高等教育领域内开展人才交流、学术合作及经验传播等合作活动，欧盟委员会联合各国高等教育部长于 1999 年 6 月共同签署了《博洛尼亚宣言》（Bologna Declaration），开启了欧洲高等教育一体化发展的序幕。博洛尼亚进程（Bologna Process）作为欧洲高等教育领域的重要发展战略，旨在推动一个团结和强大的欧洲高等教育区（European Higher Education Area）不断发展，带动一个具有更高的兼容性和可比较性的

---

① 参见简·奈特《激流中的高等教育：国际化变革与发展》，刘东风、陈巧云译，北京大学出版社，2011，第 8 页。

高等教育系统圆满达成。[①] 随着这一进程的逐步推进，欧盟在 2010 年建立起了欧洲高等教育区，推进了欧洲高等教育的结构化改革，促进了高等教育机构、高校师生及其他利益相关者的提升与发展。欧洲正在实现以欧盟成员国为核心的欧洲地区高等教育一体化发展模式在国际竞争力和吸引力上的积极作用，并且为建设一个更加美好而强大的欧洲教育区（European Education Area）而不懈努力。以欧盟为主导的高等教育一体化发展战略，是基于欧盟各国长期以来在经济、政治、外交及社会各领域中的长期合作基础之上的结果，是欧洲一体化进程在教育领域中的外延。这意味着，欧盟的高等教育一体化有着坚实的合作经验、完备的法律制度保障和系统性的政策支持。此外，对于参与高等教育一体化的各国参与者而言，基于长久以来的文化认同和价值理解，他们对一体化的合作模式也有着充分的观念认可。这些因素共同作用于欧洲高等教育领域，形成了欧洲不同于世界任何其他地区的教育联盟，呈现出极具“欧洲式”的独特发展优势。

（三）伊拉斯谟计划是欧洲高等教育一体化的典型代表

欧盟在推进地区高等教育一体化发展过程中，推出了一系列较为知名而成功的合作项目。例如，1986 年欧洲共同体（European Community）推出了“可米特计划”（Comett Programme），以促进欧洲高等教育与工业领域的合作。1989 年，“林瓜语言计划”（Lingua Programme）开始实施，旨在提升欧洲地区青年人在国际市场中的语言能力，在激烈的国际人才竞争中获得更多的优势。1990 年，欧共体开展的“泰姆普斯计划”（Tempus Programme）为增加中东欧国家间的教育协作提供了极大的推进作用。而 1995 年欧盟所开发的“苏格拉底计划”（Socrates Programme）更是成为当时欧洲地区促进教育合作

---

① 参见刘爱玲、褚欣维《博洛尼亚进程 20 年：欧盟高等教育一体化过程、经验与趋势》，《首都师范大学学报（社会科学版）》2019 年第 3 期。

与交流十分重要的项目，并且在 1995 年到 2006 年将伊拉斯谟计划作为该计划的一个子项目，重点发展高等教育领域内的合作与交流活动。随着高等教育一体化发展需求的不断提升，国际竞争力的日益增强，以及欧盟各国在政治、经济、人才市场等方面所面临的问题，欧盟逐步深化了教育领域，尤其是高等教育的一体化程度，并且制定了发展欧盟地区高等教育跨国合作与交流的专门计划——伊拉斯谟计划。伊拉斯谟计划是欧盟委员会在 1987 年启动的有关欧洲地区高等教育跨国合作方面的项目。该项目通过开展长短期的人员往来、学分互认、科研合作及校企合作等活动，推动成员国家的高等教育机构与企业间开展交流。伊拉斯谟计划从建立之初到现在已有三十多年的发展历程，每一阶段的计划更新都是继承上一阶段计划实施的效果与欧洲高等教育发展实际状况而不断优化、调整的过程，但计划始终以促进欧洲地区高等教育的一体化发展为核心目标。

二、现有的研究理论成果

纵观国内外学者对欧洲伊拉斯谟计划的已有研究成果，大致可以从宏观研究视角和微观研究视角两个方面进行梳理。前者倾向于对计划的理念内涵、框架体系进行整体介绍，后者则聚焦于对计划开展中存在的问题或影响展开具体而深入的分析。

（一）宏观研究视角

对于该计划的初期研究者们而言，很多学者热衷于探讨伊拉斯谟计划产生的背景、动因、历史演变过程以及计划运行的整体机制。研究成果多以描述介绍为主，为研究者所在国家学习借鉴，内容宏观而系统。

1. 针对伊拉斯谟计划产生及演变的研究

从整体上梳理和分析计划形成和演变的过程，尤其对于国内学者们而言，是研究该计划的一大热点。魏航将伊拉斯谟计划作为欧盟高等教育合作交流政策的一个子部分进行论述，着重从高等教育视角对该计划的目标特色、执行机构、经费补助及参与国等几个方面进行简要概述，并以此分析其对欧盟高等教育方面所产生的影响。① 季艳艳围绕伊拉斯谟计划的历史背景、发展演变、主要内容及实施成效几个方面进行系统论述，着重对师生流动、欧洲学分转换系统、多边项目、主题网络及伊拉斯谟世界计划这几个领域进行详细阐释，并且基于该计划在实施中的质量保障、绩效评价的状况，以及对欧盟各国高等教育系统的具体影响来分析计划实施的成效。② 这类文献多是基于整个计划项目的影响分析，所运用的数据大多与项目数量、参与人员数量等样本数量有关，数据来源单一，仅从数量多少来分析影响及成效，缺乏一定的说服力。

有的学者将伊拉斯谟计划中不同阶段所推出的项目进行对比分析，李素琴、胡丽娜基于国际化的视角，对“伊拉斯谟项目”与“伊拉斯谟世界项目”的内容和目标的变化作比较研究，来分析欧盟在高等教育方面的国际化发展趋势。③ 学者弗里德里希姆·麦沃姆（Friedhelm Maiworm）以伊拉斯谟计划为研究对象，对其产生与发展过程进行概述，并且对20世纪90年代伊拉斯谟计划中的“苏格拉底项目”进行重点分析，试图与涵盖伊拉斯谟计划前7年的评估研究结果进行比较分析。④ 这类研究注重探讨项目前后所发生的变化、新项目产生的原因及

---

① 参见魏航《欧盟高等教育合作交流政策研究》，博士学位论文，东北师范大学，2011。

② 参见季艳艳《欧盟伊拉斯谟计划（ERASMUS）的发展及成效研究》，硕士学位论文，上海师范大学，2011。

③ 参见李素琴、胡丽娜《从“伊拉斯谟项目”到“伊拉斯谟世界项目”：欧盟高等教育的国际化发展》，《比较教育研究》2010年第4期。

④ See Friedhelm Maiworm, “ERASMUS: Continuity and Change in the 1990s,” *European Journal of Education* 36, no. 4(2001): 459-472.

特征的概括。

2. 针对伊拉斯谟计划开展及运行的研究

该类文献主要集中于对伊拉斯谟＋计划（Erasmus＋Programme）的重点描述，由于该计划是从 2014 年开始实施的，大多文献侧重于对该计划的介绍和与之前计划的比较。李英就该计划所包含的三个关键行动、让·莫内行动（Jean Monnet Action）、体育运动方案的主体框架和内容进行详细介绍，并且对计划的目标与举措进行相关阐述。[①] 孙华、蒲欣也是通过对该计划的出台背景、目标、内容进行简单阐述，同时又加入了与之前计划的一个对比，通过分析伊拉斯谟＋计划与之前计划的关联性与区别，来论述新计划的特点与发展趋向。[②] 李大为在描述介绍新计划的同时，将其发展趋势与特点概括为综合化、全面化和人本化，并且将该计划对欧盟成员国及其他利益相关国家的影响进行了分析和预测。[③]

3. 针对伊拉斯谟计划出台背景的研究

还有部分文献是针对该计划的出台动机及其所产生的意义进行研究。俞可在其文章中就新计划颁布时欧盟各国所处的政治经济背景以及高等教育领域内的发展需求进行了分析，认为欧盟的高等教育面临陷入融合与差异、中心与边缘的双重身份认同的摇摆中，而以本土高等教育质量为核心，以培育全球公民为目标，以国家文化软实力为基础的方式能够实现欧盟高等教育的自我救赎。[④] 学者阿德里亚娜·佩雷斯·安西纳斯（Adriana Pérez-Encinas）主要分析了该计划在西班牙陷

---

① 参见李英《“伊拉斯谟＋”计划：欧盟高等教育政策新进展》，《高等教育研究》2014 年第 12 期。

② 参见孙华、蒲欣《欧洲联盟“新伊拉斯谟计划”及其对我国高等教育的启示》，《当代教育科学》2015 年第 21 期。

③ 参见李大为《欧盟“新伊拉斯谟”计划述评》，《现代教育论丛》2014 年第 6 期。

④ 参见俞可《欧盟高等教育的自我救赎》，《复旦教育论坛》2015 年第 1 期。

入经济危机的背景下如何帮助该国学生提高学习能力、就业能力，以此适应未来多变的劳动力市场。①

（二）微观研究视角

随着对该计划研究的不断推进，国内外更多学者开始针对该计划发展中的某一方面进行深入地、有针对性地研究。研究主题可以划分为针对参与动机、流动质量评估及影响因素等类别。

1. 针对伊拉斯谟计划参与动机的研究

国外学者对这一问题取得了一定的研究成果。卡洛斯·罗德里格斯·冈萨雷斯（Carlos Rodríguez González）等学者从实证角度研究了影响学生参与伊拉斯谟计划的因素，研究运用相关的移民理论根据分析所收集到的流动数据，得出国家规模、生活成本、距离、教育背景、大学教育质量、东道国语言及环境都是影响学生选择的重要因素的结论。除此之外，研究还指出国家特质与时间效应同样会影响学生对国外流动的选择。② 哈维尔·丰博纳（Javier Fombona）等学者的这项研究涉及来自西班牙奥维多大学的 377 名参与伊拉斯谟计划的学生，通过问卷调查来了解他们参与该计划的动机及满意度。调查结果显示，在参与项目过程中大多数学生对所去国家的语言掌握能力有了极好的提升，而学术与文化因素、对新环境了解的渴望，以及拥有一次欧洲生活经历是促使大部分学生参与项目活动的主要因素。除此之外，对工

① See Adriana Pérez-Encinas, "Consolidating Erasmus Mobility in Spain During the Economic Crisis," in *Global and Local Internationalization*, eds. Elspeth Jones etal. (Rotterdam: Sense Publishers, 2016), pp. 163-166.

② See Carlos Rodríguez González, Ricardo Bustillo Mesanza and Petr Mariel, "The Determinants of International Student Mobility Flows: An Empirical Study on the Erasmus Programme," *Higher Education* 62, no. 4(2011): 413-430.

作前景的期望也是另一个重要的驱动因素。[①] 该类研究多采用实证性方法，对学生参与项目的驱动因素进行归类分析。

2. 针对伊拉斯谟计划流动质量评估的研究

关于学生群体的研究，还有少部分是以流动的质量评估视角来进行分析的。学者乌尔里希・泰希勒（Ulrich Teichler）以参与项目的学生视角来看待学生对流动活动的看法及选择、对流动经历影响的评价。20 世纪 90 年代参与伊拉斯谟项目的学生大多数认为拥有国外学习经历是值得的，他们对自己在文化体验、外语学习、个人经历和专业提升方面进行了积极的评价，但是对在学术方面的影响力却多给予谨慎的价值评价。基于这种调查结果，学者指出学生们并不是将参与伊拉斯谟项目作为休闲和文化活动的机会，他们在国外将大量的时间花费在了学习上面，其学术学习的水平高于他们在国内相应时期的学习水平就可以证明这一点。流动期间多元文化环境的沟通和价值渗透对学生更好地理解学习领域中的异国差异有更大的帮助。[②] 英格・朱克尼特・佩特雷基内（Inga Juknytė-Petreikienė）等学者分析了学生参与国际化流动的动机、学生自身的态度对其在项目活动中的个人发展、学科知识或能力提升等附加值的关联性，以及学生对高等教育国际化重要意义的理解等相关问题。[③]

3. 针对伊拉斯谟计划影响因素的研究

从研究文献的数量上看，国内外学者多集中于分析伊拉斯谟计划

---

① See Javier Fombona, Celestino Rodríguez and María Angeles Pascual Sevillano, "The Motivational Factor of Erasmus Students at the University," *International Education Studies* 6, no. 4(2013): 1-9.

② See Ulrich Teichler, "Temporary Study Abroad: The Life of ERASMUS Students," *European Journal of Education* 39, no. 4(2004): 395-408.

③ See Inga Juknytė-Petreikienė and Kestutis Pukelis, "Quality Assessment of Internationalised Studies: Experience of Socrates/Erasmus Programme Participants," The *Quality of Higher Education* 4, (2007): 74-101.

对流动学生个人发展方面的影响与意义，而且主要探讨文化语言、实习就业、欧洲意识、专业发展及资金贷款几个主题。学者纳塔萨·雷库（Natassa Raikou）和塔纳西斯·卡拉利斯（Thanassis Karalis）在文中主要对参与伊拉斯谟计划的希腊帕特雷大学的学生进行调查研究，通过对学生参与项目的原因、角色、语言能力、资金状况、所遇到的问题及经历的深入了解，来分析这些项目在学生的自我发展、专业导向、创造力，以及对欧洲的“归属感”等方面的积极影响和重要意义。① 乔治亚·拉采（Georgeta Rață）主要关注参与伊拉斯谟+计划的学生在国外流动中所面临的语言文化差异问题，并且进一步分析了计划中所包含的语言学习或教学的提升、欧盟地区语言多样性，以及跨文化意识的目标下学生在流动中所应具备的能力和性格特征。② 汉娜·迪肯（Hannah Deakin）主要研究了英国学生选择参与伊拉斯谟项目进行工作实习的驱动因素，研究基于对学生面试及报告的分析，采用多种研究方法总结出五个驱动因素：就业能力、英国经济萧条后难以寻找实习工作、语言、资金及个人因素。其中，就业能力被认为是推动学生工作实习流动的主要因素。同时，英国高等教育中为了公共利益而将教育目标转向以就业为目的的新自由主义教育议程，也是推动英国学生选择参与伊拉斯谟工作实习流动项目的关键动因。③ 维托利亚·雅各布尼（Vittoria Jacobone）和朱塞佩·莫罗（Giuseppe Moro）主要

---

① See Natassa Raikou and Thanassis Karalis, "Non-Formal and Informal Education Processes of European Lifelong Learning Programmes for Higher Education: The Case of the Erasmus Programme in a Greek Peripheral University," *International Journal of Interdisciplinary Social Sciences: Annual Review* 5, no. 1(2010): 103-114.

② See Georgeta Rață, "Intercultural Development Through Intercultural Awareness and Cultural Briefing," *New Trends and Issues Proceedings on Humanities and Social Sciences* 4, no. 1(2017): 61-67.

③ See Hannah Deakin, "The Drivers to Erasmus Work Placement Mobility for UK Students," *Children's Geographies* 12, no. 1(2014): 25-39.

将英国国内学生与参与流动项目的学生从学习、个人成长、能力发展方面进行比较研究，运用前实验设计的研究方法，得出国外流动对学生的发展更有积极影响的结论，而且主要表现在文化素养的提升、个人能力的发展以及外语水平的提高。另外，在欧洲层面上的流动增强了学生的自我认同感。[①] 该类文章多以某个国家或高等教育机构中的学生作为研究对象，容易收集和把握样本数据，研究结果准确性高，分析深入，但由于样本容量有限，结论的外在信度不高。

总的来说，从研究数量上看，有关这方面的文献研究总量并不充足，国外文献研究数量远多于国内，尤其是对该计划在近几年的发展研究文献数量更少，关于伊拉斯谟＋计划的研究最少。从研究视角来看，多呈现以伊拉斯谟整个计划为研究主体和以该计划中某一具体领域或项目为研究主体两种研究角度。其中，国内学者多倾向于前一种研究类型，以系统性、概括性的介绍描述的文献较多；而国外的学者倾向于就计划或项目中的某一个领域或问题进行研究，针对性强。从研究范围上看，关于伊拉斯谟计划或是伊拉斯谟＋计划的研究基于整体或高等教育领域的研究较多，而伊拉斯谟＋计划是涉及高等教育、青年培训、体育等多个领域方面，研究视角相对狭窄、单一。从研究对象上看，研究群体多集中于高校学生群体，对同样参与项目活动的教职人员及组织机构的关注度较少；所关注的参与国多集中在土耳其、英国、西班牙及波兰，而这几个国家同样也是近几年来参与伊拉斯谟计划最活跃、流动人员最多的项目成员国。从研究内容上看，在流动项目中所产生的文化差异及语言障碍问题的研究成为各国相关领域研究者的关注热点，有关欧洲身份意识的影响分析成为欧洲学者所重视的主题。除此之外，随着伊拉斯谟计划吸引越来越多学生及其他利益

---

① See Vittoria Jacobone and Giuseppe Moro, "Evaluating the Impact of the Erasmus Programme: Skills and European Identity," *Assessment & Evaluation in Higher Education* 40, no. 2(2015): 309-328.

相关者的注意与参与，推动参与者加入计划项目中的内在驱动因素也成为研究者们开始关注和探讨的问题。从研究方法上看，我国学者多采用文献研究法、历史研究法，国外学者多采用问卷调查、访谈等实证研究方法。

基于以上分析可知，我们对于新的伊拉斯谟计划（即“伊拉斯谟＋计划”）缺乏一定时效性和深入的研究。从已获取的文献资料来看，我国多数文献以描述计划和介绍具体项目的开展情况为主要内容，对于计划或项目的开展原因、影响因素以及对利益相关者所产生的具体影响和意义方面涉及较少。对于部分文献中涉及影响及作用的分析也大多基于计划或项目参与的人群及数量等方面的数据进行简单论述，数据来源较为单一，分析深入性不够，并且多是以整个计划或项目为研究对象进行概括性的阐述，缺乏一定的针对性。同时，在研究内容上，将伊拉斯谟计划与伊拉斯谟＋计划进行关联性分析的研究很少，而伊拉斯谟＋计划的出台与之前计划的实施和影响结果的分析有着密不可分的联系，需要更深入地探究之前计划对新计划所产生的具体影响。除此之外，在研究意识方面，国内外学者均倾向于对该计划进行肯定性和赞扬性的评述，而对计划所产生的影响分析也仅仅是对项目开展的数量之多、参与度之高而主观推测所产生的影响与意义，并未对其可能存在的问题和具体影响内容进行进一步的分析。

三、有关概念的界定

本书主要集中于欧盟高等教育领域的一体化发展战略研究，并且重点基于伊拉斯谟计划的开展情况进行分析和探讨。在进行具体论述之前，有必要先对研究主题的主要概念进行界定。

（一）欧盟

欧洲联盟（简称“欧盟”），是欧洲地区规模较大的区域性经济合作的国际组织。该国际组织的建立旨在促进欧洲地区和平，追求公民富裕生活，实现社会经济可持续发展，确保基本价值观，加强国际合作。其前身是欧洲共同体。目前（截至 2022 年 10 月），欧盟已拥有奥地利、比利时、保加利亚、塞浦路斯、捷克、克罗地亚、丹麦、爱沙尼亚、芬兰、法国、德国、希腊、匈牙利、爱尔兰、意大利、拉脱维亚、罗马尼亚、立陶宛、卢森堡、马耳他、荷兰、波兰、葡萄牙、斯洛伐克、斯洛文尼亚、西班牙、瑞典 27 个成员国。① 本书主要以参与伊拉斯谟计划的欧盟各成员国为主要分析和研究对象。欧盟的主要机构有五个：第一，欧洲理事会（European Council），又称"欧盟首脑会议"或"欧盟峰会"，这是欧盟最高决策机构。欧洲理事会由成员国国家元首或政府首脑及欧洲理事会主席、欧委会主席组成。欧洲理事会常设主席一职，任期两年半，可连任一届。第二，欧盟理事会（Council of the European Union），又称"部长理事会"，它是欧盟立法与政策制定、协调机构。理事会由每个成员国各 1 名部长级代表组成，按不同议事领域由相应部长组成，除外长理事会由欧盟外交与安全政策高级代表主持外，理事会主席由轮值主席国代表担任，任期半年。第三，欧盟委员会（European Commission），简称"欧委会"，欧盟立法建议与执行机构。委员会成员由每个成员国 1 名代表组成，其中主席 1 人，副主席 8 人，任期 5 年。第四，欧洲议会（European Parliament），是欧盟监督、咨询和立法机构。议员由成员国直接选举产生，任期 5 年。第九届欧洲议会于 2019 年 7 月正式成立，现有 705 名议员，7 个党团。第五，欧盟对外行动署（European External Action Service），是由欧盟外交与安全政策高级代表（兼任欧盟委员会副主席）领导，协

---

① 参见《欧盟概况》，中华人民共和国外交部，2022 年 10 月，https://www.mfa.gov.cn/web/gjhdq_676201/gjhdqzz_681964/1206_679930/1206x0_679932/，访问日期：2022 年 10 月 29 日。

调成员国外交政策的机构组织。[①] 这些机构对于推动欧洲高等教育一体化发展起到了重要的作用。

（二）欧洲高等教育一体化

“一体化”既是指作为过程，也是指作为既成状态。其基本含义为不同的社会、国家及经济体跨越了现存的国家、宪政和经济边界，以和平和自愿的方式所形成的联合。[②] 欧洲的一体化开始于经济领域的联合，但在演进的过程中其政治性意味逐步增强，显现出政治一体化的样态。学者卡尔·多伊奇（Karl W. Deutsch）基于系统功能主义理论认为，“政治一体化是政治行为体或政治单位（诸如个人、集团、城市、地区以及国家）的政治行为的结合”[③]。厄恩斯特·伯纳德·哈斯（Ernst Bernard Haas）将这种一体化解释为处于一些民族背景中的政治行为体经劝说而把“他们的效忠、期望和政治活动转移到一个其机制拥有或要求拥有高于现存国家管辖权的、新的中心的过程”[④]。还有学者将一体化界定为，“由最初组织在两个或更多独立国家中不同的人民走到一起并形成一个政治整体的过程，这一政治整体在某种意义上被称为共同体”[⑤]。这些概念基于不同的理论背景虽然在定义的视角上各有侧重，但都强调并且肯定了超国家性质在一体化中的凸显。同时，

---

① 参见《欧盟概况》，中华人民共和国外交部，2022 年 10 月，https://www.mfa.gov.cn/web/gjhdq_676201/gjhdqzz_681964/1206_679930/1206x0_679932/，访问日期：2022 年 10 月 29 日。

② 参见贝娅特·科勒-科赫、托马斯·康策尔曼、米歇勒·克诺特《欧洲一体化与欧盟治理》，顾俊礼等译，中国社会科学出版社，2004，第 15 页。

③ 卡尔·多伊奇：《国际关系分析》，周启朋等译，世界知识出版社，1992，第 267 页。

④ 陈玉刚：《国家与超国家——欧洲一体化理论比较研究》，上海人民出版社，2001，第 4 页。

⑤ 安特耶·维纳、托马斯·迪兹：《欧洲一体化理论》，朱立群等译，世界知识出版社，2009，第 44—45 页。

由于欧洲一体化中所渗透的政治意蕴，它所涉及的范围就不仅仅局限于某一特定领域，而是“至少要涉及建立一个新的集体决策中心和治理体系，为整个团体制定权威性的有拘束力的决策”[①]。这在一定意义上，将欧洲的一体化与其他国家、地区之间建立的国际组织或联盟区分开来。欧洲高等教育一体化就是在欧洲一体化的基础上建立和发展的，它遵循欧洲一体化的超国家性质，并且服务于欧洲一体化建设的整体战略。学者王超认为，欧洲高等教育一体化与欧洲为促进地区一体化发展而推出的博洛尼亚进程有着密切的联系，是指“加入欧盟博洛尼亚进程的国家在高等教育体制、目标、质量等方面采取一致的标准，建立欧洲高等教育区的过程。这一过程或趋势有其必然性”[②]。正如新功能主义所认为的那样，“一个部门的一体化会外溢到其他部门”[③]。可以说，欧盟在高等教育领域的一体化发展既是欧洲一体化的延续与外溢，又是促进欧洲一体化进程的重要组成部分。

（三）伊拉斯谟计划

伊拉斯谟计划是欧洲委员会在 1987 年启动的有关高等教育合作性的学习交流项目。该计划通过开展长短期的人员往来、学分互认、科研合作与校企合作等活动，推动成员国家的高等教育机构与企业开展交流。这一计划的推出是基于 1976 年欧共体所启动的“联合学习计划”（Joint Study Program）的实践经验逐步演变而来的。1985 年 12 月，欧共体内部提出了关于促进高校学生流动的行动计划——伊拉斯谟计划，并在 1986 年的 5 月召开非正式会议共同讨论该计划开展的相关事宜。然而在随后的部长理事会议上多次遭到质疑，尤其是英国、德国、法

---

① 朱贵昌：《多层治理理论与欧洲一体化》，山东大学出版社，2009，第 7 页。

② 王超：《欧洲高等教育区一体化与多元化并存的合理性、实质及其启示》，《外国教育研究》2008 年第 2 期。

③ Ernst Bernard Haas, *The Uniting of Europe: Political, Social, and Economic Forces, 1950-1957* (London: Stanford University Press, 1958), p. 440.

国对此项目产生强烈的分歧。在经历各方反复艰难的协商退让下[①]最终于1987年5月在法律层面上达成计划协议。同年6月15日，伊拉斯谟计划正式取得欧共体理事会的批准。伊拉斯谟计划的全称是"European Community Action Scheme for the Mobility of University Students"，即欧洲共同体大学生流动行动计划。该计划的名称是为了纪念欧洲中世纪时的一位著名哲学家、教育家德西德里乌斯·伊拉斯谟（Desiderius Erasmus）。该学者曾游历欧洲多国进行教学活动，一直致力于促进不同民族及地区间文化思想的认识理解与交流融合。凭借其历史象征意义和直接的吸引力，"ERASMUS"这一官方称号已经完美地作为欧洲共同体大学生流动行动计划的缩写。[②] 现如今，该计划已经升级为"伊拉斯谟+计划"，在原有流动项目的基础上，扩大了国际合作与流动领域，以促进欧盟在教育、培训和青年等领域的全方位合作与发展作为战略目标。

（四）国际师生流动

由于伊拉斯谟计划主要围绕高校人员流动与发展而开展，因而我们有必要对"国际师生流动"这一概念作一简单界定。社会学领域将流动解释为"人们的社会关系空间从一个地位向另一个地位的移动"[③]。根据该定义，教育领域中的国际师生流动可以理解为以教师和学生为流动群体的社会关系空间，从一个国家或地区向另一国家或地区的移动。跨国性是国际师生流动的关键特征。本书中的国际师生流动特指

---

① 例如缩减约5000万欧元的预算，取消流动性项目的奖学金，将计划的重点放在构建欧洲大学网络等方面的让步调整。

② See Hywel Ceri Jones, "Thirty Years of ERASMUS by Dr Hywel Ceri Jones," Wales for Europe, June 29, 2017, accessed June 29, 2017, https://www.walesforeurope.org/articles/29-06-2017/.

③ 方守江：《中国学生国际流动：驱动力及风险防范》，博士学位论文，华东师范大学，2010，第14页。

高等教育领域内的教师和学生的跨国流动，它是高等教育国际化的重要组成部分。根据德国学者泰希勒对国际学生流向的分类定义，流动主要存在以发展水平相近的国家或地区之间进行交流的水平流动（Horizontal Mobility）和将发展水平比本国更好的国家或地区作为流动目的地的垂直流动（Vertical Mobility）两种类型。本书对欧盟高等教育一体化发展中的重要项目——伊拉斯谟计划的研究，主要基于这一流动分类方式，对不同地区及国家的流向特点作深入分析。

四、本书的研究方法

（一）历史分析法

为了能够系统地分析伊拉斯谟计划从创立至今的高等教育一体化方面的发展过程，本书梳理了从 1987 年以来，欧盟所推出的各时期伊拉斯谟计划的文件报告及相关研究文献，并且对这些文本的主要观点进行了阐释和解读。从中分析了在不同时期欧盟所实施的伊拉斯谟计划的特征与倾向，为明确伊拉斯谟计划在欧洲高等教育一体化发展中的阶段性演变呈现一个清晰的发展脉络。同时，本书也对欧盟区域内近些年在高等教育一体化方面的发展举措与相关影响因素进行简要论述，为更深入地理解该计划的实施意义以及对欧洲地区高等教育方面的影响力提供一定的知识背景。

（二）比较研究法

本书的核心内容是对伊拉斯谟计划在有关高等教育一体化方面所开展的项目活动的分析。为了更深入地探讨该计划在促进欧洲高等教育机构合作、高校师生流动等方面的积极举措与影响，本书通过分析和比较欧洲不同地区的国家高等教育机构、高校师生在该具体项目中的实际参与情况与影响效果，探讨地区间合作发展的均衡性问题以及影响差异产生的内在因素。此外，本书对欧盟区域内的高等教育一体化项目发展分析的同时，也为我国近些年，尤其是以“一带一路”倡议带动下的亚欧地区高等教育国际化发展提供了一定的经验思考和借鉴价值。

（三）统计分析法

本书主要是利用欧盟官方网站所发布的有关伊拉斯谟计划的数据信息，运用统计学的原理和方法，对伊拉斯谟计划中有关高等教育一体化的项目规模、参与人员数量、地区分布及资金投入等方面作统计分析，并开展一系列的横向或纵向的数据比较研究。

五、本书的基本结构和主要内容

本书主要基于上述的研究方法，集中于伊拉斯谟计划的研究与分析，对欧盟高等教育一体化发展的现状、特征及影响进行较为全面且客观的论述。在绪论部分论述了本书的研究意义，界定了与本书主题相关的概念内涵，分析并总结了伊拉斯谟计划当前的研究现状和已有成果，同时也指明了本书所运用的具体研究方法与主要研究内容。

第一章主要论述了欧盟高等教育一体化的发展背景。从欧盟层面、高等教育层面及高校师生层面分析了高等教育一体化在欧盟地区形成和开展的内部与外部原因，从而更好地把握欧盟高等教育一体化的特殊性和必要性，同时对更好地理解伊拉斯谟计划的产生提供了背景。

第二章主要以欧洲各国间开展的教育合作为主线，考察了欧洲高等教育一体化发展的历史进程。研究发现，教育领域的合作交流是伴随着欧洲地区各国之间在政治、经济及文化等多方面的一体化行动而产生和发展的。欧盟委员会对于推动欧洲各国之间的高等教育合作起到了至关重要的引领性作用。

第三章将研究视角集中于欧盟高等教育一体化典型代表的伊拉斯谟计划，主要论述了该计划的产生与发展演变历程，将其概括为“产生及初步发展阶段”和“调整与扩展阶段”。而后概括了该计划的主要运行机制、发展目标及理念，从而明确伊拉斯谟计划在促进欧盟高等教育一体化进程中的角色和地位。

从第四章开始一直到第七章，主要对伊拉斯谟计划中与高等教育领域相关的重点项目活动进行具体论述。第四章论述伊拉斯谟计划中的高校学生流动项目在发展目标、举措与开展情况、项目成效与影响方面的内容。高校学生流动是伊拉斯谟计划中的核心项目活动，这些项目活动不仅对促进欧盟高等教育一体化进程有着极为重要的作用，在国际学生流动领域中也发挥着巨大的影响力。然而，在对具体流动活动的分析中，也会发现它与其他国际学生流动项目的发展情况相类似，在流动过程中有关流动参与者的利益获得以及参与国流动发展的公平性问题依然存在，这些问题也成为推动伊拉斯谟计划不断完善和升级每期计划的战略任务的重要因素。

第五章论述了伊拉斯谟计划中开展的有关高校教职人员的流动项目。具体分析了这些项目的发展目标、发展举措与开展情况，以及项目所产生的成效与影响。从已有的项目发展情况来看，这些项目的开展对促进高校教职人员教学方法的革新、个人横向能力的提升、欧洲身份认同感的增强与跨国能力的提高等方面发挥了积极的作用。

第六章从组织机构的影响性方面，论述了伊拉斯谟计划对促进高等教育机构合作方面所开展的项目活动和支持举措。本章重点探讨了战略合作伙伴关系、知识联盟、高等教育能力建设及“欧洲大学”联盟这四个重要的高等教育机构合作项目，并且分别基于项目各自的合作重点与发展任务，分析了这些项目的具体开展情况。同时从高等教育体系、高等教育组织机构及高校师生个人这三个层面分析了项目的影响性。

第七章主要论述了伊拉斯谟计划中致力于欧洲一体化领域学术研究的让·莫内行动。让·莫内行动在高等教育领域里开展欧盟层面的卓越教学与研究工作，本章详细介绍了有关这些项目活动的具体目标与内容举措，分析了该行动对促进欧洲高校师生在欧洲身份认同感和欧盟理解方面的积极作用。此外，高等教育机构在参与这一项目中所获得的良好声誉和深化合作伙伴关系等影响也成为该行动项目在开展过程中所表现出的额外价值。

第八章主要讨论了欧盟高等教育一体化所面临的挑战，以及为应对这些挑战而选择的未来发展路径。本章在回顾了伊拉斯谟计划中有关高等教育的项目所取得的发展成效的基础上，详细分析了当前世界形势对欧盟高等教育一体化发展所产生的阻碍与挑战。同时，对新冠疫情、国家间的政治博弈、数字化转型、区域发展均衡性问题等进行了具体论述，并且探讨了伊拉斯谟计划为应对这些挑战所采取的相关战略举措。

第一章　欧盟高等教育一体化发展背景

在全球化时代和知识经济背景下，世界市场的不断开放、国家间的往来交流以及新自由主义思想的影响，驱使世界各国关注和推进教育市场化和流动性，弱化国家政府层面对教育的干涉和限制。欧盟开展区域性一体化的高等教育行动，一方面，基于欧盟在政治、经济、文化各领域长期以来的深入合作；另一方面，高等教育领域开展交流与合作，也是符合高等教育自身发展逻辑的必然走向。除此之外，对高校师生而言，区域一体化行动下所开展的各类高校流动项目，能够为其自身在国际素养、就业需求、能力发展等方面带来实质性的提高，对其个人的未来发展有着积极的意义。

第一节　欧洲区域联盟的内在期许

欧盟作为一种超国家的政治体系是基于欧洲地区独特的地缘特征、各国相似的历史文化基因以及共同的社会经济发展需要而得以建立，这种区域一体化发展模式并不是一个时代发展的巧合，而是有着自身深厚的历史渊源和国际环境形势造就的必然发展结果。欧洲高等教育一体化发展战略正是在这一历史文化背景中逐步产生和发展，并且成为巩固欧洲区域一体化进程的重要组成部分。

一、共同历史文化形成的精神溯源

文化合作是构筑具有共同价值的欧洲的根本。① 如果我们细看欧洲地域的整个历史发展过程，将会发现谋求整个欧洲地域的统一发展、建立一个实力雄厚的欧洲帝国的雄伟目标贯穿始终。从地缘上看，欧洲地域虽以散布众多的小国组成，但周围的海洋将这些小国包围在一起，形成一片整体的地域。究其历史文化根源，欧洲各国各民族的文明皆发源于古希腊和古罗马文明，从公元前 12 世纪多利亚人入侵希腊开始到公元 476 年西罗马帝国的陷落，整个欧洲地区的文明之端在希腊文明与罗马时代的交织下慢慢积淀，逐渐形成欧洲人民共有的历史文化传统和价值观念的基石。罗马帝国“以地中海为中心，扩展到离海岸很远的地方，尤其是在欧洲，并在那里传播希腊、罗马文明，也给那里带来相对的然而是真正的统一”②。“希腊的文化成就和罗马帝国的统治构成了今日欧洲走向统一的一个重要的历史基因。”③ 这种历史基因和文化根源使得欧洲各国在几百年此消彼长的军事争斗中始终是围绕着掌权罗马帝国统一的终极法杖的野心而展开的，而无论这些国家经历多少次战争的洗礼、政权的颠覆、王朝的重建、疆土的扩张或侵吞，辉煌的希腊和罗马文明以及深植于欧洲民众精神领地的基督教信仰都如胎记般印刻在每一个出生于这片疆域的欧洲公民的身上。这种来自价值形态和思想精神层面的认同和归属使得欧洲人民相较于世界其他地域的人民在对各自国家信守忠诚外，有着更强烈的“欧洲区域”

---

① 参见阚阅《多样与统一——欧洲高等教育一体化研究》，浙江大学出版社，2016，第 16 页。

② 德尼兹·加亚尔等：《欧洲史》，蔡鸿滨、桂裕芳译，海南出版社，2000，第 112 页。

③ 郭华榕、徐天新：《欧洲的分与合》，京华出版社，1999，第 23 页。

意识。正如伊迪丝·汉密尔顿（Edith Hamilton）所言："由于精神上和思想上的继承性，我们的身上有着希腊的传统，它的深远的影响历经世纪的更替而不衰，它以理性的光芒和美的甘露感染了狂野的北部原始人，即使我们想要避开它的影响也不可能。"① 汉密尔顿的这句话，精炼地概括了欧洲人在文化传统和精神气质上独有的归属性、同一性所在。

这种思想价值观的统一性使得欧洲人坚信民主、自由、团结、多样性的精神理念是理想世界所应共有的思想和气质。为了实现这样的世界秩序，素有上帝选民优越感和传播福音使命感的欧洲人对欧盟寄予了向外输出价值观的期望，并且通过各种渠道和方式将这种期望表达出来。② 这使得欧洲人民有着传播思想价值观念的意识和需求，从而致力于将欧洲精神价值在欧洲区域内部不断强化以巩固"欧洲维度"（European Dimension）。同时凭借外部流动将这些精神理念推行到世界各地，从而实现欧洲人心目中的"理想世界秩序"的大同之野心。然而价值观念的传递在很大程度上依靠教育，因为正是通过教育，公民才能够认识到欧洲认同与公民身份的价值。③ 这种基于地缘政治和文化价值上的共同认知，是促使欧洲在教育尤其是高等教育领域开展一体化合作的重要驱动力。

---

① 伊迪丝·汉密尔顿：《希腊方式——通向西方文明的源流》，徐齐平译，浙江人民出版社，1988，第2页。

② 参见周弘《欧盟是怎样的力量——兼论欧洲一体化对世界多极化的影响》，社会科学文献出版社，2008，第7—8页。

③ 参见阚阅《多样与统一——欧洲高等教育一体化研究》，浙江大学出版社，2016，第16页。

二、国际政治经济形势下的利益诉求

欧洲人开展区域联合的愿望由来已久。早在奥斯曼帝国扩张时期，波西米亚国王乔治·冯·波迪布雷德（George Von Podiebrad）就提出应联合欧洲基督教国家共同对抗奥斯曼帝国入侵的这一合作构想。欧洲各国真正将建立区域性的联合体付诸实践则是开始于二战后。这一时期，从欧洲内部环境看，许多国家经历多次战争的洗礼，面临经济低迷、国力衰微的窘迫态势；从欧洲外部环境看，以美苏为首的两大力量的对峙，使国际局势仍处于激荡变化之中，欧洲内部也被迫分裂成“东欧”和“西欧”两大政治阵营，成为冷战中的竞技场。以小国政权为众的欧洲各个国家在这种强大的国际军备抗衡之中愈发感到危机和不安。基于这种外部动荡的国际关系局势和欧洲内部存在的矛盾危机，推进欧洲一体化的共同期愿逐渐强烈，并且在最初倡导欧洲一体化之父的让·莫内（Jean Monnet）等人的构想下，逐渐形成了创建“欧洲经济共同体”的宏大计划。

自此之后欧洲各国开始在意识层面上关注并重视共同体发展意义及效果，而20世纪70年代西欧地区所遭遇的那次因石油而引发的严重的经济危机，又一次加快了欧洲各国在经济层面上的联合与支持。于是1986年，欧共体成员国在卢森堡签署《欧洲单一法案》，决定于1992年底建成取消内部边界的欧洲统一大市场。[①] 随着共同体在经济层面为各成员带来所需利益和发展契机之后，越来越多的欧洲国家开始意识到联合的重要性，纷纷投入申请成员国身份的路径之中。同时共同体内部成员国也开始拓展这种联盟优势，试图将联合之下所能产生的利益最大化，以实现各成员国的发展需求。继而，欧洲一体化的发

① 参见王坚《欧盟完全手册》，中央编译出版社，2010，第4页。

展战略开始上升到政治化层面，欧洲各国越来越多的公民及各派政党参与到有关欧洲一体化议题的激烈争论及数次谈判中。最终，欧洲区域化联盟的战略从《罗马条约》到《马斯特里赫特条约》，在政策层面得到一步步的巩固和加强，标志着从单一经济实体的欧共体向经济政治实体过渡的欧洲联盟在 1993 年正式成立。

欧盟是当今世界一体化程度最高的国家联合体，同时又是一个内部利益诉求和决策机制多元分散的复合体。① 其成立更加切实地推进了欧洲一体化的深度发展，加速了欧洲统一货币——欧元的诞生、欧盟成员国的一次次东扩，以及在政治性层面的欧盟宪法等重要政策的颁布。然而随着区域联盟的不断壮大和作用提升，欧洲各国自身的民族利益与联盟整体利益间的冲突与矛盾开始成为阻碍和困扰这个超国家性质联盟组织发展的最大顽疾。如何处理好民族主义与超国家主义，在国家利益获得保障的基础上发挥集体联盟的最大作用，对欧洲各成员国来说是一个重要的发展议题。因此，增强欧洲公民的“欧洲联盟意识”，加深各成员国之间的技术、资本及人员流通，彼此之间获得信任与理解，在意识形态方面巩固欧洲维度是维系欧洲区域一体化在政治、经济、军事、外交等方面联盟合作的精神纽带和理念根基。

对目前的国际形势而言，美国依然是世界强国势力的重要一极，同时第三世界的许多国家也开始在世界舞台上崭露头角，全球性竞争愈显激烈残酷，而曾以灿烂的文明和强大的实力占据世界霸主地位、傲视群雄的欧洲却隐没在历史的印迹之中，变得羸弱衰微。海洋文明所养育的这片帝国之境的欧洲人既不甘于没落，又想重振这片密集着三十多个主权民族国家的全球竞争力，联盟是其得以生存和强大的唯一选择。正如学者周弘所言，离开了赋予其权限的成员国，欧盟将什

① 参见王坚《欧盟完全手册》，中央编译出版社，2010，第 198 页。

么也不是。[1]

毋庸置疑，在全球化这一世界趋势下，欧洲一体化战略非但不是一种逆向举措，而且可以看作是欧洲各国应对这一发展大势的必要生存方式。换句话说，想要在国际交流中获得利益的最大化，只有巩固了欧洲自身领域的竞争实力，使各国团结一致发挥共有的最大优势力量，才能与世界其他力量相抗衡或是以更有利的姿态合作交流，掌握发展主动性。欧洲通过区域性联合促使世界呈现多极化发展趋势，从而削弱美国所倡导的单边主义对欧洲及其他国家地区的竞争威胁。以区域合作发展为基础的“欧式”发展理念与欧洲整体发展思想一致，与欧洲各发展领域的精神理念也相一致。

第二节　欧洲高等教育内在发展逻辑

基于全球化的深入推进，国际化是高等教育对外开放的重要战略，是高等教育现代化发展的必然趋势。欧盟旨在推进高等教育领域中的“国际化”，使其成为实现“欧洲化”统一愿景的重要一环，从而加快欧洲地区高等教育的一体化发展进程，提高欧盟在国际舞台上的影响力。对欧盟各成员国而言，这种一体化的发展模式，不仅有利于各国高等教育改革的深化和大学教育质量的提升，还有利于促进高校之间开展跨国合作和人员交流，提升欧洲高校的国际化发展水平。

一、高等教育国际化的发展趋势

“这个世界已不再能被看作是一百五十多个国家和各种政治和经济

---

① 参见周弘《欧盟是怎样的力量——兼论欧洲一体化对世界多极化的影响》，社会科学文献出版社，2008，第 145 页。

集团组成的一个集合体了。相反，这个世界必须被看作是一个由各个国家和地区通过各种相互依赖关系而形成的一个世界系统。”① 当物质层面的全球性自由流通变得日渐广泛时，其必然会触及文化观念层面的互动，而在这一过程中，地区间、民族间的精神气质和文化特性的迥异使我们每个身处全球化旋涡中的个体都面临要么排斥，要么交融的艰难抉择。在这样的时代发展背景下，必然会带来全球性的人才市场以及智力资本市场的激烈竞赛，这迫使教育领域尤其是高等教育要面对这种世界形势和社会需求的挑战，从全球视野出发向国际化方向进行不断的改革和发展。担任国际21世纪教育委员会主席的雅克·德洛尔（Jacques Delors）在1996年发表的《论未来教育》一文中认为，通过了解他人，了解他人的历史、传统和精神，进而学会与人共处。② 国际理解力和文化包容性成为这一时代下各国公民所要提升的新素养。基于此，高等教育国际化一方面是高等教育自身发展理念的国际化，是以适应全球化世界发展趋势的自然发展结果；另一方面是基于经济社会，甚至是文化认同需求等其他领域的全球化发展而对高等教育职能目标提出的新要求，包括在人才培养目标上对国际理解力、国际市场就业能力以及国际公民意识等方面的提升，课程设置及教学方法上对文化多元性及语言多样化的关注，学术成果的相互交流借鉴以及高校间跨国人员流动的项目开发和组织等发展需求。

不同国家、地区的高等教育在应对国际化发展的过程中，会基于自身高等教育发展特性和在国际社会中的处境而选择不同的发展策略。欧盟作为世界上唯一一个超国家性质的联盟组织，在开展高等教育国际化的过程中，表现出强烈的欧洲维度的合作理念。也就是以欧盟各

---

① 梅萨罗维克、佩斯特尔：《人类处于转折点——给罗马俱乐部的第二个报告》，梅艳译，生活·读书·新知三联书店，1987，第20页。

② See Jacques Delors, “Education for Tomorrow,” *The UNESCO Courier*, no. 4(1996): 6-10.

成员国之间的高校合作与交流作为国际化发展的核心任务，在此基础上，推进欧盟与世界其他国家之间的合作关系，在世界维度上树立欧盟高等教育一体化的发展理念，并以此推进其在全球中的教育行动。

二、欧洲高等教育的区域联合

起初欧洲在构建区域一体化发展蓝图时，教育并不是作为重要的发展领域，各成员国仍然具有教育政策的决策主权。然而，有别于一般主权国家，欧盟是欧洲各国在政治上保有主权，通过合作机制建立的国际的超国家组织。[①] 随着一体化进程的逐步深入，欧盟意识到政治上的联盟、经济共同体的建立，如果没有各国人民的共同支持和价值认同，是无法长久维持和发展下去的。为了实现欧洲地区共同的利益价值，促进欧洲区域一体化发展战略的有序开展，一方面需要加强欧洲地区各国之间的人员、资本、信息、技术等的自由流通，发挥和扩大欧洲统一大市场的最大效益；另一方面更要在意识层面提高各国公民的“欧洲意识”，形成共同的欧洲价值观和精神追求，加深欧洲区域一体化的认同感。身份认同是“一个人或一个群体的自我认识，它是自我意识的产物：我或者我们有什么特别的素质而使得我不同于你，或我们不同于他们”[②]。这种存于个人精神意志的无形价值观念的建立和维系，只能通过文化和教育来使公民将仅仅存留于欧洲地缘上的共同认知上升到文化、思维甚至是价值观念层面之中，这种影响力是经济、政治层面联盟所无法完成的任务。这一发展需求，凸显了文化及教育在欧洲各国交流发展中的重要性，并且兼具了达成欧盟价值共同

---

① 参见魏航《欧盟高等教育合作交流政策研究》，博士学位论文，东北师范大学，2011，第16页。

② 塞缪尔·亨廷顿：《我们是谁？美国国家特性面临的挑战》，程克雄译，新华出版社，2005，第20页。

体理念的终极目标。文化产业的经济发展能力同样不容低估，欧洲文化及创新部门指出，该产业为欧洲地区 GDP 贡献了 4%，并且提供了 800 万个欧洲工作岗位。[①] 正如欧盟前领导人让-克洛德·容克（Jean-Claude Juncker）所言，欧盟必须抓住机遇，确保通过教育和文化驱使欧洲地区的职业创新、经济增长、社会公平及最终联合。[②]

可见，推进高等教育的区域一体化发展是欧洲基于全球化发展背景及欧洲自身发展特征所作出的战略决策，能够使欧洲在国际化交流与竞争中彰显欧洲特性和发展优势，集中更大资金信息推进欧洲各国高等教育的国际化进程及其优秀人才的培养、流动。人员流动本身能够促进欧洲社会资本再分配，正如许多欧洲政治家所认为的那样，欧洲需要现代的、有效率的再分配社会制度。如果所有的利益都归功于最富裕的 1%，而中产阶级被掏空，穷人被完全遗忘，那么这种全球化在政治上就是不可持续的。通过流动过程来均衡和发展地区资源，同样是欧洲所期望实现的重要战略目标。同时，这一战略的有效开展也会反过来促进和优化欧洲在政治、经济及社会等多领域的一体化发展，继而促进欧洲区域的最大整合。

第三节　欧洲高校师生的自身需求

高校作为培育精英人才的教学机构，以及研究高深学问和传播知识信息的重要媒介场所，同样也是高等教育国际化的重要载体。在国际化发展的进程中，高校人员流动是高等教育国际化发展中最活跃、最主要的组成部分。对于高校师生而言，高校间开展合作交流能够更

---

① See European Commission, *Strengthening European Identity Through Education and Culture* (Luxembourg: Publications Office of the European Union, 2017), p. 9.

② See European Commission, *Strengthening European Identity Through Education and Culture* (Luxembourg: Publications Office of the European Union, 2017), p. 9.

好地满足自身发展需要，是其选择和参与跨国流动项目的根本驱动力。对于欧洲而言，高校师生通过跨国流动，不仅可以促进其在专业知识、就业能力、语言能力、国际交流能力等多方面的发展提升，同时还有利于增强欧洲青年公民的社会凝聚力和欧洲身份认同感，是实现欧洲高等教育区的重要因素。

一、劳动力市场对高校师生跨国能力的要求

面对全球化世界发展趋势，劳动力市场越来越对具有国际发展意识及能力的青年人才青睐，高校学生在发展个人专业能力的同时，需要机会和途径来拓展国际视野、丰富个人跨国经历和体验。随着高等教育国际化发展的不断深入，高校教职人员也需要在提高职业能力的同时，具备一定的国际发展意识和素养。伊拉斯谟计划作为涵盖欧洲地区甚至是世界范围的流动项目，在一定意义上满足了欧洲高校师生的这一发展诉求，并且提供了更多样的发展选择和机会。

二、欧洲就业形势的发展变化

近几年，世界经济形势快速变化，欧洲许多地区或国家遭受金融危机的重创，严重影响到了国内青年的就业形势。提升个人就业能力和拓展未来职业前景成为欧洲高校学生的普遍发展期望，伊拉斯谟流动项目将青年就业能力发展作为项目开发的重要目标之一，以欧洲区域为主要地域范围的流动，为高校学生提供了了解国外就业市场标准、雇主对员工实际能力需求等信息的途径。例如，欧洲劳动力市场目前对毕业生在信息应用及语言发展方面有更多的能力需求，未来将会有90%的工作需要毕业生具备一定水平的数码能力。这些发展可能促使很多高校学生对流动发展特别关注，期望在流动经历中获得自身就业

能力和相关素质的提升。

三、高校师生个人专业能力提升的需要

对于欧洲高校师生来说，参与跨国流动学习项目一方面能够拓宽专业知识和研究视野，有利于提高本专业的学习水平、科学研究水平，发展和提升自己的国际交流能力、理解力，提供发展国外语言能力的便利；另一方面，高校师生还可以在流动过程中通过参与与未来就业相关的培训及实习项目活动，增强自身的就业能力和资本，从而有经验和能力应对未来国际市场的就业需求及标准。

第二章　欧盟高等教育一体化发展历史

基于欧洲高等教育国际化的发展背景，欧盟在过去几十年的区域跨国交流战略中发挥了重要的主导作用，通过政策导向和资金扶持，推进着欧盟各成员国在高等教育层面开展交流与合作，并且不断深化和提升合作的层次与水平。正是在这一推进过程中，欧盟高等教育一体化获得了系统性的完善和发展。

第一节　欧洲教育合作的探索阶段

虽然欧洲很早就开始致力于区域共同体的构建，促进欧洲各国在社会、经济等各方面的交流与合作，但是教育领域的区域合作发展却一直遭受重重阻碍，举步维艰。

二战后，虽然冷战形势下的国际关系和欧洲内部各国发展需要加快了组建欧洲共同体的步伐，然而，这种区域联盟发展却仅仅停留于以经济为主要合作领域的阶段。正如当时欧洲煤钢共同体高级机构的首任主席让·莫内所言："首先组织经济，随后发展政治！"[①] 因此，尽管《欧洲经济共同体条约》中的有关条款支持发展共同体在教育领域的合作行动，但其主要的发展目标仍在经济范畴。从 1957 年到 1969 年

---

① European Commission, *The History of European Cooperation in Education and Training : Europe in the Making—an Example* (Luxembourg: Office for Official Publications of the European Communities, 2006), p. 54.

欧洲经济共同体成立的第一个时期里，由于缺乏任何的政治或法律层面的推进，有关教育领域的政策讨论成为这一时期的一个不成文但官方皆知的禁忌。自 1957 年《罗马条约》签订后，欧洲共同体各成员国大力投入对经济领域的合作与关注，努力构建共同市场，促进商品、劳动力、资金及服务的跨国流通。虽然条约并没有涉及教育领域，但是各国间各领域互联互通的需要为人才流动提供了重要发展契机。

从 20 世纪 60 年代起，上述形势开始发生变化。欧洲理事会于 1963 年决定执行有关职业培训的一项共同体政策（基于《欧洲经济共同体条约》第 128 条），强调了职业培训与普通教育之间的关系。同时，大量的国际报告（尤其是来自经济合作与发展组织的）也表明了教育与经济之间存在的关系。此外，教育系统所存在的问题与挑战也逐渐被认为是全球性的、各国共有的特征，这使得教育越来越受到欧洲各国的关注与重视，国家之间逐步表现出有意开展合作与交流的发展倾向。然而值得注意的是，这一时期的合作主要集中于与经济和劳动市场有关的职业教育层面。

基于人们对经济发展与教育合作之间的关系的认识，以及在欧洲各国政治领导人的积极作用下，教育合作因政治性利益的突显而在共同体发展中获得了足够的重视。欧洲共同体利益第一次明确涉及教育领域源于 1961 年 7 月 18 日的波恩-巴德戈斯伯格峰会。欧洲各国的国家元首及政府首脑郑重地达成了“形成政治性联盟的愿望”和“构建真正的文化共同体”的声明。他们指出：“六大成员国之间的合作必须超越政治框架本身：通过相关部长定期会议的召开来实现合作，特别是涉及教育、文化和科研等领域。”① 该声明提出了在大学之间进行合作与交流的起草公约，并且重新启动了在佛罗伦萨设立欧洲大学的项

① European Commission, *The History of European Cooperation in Education and Training: Europe in the Making—an Example* (Luxembourg: Office for Official Publications of the European Communities, 2006), p. 55.

目。虽然这一声明获得了好评和较高期许，但六大成员国并未对此作出任何真正意义上的发展承诺。1961 年 2 月 10 日和 11 日在巴黎举行了第一次国家元首及政府首脑会议之后，已经设立的欧洲政治联盟研究委员会也恢复了工作，共同探讨如何更好地团结欧洲各国人民。教育领域的合作已经在委员会的提议中基本形成，致力于构建一个欧洲教育发展中心。然而，这些覆盖着教育与文化方面以及有关解决欧洲大学问题的提案，都因为法国在 1962 年有关防务和制度问题的谈判僵化而遭遇失败。尽管这个项目并未成功，但足以证明在 20 世纪 60 年代初期，欧洲共同体已经对在教育领域开展合作显示出兴趣。可见，在欧共体层面开展文化和教育领域的合作，其过程十分漫长且艰辛。

由于欧洲共同体起初并没有对教育和文化等相关领域的合作产生兴趣，在二战后的二十多年的时间里欧洲委员会在欧洲教育合作方面一直扮演着重要的角色。欧洲委员会不仅促进了各成员国之间的合作，同时也加强了该领域内的欧洲专家学者们与代表教育相关领域的非政府机构和民间社会团体的合作。其中，在这方面迈出的第一步便是于 1954 年 12 月 19 日签署的第一份《欧洲文化公约》，这也是日后教育及文化领域所有理事会的活动框架。① 欧洲委员会在成人教育、终身教育、高等教育、语言等几个重要领域开展的合作及相关研究工作，有助于增进欧洲地区教育利益相关者们之间的相互理解，并且为随后在欧洲共同体层级上积极发展该领域的合作关系奠定了基础。这些合作也积极推动了包括政治家在内的部分群体，在 20 世纪 60 年代末致力于发起一场欧共体层面的教育合作，从而更加坚定地推进了教育领域在欧共体层面的深远发展。

---

① See European Commission, *The History of European Cooperation in Education and Training: Europe in the Making—an Example* (Luxembourg: Office for Official Publications of the European Communities, 2006), p. 50.

第二节 欧共体在教育领域的早期合作行动

对于欧洲而言，20 世纪 70 年代初被认为是各国对欧共体未来发展形势转变态度、平衡各自战略与任务的关键点，是从共同市场走向构建更大的共同体理念的重要时期。

一、高等教育在欧共体层面的合作发展

由于二战后人口的爆炸性增长，许多国家在教育领域进行了规模扩张和民主化改革。这一时期，欧洲政客们所要应对的是不断急剧增加的人口以及在校学生群体日益多样化的状况。1968 年的学生抗议打乱了既定的秩序，加上第一次石油危机（1973—1974 年）引发世界经济走向低迷，使得欧洲各国开始持续关注共同支出下降和失业率上升等问题，各国在公共开支上占有很大比重的教育体系遭受着相当大的压力。① 基于此，一方面为了对抗经济形势的不断恶化，另一方面共同体在政治层面的更大开放，教育系统的发展逐步符合各国经济及社会政策发展的需要，开始出现在欧洲共同体框架之中。可以说，在欧洲层面上开展教育领域合作虽然不是一开始就伴随欧共体的联合而产生发展的，但其随后开展的进度以及合作拓展的层级却是时刻与欧共体发展的进程和状况密切联系。

1974 年，欧盟委员会在有关“欧洲地区教育”的讨论中阐述：“对于所有的成员国来说，教育政策无论从其本质上还是对国家经济和社会发展而言都是至关重要的。其承认了教育本身所具有的具体价值，

---

① See European Commission, *The History of European Cooperation in Education and Training : Europe in the Making—an Example* (Luxembourg: Office for Official Publications of the European Communities, 2006), p. 61.

并且否认了将教育视作经济生活的组成部分的观念。委员会认为，教育作为欧共体整体发展的重要组成部分，在欧共体框架内推进教育领域的合作具有重要的意义。”① 然而，基于文化及教育领域的欧洲层面的合作主要还是在欧洲委员会的支持下进行的，即使欧共体层级参与欧洲文化及教育方面的政治性宣言变得越来越频繁，也不足以推动任何实际行动，教育仍然是一个敏感的问题。例如，1971 年 9 月 16 日教育部长们终于在共同体层级上召开了第一次会议，部长们通过的第一份报告清楚地表明了当时对于教育合作的积极心态。但值得注意的是，1971 年的欧洲共同体只有 6 个成员国，在当时的情况下很容易对所讨论的报告达成共识。而从 1973 年欧共体第一次扩大成员国之后，由于丹麦、爱尔兰和英国等国拥有很强烈的地方分权的制度管理传统，其加入很快弱化了共同体层面的发展共识，这也反映了教育领域的政治敏锐性所在。换句话说，此时的教育合作发展并未真正进入共同体层面。

正是这种不安，导致教育部长们在共同体机制层面上设计出一种独特的合作形式，联合了传统制度机制与九国教育部长自愿承诺的欧共体理事会程序一起参与到在委员会法律框架之外的持续性合作之中。在经历了对提案的反复修订后，1976 年 2 月 9 日欧共体成员国的各教育部长们正式通过了《欧共体理事会、各国教育部长 1976 年决议》。这是教育委员会及常驻代表委员会积极开展工作，以及 1974 年 3 月以来欧盟委员会起草大量相关提议的结果。该行动项目被认为是欧共体创建的在教育领域上开展各成员国层级间合作的一个基础性行动，具有概括性和前瞻性的特征。其不仅将教育与劳动力市场发展相联系，同时还把教育作为推进欧洲统一、促进发展机会平等的基本要素。

---

① European Commission, *The History of European Cooperation in Education and Training : Europe in the Making—an Example* (Luxembourg: Office for Official Publications of the European Communities, 2006), p. 62.

这一决议也同样揭示了教育领域“混合式”的合作形式。事实上，欧共体各成员国在合作方面有一个无法逃避的事实：教育不属于共同体的职权范围。从本质上说，这是一种非强制性的合作方式，因而自然也是一种激励性的方式。① 因此，基于成员国和共同体两个层面来开展教育合作一直是欧洲绝大多数提案中所认同的方式。学者海威尔·塞利·琼斯（Hywel Ceri Jones）认为：“该决议尊重并保障了各成员国教育体系及实践的多样性。尤其是丹麦和英国在此时大力倡导这一方式，由于其自身所具有的强烈的权力分散传统的教育制度……更宽泛地说，这些国家希望通过立法来避免运作方式的同质化和标准化。”② 欧洲各国的教育部长在开展一系列的协商与探讨后，终于达成一致，将教育合作集中在六大行动领域③，通过加强各国在各个层面上的相互了解，来提升各国教育系统的发展质量、机会平等性以及可访问性。直到 1985 年和 1986 年，有关在欧共体层面的具体项目（可米特、伊拉斯谟、林瓜等）的发展和法律层面的进步，才使各国在教育领域的合作获得了质的提升。虽然这种合作发展经历了一段持续近四年的制度性“危机”，但始终没有阻止欧洲各国开展教育合作的步伐。

在 1961 年 4 月的第二次欧洲教育部长会议上，欧洲各国的教育部长基于当时的社会发展趋势和各国一致面临的教育问题，共同交流了未来各国开展教育合作的具体事宜，并且达成了一份有关《教育问题需要欧洲政府间合作》（“Educational Problems Requiring European Intergovernmental Cooperation”）的文件。此外，各国教育部长还就

---

① 参见阚阅《多样与统一——欧洲高等教育一体化研究》，浙江大学出版社，2016，第 26 页。

② European Commission, *The History of European Cooperation in Education and Training : Europe in the Making—an Example*(Luxembourg: Office for Official Publications of the European Communities, 2006), p. 69.

③ 第一次合作的六大行动领域分别是移民工作者及其子女的教育、欧洲各教育体系的紧密联系、相关文件的编辑及数据升级、高等教育领域的合作、外语教学、机会平等。

在欧洲层面开展大学合作进行了深入的探讨。例如，1962 年 1 月，在欧洲委员会文化合作委员会中新设“高等教育与研究委员会”，旨在重点推进各国高校师生的跨国流动。1971 年 6 月，欧洲委员会教育部长常设委员会通过了一份关于《高等教育学生和教师及科研人员流动》的文件，该文件重视跨国流动对高校师生发展的重要作用，同时促进各国高等教育为高校师生提供更多的流动机会与支持。除此之外，为了进一步促进欧洲各高校之间的师生跨国流动、消除流动过程中的阻碍因素，欧洲委员会还于 1978 年推出了“欧洲研究生训练计划”。该计划每年开设 5—30 个研究训练研讨班，鼓励在一些学科领域建立研究训练合作网络。同年，该计划与“区域大学跨国合作计划”共同促进高等教育层面的人员跨国流动活动的开展。

二、大学欧洲化及文凭互认项目的推进

人的自由流动是《罗马条约》的基本原则之一[①]，然而学生、教师及研究人员在欧洲层面上的跨国流动仍然是相当有限的，同时存在着太多的法律、行政及实践方面的障碍。欧洲各国逐步认识到解决这些问题的必要性，并且在欧共体层级积极开展一系列的合作举措，改善各国高等教育机构之间在文凭、学期互认等方面的认可度。1969 年，欧洲议会已经要求发展一个有关统一文凭的跨国项目活动，以增强学生、教师及研究人员在高等教育领域的流动性，减少因各国间的教育体系和考试制度的差异而产生的流动屏障。

如欧洲议会一样，欧盟委员会同样认为需要加快步伐，从共同体层面采取措施支持和促进各国高等教育合作伙伴之间开展积极的合作

---

① 1957 年，《罗马条约》规定欧洲单一市场内部的商品、服务、资本、人员自由流动的原则，该原则被普遍认为是欧盟的四大支柱性原则。

行动。在《欧共体理事会、各国教育部长 1976 年决议》中，欧共体各成员国教育部长一致认为，为了有效提升高等教育机构之间的跨国流动性，认可学术资格和期限、增加利益相关者之间的信息交流是至关重要的，同时提出在共同体内部鼓励各高等教育机构制定学术认可协议（尤其是有关文凭方面的），以期获得高校学生和教师跨国流动的实质性进展。1977 年，欧洲委员会开始发布定期更新的学生指南，以便帮助参与跨国流动项目的各国高校更便捷地访问和获取欧共体成员国高校的具体信息。此外，成立于 1984 年的“欧洲国家学术认可信息中心网络”作为行动的重要开展平台，帮助参与跨国流动的各国更便捷、透明、高效地进行文凭互认和学期转换。①

与此同时，在共同体层级开展联合项目，成为推动各国高校合作实质性进展的另一有效驱动力。有关这方面最重要的行动是 1976 年启动的“联合学习计划”，该计划在尊重各国教育体系的基础上，在高等教育机构协议框架内部促进成员国间开展机构、教师、学生的直接交流和合作。这些项目成为机构、教师及学生间合作交流的真正催化剂，对于解决个体机构间文凭认可方面的问题作出了重大的贡献。1976 年到 1986 年，欧盟委员会共资助了 600 多个联合学习项目，其中包括 500 多所高等教育机构。② 除了联合学习项目外，这一时期欧洲共同体也支持各成员国之间开展短期的学习访问项目。这些持续几天到几周的针对高校教学人员或行政工作人员的短期项目主要是为了促进对其他高等教育体系的研究和探索。值得注意的是，有关这些项目的申请

---

① See European Commission, *The History of European Cooperation in Education and Training : Europe in the Making—an Example*(Luxembourg: Office for Official Publications of the European Communities, 2006), p. 74.

② See Commission of the European Communities, *European Community Education Cooperation : The First Decade*(Brussels: Eurydice European Unit, 1986), p. 17.

数量也一直稳步增长，从 1977 年的 175 个增加到 1982 年的 750 个。① 联合学习项目在前两年（1978—1979 年）的评估结果以及随后的反馈结果都验证了项目所具有的价值和影响，并且为之后于 1987 年通过的伊拉斯谟计划铺平了道路。

诚然，在欧共体领域发展高等教育合作的最初十年，虽然并没有彻底消除有关跨国流动的信息共享与文凭互认的一切障碍，却是欧洲各国高等教育在区域合作发展中所迈出的重要一步。共同体层面的行动，无疑有助于提高各国政府在高等教育领域开展更紧密合作的重要性认识。其作为催化剂，为今后以伊拉斯谟计划为代表的更加雄心勃勃的行动奠定了基础。高等教育也逐渐成为欧洲地区在教育领域开展跨国合作联盟中最富成效和最为重要的组成部分。

① See European Commission, *The History of European Cooperation in Education and Training: Europe in the Making—an Example* (Luxembourg: Office for Official Publications of the European Communities, 2006), p. 5.

第三章 伊拉斯谟计划——欧盟高等教育一体化的典型代表

伊拉斯谟计划的前身是 1976 年由欧共体推出的“联合学习计划”，其目的是推进欧洲区域内部高校师生大规模跨国流动，以及通过在高校之间开发校际合作课程等跨国合作项目，实现欧洲高等教育质量提升和一体化合作进程。时至今日，伊拉斯谟计划已经走过 35 个年头，在其产生及发展的整个过程，无不体现着欧盟在高等教育领域上的合作、共赢之理念。同时，计划的整体运行机制也显示了欧盟在推进地区高等教育一体化发展中的特点及优势。

第一节 伊拉斯谟计划的发展历程

伴随着世界高等教育国际化进程的不断深入，欧洲各国在推进高等教育合作方面的机制与举措也愈发完备。1989 年，欧洲委员会提出了“欧洲教育维度”（European Dimension of Education）这一概念，旨在强调从欧洲层面加强各国教育领域的发展与合作。[①] 伊拉斯谟计划在这一发展趋势下拉开了序幕，其为欧洲高等教育的国际化和现代化作

① 参见阚阅《多样与统一——欧洲高等教育一体化研究》，浙江大学出版社，2016，第 24 页。

出了积极的贡献。约有四分之一的欧洲公民认为伊拉斯谟计划是欧盟所有项目计划中开展较好的，并且被公认为欧洲人的身份支柱。从2014年起，伊拉斯谟计划升级为伊拉斯谟+计划，在原有计划的目标及项目的基础上，伊拉斯谟+计划在高等教育领域更加关注项目推进的质量、影响性、可及性，在巩固欧洲高等教育一体化发展的同时，积极建立欧盟与世界其他国家在高等教育跨国合作中的伙伴关系，以此增强欧盟在世界范围内的项目影响力。

一、伊拉斯谟计划产生及初步发展阶段

伊拉斯谟计划在经历最初的提议、争论及质疑等过程后，各国政府首脑在1985年12月的欧洲理事会会议上达成一致，同意发起该计划。1987年5月，欧共体教育部长理事会达成了伊拉斯谟计划的相关法律协议。在经过一段时间的各方商讨后，该计划终于在1987年的6月15日获得欧共体理事会的正式批准。自此，伊拉斯谟计划拉开了长达35年的发展历程。

（一）第一期伊拉斯谟计划（1987—1994年）

伊拉斯谟计划在最初发起时，旨在促进欧共体成员国之间的大学合作，鼓励开展高校间的跨国人员流动，增加欧共体成员国高校师生之间的交流与互动，加深其对欧共体的身份共识。在该计划出台的前3年，欧共体委员会拨款近8500万欧元，计划让10%的欧洲学生参与到流动项目中去，使得4.3万名高校学生获得了跨国学习的机会和经历。基于3年的计划实施效果，欧共体又发布了第二个伊拉斯谟计划（1990—1994年），在延续第一个计划的同时，委员会增加了资金投入力度，预算高达1.92亿欧元。因此，从1987年到1994年这一阶段里，总共约有212万名学生在伊拉斯谟计划的援助下到国外接受学习。同时，这一时期欧洲委员会也从欧洲层面上加快建设教育信息交流网络。

1994年6月，欧洲委员会和联合国教科文组织欧洲高等教育中心联合发起成立了欧洲国家信息中心网络（European Network of Information Centres），为更好地开展伊拉斯谟计划中高校间的跨国人员流动与学术认证提供了便利途径。可以看出，该计划的推出为欧洲地区许多高校学生带来了学习交流的机遇和便利，而这一阶段的进展效果也为明确项目未来的开发愿景与目标定向提供了信心和可能。

（二）第二期伊拉斯谟计划（1995—1999年）

这一时期，随着经济、贸易的全球化发展以及欧盟的正式诞生，欧洲教育领域合作呈现出更加主动的态势。1993年，在哥本哈根峰会上，欧盟提交了《增长、竞争及就业》的白皮书，强调了教育和培训的重要性。① 为此，各成员国也在教育领域里加强了彼此间的合作与交流。欧洲委员会与联合国教科文组织还联合推出了《欧洲地区高等教育资格互认公约》（又称《里斯本公约》），为进一步优化欧洲各国的高校人员交流与跨国合作提供了坚实的保障。同时，在这一时期欧盟委员会为了更有效地推进教育在欧洲的一体化发展，开发出一个新的教育项目——“苏格拉底计划”（Socrates Programme）②，并且将伊拉斯谟计划纳入苏格拉底计划之中，高等教育仍是计划中的核心发展内容。在加入苏格拉底计划之后，伊拉斯谟计划承袭了第一阶段有关高校学生交流方面的活动项目，更加重视相关教学及研究人员的流动与课程的发展，而且在欧盟层面上合作的各国高等教育机构进行重组，有关资金拨款的申请也由先前的项目协调者转为参与项目的高等教育

---

① 参见季艳艳《欧盟伊拉斯谟计划（ERASMUS）的发展及成效研究》，硕士学位论文，上海师范大学，2011，第38页。

② 苏格拉底计划包括纵向维度上的“夸美纽斯（Comenius）计划”（基础教育领域）、“伊拉斯谟计划”（高等教育领域）、“格龙维（Grundtvig）计划”（成人教育领域）以及横向维度上的“欧洲语言（Lingua）学习计划”、咨询和通信科技教育领域的“密涅瓦（Minerva）计划”。

机构自行负责。

（三）第三期伊拉斯谟计划（2000—2006年）

在欧洲高等教育领域上，为了进一步加快推进欧洲教育一体化的建设步伐，欧盟在《里斯本公约》《巴黎宣言》出台的基础上，于1999年颁布了《博洛尼亚宣言》，旨在10年间，在尊重和保障欧盟各成员国的教育自主权及特色的前提下，通过改革欧盟各成员国的高等教育体系，尤其是构建欧洲学分转换系统、统一学历等级等相关措施，将各国高等教育体系放入同一个欧洲发展框架之中，从而促进欧洲高等教育一体化发展的战略进程。欧洲理事会将博洛尼亚进程看作是1968年至今欧洲高等教育最关键、涉及范围最广的重大改革。这一进程也为伊拉斯谟计划的开展从合作方式上减轻了阻碍，并且加强了高校学生在欧洲维度上的交流与提升。

为了应对21世纪的全球化和知识经济时代所带来的挑战，提升欧盟在就业、经济改革和社会团结方面的合作，欧盟在2000年出台了重要的《里斯本战略》。基于该战略，教育不再仅仅是促进欧洲地区经济和就业的因素，更是提升欧洲公民意识、促进文化理解和认同等方面的重要内容。同时，这一时期欧盟成员国数量急剧扩大①，先后加入了10个中东欧地区国家，欧洲一体化进程开始向多元化方向发展。因而，在这一阶段的伊拉斯谟计划虽然依旧位于苏格拉底计划之内，但基于欧洲发展需要，其更加突出对欧洲地区多元文化及人才的丰富，强调欧洲维度的巩固，提升了流动学生在国外学习培训的文凭、经历认可度和透明度，并且将欧洲层面的课程开发、专题性研究网络建设纳入本阶段项目新的发展重点。

---

① 2002年11月18日，欧盟15国外长在布鲁塞尔举行会议，决定邀请马耳他、塞浦路斯、波兰、匈牙利、捷克、斯洛伐克、斯洛文尼亚、爱沙尼亚、拉脱维亚、立陶宛10个国家入盟；2003年4月16日，上述10个国家签署入盟协议；2004年5月1日，10个新成员国正式加入欧盟。

二、伊拉斯谟计划调整与扩展阶段

结合《里斯本战略》实施5年后的评估结果，以及欧洲一体化发展的现状，欧洲地区在此时对内面临欧盟东扩、人口老龄化问题所带来的发展危机，对外面临来自美国、亚洲部分国家飞速发展而产生的国际竞争压力。基于该背景，自2007年以后的伊拉斯谟计划在有关高校学生流动方面的发展目标更加关注于国际层面上的长期竞争性和发展力，并且突出了高校人员流动与劳动力市场、欧洲经济体发展的紧密度。从这一战略调整来看，高校学生流动发展被赋予了更多教育以外的发展任务，更加强调欧洲综合实力整体提升的重要意义。

（一）第四期伊拉斯谟计划（2007—2013年）

随着知识经济时代的到来，欧盟理事会更加重视终身学习对个人、社会发展的重要作用，并且认为终身学习是欧洲社会模式的基础组成部分。欧盟委员会在2006年提出终身学习计划（Lifelong Learning Programme），在深受终身教育发展理念的影响下，该计划加强了高等教育机构在教育、研究和创新上的角色地位，同时强调了高等教育质量保障的重要性，规范了参与计划的相关机构及组织的准入条件，以此来更好地促进欧盟地区的国际化流动水平和效果，实现欧洲地区可持续发展的知识社会的形成。基于此，这一阶段的伊拉斯谟计划的项目预算提升到31亿欧元，旨在支持高等教育领域实现欧洲高等教育区的战略发展目标。具体来说，一是继续促进高校师生的流动活动，二是提升与高等教育有关的资格证书的透明度和认可性，三是重视高校间的合作质量。同时，伊拉斯谟计划的优先行动项目不仅为希望去国外学习和工作的学生服务，而且为期望在国外授课的教授和其他人员，甚至是来自企业的人员服务。

（二）第一期伊拉斯谟+计划（2014—2020年）

随着国际形势的不断变化，欧盟各国内部也开始面临严重的社会危机。基于这些变化以及欧盟为应对地区危机及世界竞争发展所制定的《欧洲2020战略》的实施，欧盟委员会于2014年又出台了新一轮的高等教育国际化发展战略——伊拉斯谟+计划。该计划是基于对伊拉斯谟计划的一次全面扩展改革，旨在支持欧洲教育、培训、体育和青年领域发展的多维度欧盟项目。这也使得欧盟对该计划的预算拨款增加到164亿欧元，其中有关“增长和就业竞争力”领域拨款为145亿欧元，与“全球欧洲”领域相关的拨款为19亿欧元。[①] 在2017年3月25日发布的《罗马宣言》（“Rome Declaration”）中，欧盟领导人重申要努力为年轻人提供最好的教育与培训的机会，使他们能够在欧洲地区内接受学习、找到工作的战略愿景。从2014年到2020年，伊拉斯谟+计划为欧盟3.7%的年轻人提供了在国外学习、培训、志愿服务以及获得专业经验的机会。在伊拉斯谟+计划中，高校师生流动不仅仅局限于欧洲内部成员国之间的流动，其还积极鼓励和发展欧盟成员国与世界其他伙伴国家开展流动活动。在流动范围上，其扩大交流的国际领域，由此前的欧洲维度向世界维度持续拓展。仅在2019年开展的流动项目就已支持并资助了欧洲和世界其他地区近50.5万名的高校师生参与跨国学习、培训等相关活动[②]，使他们能够与高校、劳动力市场及整个社会建立更深入的联系。

与此前的伊拉斯谟计划相比，伊拉斯谟+计划能够为各国的高等教育机构及利益相关者提供更多样化的合作机会与更有力的合作支持，

---

① See “Priorities 2019-2024,” European Commission, accessed September 11, 2022, https://erasmus-plus.ec.europa.eu/projects/priorities-2019-2024?pk_source=website&pk_medium=link&pk_campaign=erasmus-projects&pk_content=hp-highlights-priorities.

② See European Commission, *Erasmus +Annual Report 2019* (Luxembourg: Publications Office of the European Union, 2020), p. 10.

为高校师生提供更适宜的国际流动选择与环境是其优于过去计划的关键因素。例如，2019 年伊拉斯谟＋计划资助了 360 个战略伙伴关系项目（Strategic Partnerships）和 33 个知识联盟项目（Knowledge Alliances Projects）①，支持高等教育机构之间更好地交流和传播良好的发展经验与创新性思想。同一时期，伊拉斯谟＋计划还建立了国际信贷流动（International Credit Mobility）项目，为更多来自弱势背景的师生提供了充足的流动资金支持；开发了在线语言支持系统（Online Linguistic Support），帮助参与流动的师生更好地掌握跨国交流所需的语言技能。

除此之外，更重要的一点是，欧盟始终探寻将高等教育领域中的国际流动从人员物质层面的流动提升到思想理念层面，重视提高流动项目的附加值，将其同欧盟其他战略项目与发展愿景紧密地连接起来。

（三）第二期伊拉斯谟＋计划（2021—2027 年）

基于上一期计划的成功经验，欧盟继续制定并推出了第二期伊拉斯谟＋计划。该计划将关注 2021 年至 2027 年欧洲教育、培训、青年群体及体育领域的发展，同时，其关注领域继续拓展，支持欧洲教育区、数字教育行动计划（Digital Education Action Plan）和欧洲技能议程（European Skills Agenda）中所设定的优先事项及具体活动。欧盟委员会主席乌尔苏拉·冯德莱恩（Ursula von der Leyen）表示，她将继续致力于 2025 年欧洲教育区发展目标的实现，届时希望欧洲各地区的人们都能够享受到高质量、无国界的教育，贯彻终身学习的发展理念，并且加快欧洲青年人数字技能的培养步伐。②

此外，欧洲社会权利支柱（European Pillar of Social Rights）、推

---

① See European Commission, *Erasmus + Annual Report 2019* (Luxembourg: Publications Office of the European Union, 2020), p. 10.

② See European Commission, *2023 Annual Work Programme—"Erasmus +": The Union Programme for Education, Training, Youth and Sport* (Luxembourg: Publications Office of the European Union, 2022), p. 8.

进欧盟青年战略 2019—2027（European Union Youth Strategy 2019—2027），以及发展体育中的欧洲维度也成为本期计划所涵盖的发展领域。在计划发展目标上，本次伊拉斯谟＋计划旨在为参与者提供更多的发展机会，更加注重质量影响，以实现欧洲社会的包容性、绿色环保、数字化转型，以及促进青年人参与民主生活的地区发展愿景。这期计划同样也受到了欧洲各国的支持与响应，其计划总体预算高达 260 亿欧元，约为上一期计划投入的两倍。与上一期计划相同，在高等教育领域，伊拉斯谟＋计划仍然以开展高校师生的跨国流动、促进高校组织机构之间的合作，以及推进相关支持政策的制定与发展等项目为主。

第二节　伊拉斯谟计划的运行机制

伊拉斯谟计划在有关高等教育项目的具体运作方式上，对相关负责机构、参与对象及条件、具体流程等方面进行持续不断的完善和发展，不仅体现出欧洲区域高等教育一体化发展机制的科学性和系统性，也同样反映了该计划在高等教育流动的过程中注重选择的多样化与参与机会平等的理念追求。

一、伊拉斯谟计划负责机构

伊拉斯谟计划的最终负责机构是欧盟委员会，欧盟委员会负责计划整个开展过程中的资金拨款和优先权、目标及准则的设置。同时，其还负责在欧洲层面上指导和评估项目的执行情况。[①] 其中，在欧洲层面对伊拉斯谟计划负主要责任的部门是欧盟委员会下的教育、视听及文

① See European Commission, *Erasmus + Programme Guide 2017 (Second Edition)* (Luxembourg: Publications Office of the European Union, 2017), p. 14.

化执行机构（Education，Audiovisual and Cultural Executive Agency）。它的主要职能包括：在计划支持的领域内开展研究；通过欧律狄克网络（Eurydice Network）开展研究及实证活动；通过计划成效的传播及探索活动，提高计划的知名度及系统性影响力；在计划过程中确保所支持的机构及网络的合同和资金的管理；设法为相关利益者的要求提供在项目框架内的服务。①

欧盟委员会对于计划在各地区具体的开展只是间接管理，为了使计划的开展能够尽可能地适应欧洲各国多样化的教育、训练及青年体系，满足相关利益者的需求，委员会在各参与国委派了一个或多个国家代理机构，从国家层面来推进计划的顺利实施。在伊拉斯谟计划开展过程中，这些国家代理机构成为欧盟委员会与各地区参与机构联络沟通的重要枢纽。② 这些国家机构依托在各国设立的伊拉斯谟国家办公室来运行和处理各项事务。具体而言，该机构通常负责提供有关伊拉斯谟计划的具体信息，审查所在国提交的各项项目申请，监测和评估伊拉斯谟计划中的具体项目方案在本国的实施情况，为参与伊拉斯谟计划的个人和组织机构提供必要的支持。此外，还负责在所在国家和地区推广伊拉斯谟计划及其具体项目活动。

除上述这些负责伊拉斯谟计划运行的主要组织机构外，诸如欧律狄克网络、电子结对（eTwinning）及高等教育改革专家网络（Network of Higher Education Reform Experts）等平台机构③也为伊拉斯谟计划的

---

① See European Commission, *Erasmus + Programme Guide 2017（Second Edition）*（Luxembourg: Publications Office of the European Union, 2017）, p. 14.

② See European Commission, *Erasmus + Programme Guide 2017（Second Edition）*（Luxembourg: Publications Office of the European Union, 2017）, p. 14.

③ 欧律狄克网络主要为参与项目的各成员国提供有关具体教育政策和教育系统的信息；电子结对平台主要为学校教职人员开展在线教学与培训提供相关工具与服务；高等教育改革专家网络则主要为伊拉斯谟计划的具体项目的顺利开展而组织和商定相关的政策机制，并且为项目伙伴国提供相应的培训和咨询服务。

有效开展提供了必要、针对性的服务与支持。

二、伊拉斯谟计划参与对象及条件

目前，伊拉斯谟＋计划中高等教育流动项目的主要参与对象是高校学生（短期的，第一、第二或第三阶段的）、高校教师、高等教育机构的职工、企业培训者及专业人员。[①] 自该计划推出以来，学生一直是主要的流动参与群体。无论参与者何种身份，在参加伊拉斯谟＋计划跨国流动项目前，其本人及相关机构须经过该项目的申请和筛选。伊拉斯谟＋计划申请包含个人申请和组织机构申请两种类型，其中个人申请也需要通过高校、培训机构或企业公司等单位进行申请。

对高校的个人申请而言，申请者必须是来自参与计划的各成员国，这些国家既包含欧盟的 27 个成员国，南斯拉夫联盟共和国、冰岛、挪威、北马其顿共和国、列支敦士登和土耳其也参与其中。申请者在递交流动项目申请后，其所在的高等教育机构将会根据申请人的学业成绩、以往的行为表现、参与动机、流动接收国的以往经验等，通过公平、透明、连贯且有政策支持的程序方式予以甄选。[②] 然而对于来自合作伙伴国[③]的学生来说，选拔的首要标准就是其拥有与成员国学生相同水平的学术成绩，并且优先考虑不太有利的社会经济背景（包括难民、

① See European Commission, *Erasmus ＋Programme Guide 2017 (Second Edition)* (Luxembourg: Publications Office of the European Union, 2017), p. 20.

② See European Commission, *Erasmus ＋Programme Guide 2017 (Second Edition)* (Luxembourg: Publications Office of the European Union, 2017), p. 265.

③ 合作伙伴国包括西部巴尔干地区国家（阿尔巴尼亚、波斯尼亚和黑塞哥维那等）、东部伙伴关系国家（亚美尼亚、阿塞拜疆、格鲁吉亚等）、南地中海国家（阿尔及利亚、埃及、以色列等）、俄罗斯、亚洲地区国家（阿富汗、孟加拉国、中国、印度、马来西亚等）、拉丁美洲地区国家（阿根廷、巴西、智利等）、ACP 地区国家（安哥拉、喀麦隆、毛里求斯等）。

寻求庇护者和移民）的申请者。这些国家的参与者所获得的欧盟对外援助均受欧盟委员会的限制，项目申请者必须遵循尊重人的尊严、自由、民主、平等的欧盟价值观念，以及《欧盟条约》中第二条所规定的少数群体所拥有权利等人权方面的法律规定。① 此外，申请通过的学生还会收到其所在高校提供的《伊拉斯谟＋学生章程》（“Erasmus＋Student Charter”），该章程列出了学生在国外学习或培训期间的权利和义务，并且明确学生在流动前期、中期及后期的各阶段流动程序和步骤②，辅助学生更好地进行流动准备。

对于参与流动项目的相关组织机构而言，其必须是主管部门所承认的高等教育机构，并且在流动开展之前与其项目合作伙伴国家签署机构间的有关协议。具体来说，发送流动人员的组织机构在向伊拉斯谟＋国家代理机构提出流动项目申请之前，必须是持有《伊拉斯谟高等教育宪章》（“Erasmus Charter for Higher Education”）③ 的高等教育机构。通过签署宪章，高等教育机构可以为参与流动项目的师生提供诸如语言准备等重要的流动支持。④ 宪章的签署，也意味着所有参与计划的高等教育机构都应遵循宪章中的条例规定。例如，机构只能允许在事先协议的框架内开展以学习和教学为目的的人员跨国活动，同时，机构要确保在选拔项目参与者，发放流动补助金，考试、咨询及

---

① See European Commission, *Erasmus ＋Programme Guide 2017（Second Edition）*（Luxembourg：Publications Office of the European Union，2017），p. 21.

② See European Commission, *Erasmus ＋Programme Guide 2017（Second Edition）*（Luxembourg：Publications Office of the European Union，2017），p. 265.

③ 签署《伊拉斯谟高等教育宪章》是所有项目成员国的高等教育机构参与流动的先决条件。

④ See “Mobility Projects for Higher Education Students and Staff，” European Commission，accessed September 11，2022，https：//erasmus-plus. ec. europa. eu/programme-guide/part-b-information-about-the-actions-covered-by-this-guidekey-action-1-learning-mobility-of-individu-als-mobility-project-for-higher-education-students-and-staff.

投诉等方面做到公平、透明、有记录。

对于接收流动人员的机构而言，其可以是任何在劳动力市场或在教育、培训、青年领域活跃的公共或私人组织（如中小型企业、商会、工会、研究所或学校等），非营利机构、协会、非政府组织，提供职业指导、专业咨询和信息服务的机构，伊拉斯谟＋计划成员国中授予《伊拉斯谟高等教育宪章》的高等教育机构。[①] 通过对参与者及相关机构的严格筛选，一定程度上保障了流动项目开展的质量与效率，满足了相关利益者们的利益诉求。

第三节　伊拉斯谟计划的发展目标及理念

从伊拉斯谟计划推出以来，其计划发展理念与战略目标一直随欧洲地区社会的发展进程和国际形势而不断变化、更新，开展欧洲地区高等教育的合作与交流仍然是计划的核心发展战略。伊拉斯谟＋计划同样秉持这一战略理念，计划的更新旨在进一步提高参与者的关键能力和技能水平，特别是关于他们对劳动力市场的相关性及其对一个有凝聚力的社会的贡献；促进高等教育机构的质量改进、卓越创新和国际化；加强教育的国际层面。这在一定程度上，能够体现出欧盟对高等教育一体化建设的决心和以欧洲维度为基础的高等教育国际化发展的战略理念。

一、实现欧洲教育区是伊拉斯谟＋计划的核心目标

教育是个人发展、获得就业、成为负责任的公民身份的重要途径，

---

① See European Commission, *Erasmus ＋ Programme Guide 2017 (Second Edition)* (Luxembourg: Publications Office of the European Union, 2017), p. 36.

它对欧洲未来社会与经济的繁荣发展起着至关重要的作用。在欧洲社会权利支柱中，获得优质、包容性的教育是所有公民的基本权利。然而在欧洲欠发达的国家及偏远地区，学生因个人的教育经历受所处社会的发展水平的影响，其学习成绩和发展情况往往较为落后。同时，这些学生因性别所带来的教育水平差异也十分显著。尤其在工程、制造、建筑等专业领域中，女性学生的占比仅为 26%；在信息和通信技术领域，女性学生的占比也仅有 18%。① 欧盟基于这一思想，希望能在整个欧洲领域建立统一的教育体系，减少部分地区学生因社会、经济、文化及种族背景的差异而面临的教育发展不平等问题，确保所有欧洲公民获得优质、公平的教育。基于此，欧盟委员会于 2017 年 11 月提出建设欧洲教育区的战略计划，旨在欧盟成员国共同努力下，帮助欧洲各国形成更具弹性和包容性的教育和培训系统，将欧洲变成一个真正的欧洲学习空间。同时，促进欧盟各成员国能够基于数字转型和绿色环保等共同发展愿景而开展更密切的合作。在 2025 年之前建成欧洲教育区，是欧洲一体化进程在教育和培训领域的重要战略，同样也是伊拉斯谟+计划所要推进的重要发展目标。实现欧洲教育区，尤其是欧洲高等教育区建设，是伊拉斯谟+计划进一步加深欧洲教育一体化和推进博洛尼亚进程、发挥自身效力的核心目标。

欧洲教育区计划主要涉及欧盟在幼儿教育和护理、学校教育、高等教育、成人学习，以及职业教育与培训等领域的教育活动。② 该计划将提升教育质量、促进包容性教育、多语种教育、发展关键能力这四部分作为欧洲教育区的主要发展内容，旨在提高欧洲地区教育质量、

---

① See "Improving Quality and Equity-Initiatives," European Commission, accessed October 6, 2022, https://education.ec.europa.eu/focus-topics/improving-quality/about-improving-quality.

② See "European Education Area Explained," European Commission, accessed February 10, 2023, https://education.ec.europa.eu/about-eea/the-eea-explained.

公平性，深化数字教育、绿色教育水平的同时，推动欧洲地区经济的繁荣发展。为了实现上述发展目标，欧盟委员会实施了一系列举措来推进目标的实现，其中关于高等教育领域的行动包括促进语言的多样性和共同价值观的形成与发展，确保对教育和培训的高质量投资，推动让·莫内行动的持续开展，在欧洲领域开发和推广微证书，使伊拉斯谟+计划和欧洲团结军团（European Solidarity Corps）计划更具包容性。这些行动在伊拉斯谟计划中均得到了充分的体现，相关的目标举措有四点：第一，在欧洲和国际背景下，让学生接触研究领域中的不同观点、知识、方法；第二，发展他们的横向技能，例如沟通技能、语言技能、批判性思维、解决问题的能力、跨文化技能和研究技能；第三，培养他们的前瞻性技能，例如数字和绿色技能，使他们能够应对今天和明天的挑战；第四，促进个人发展，例如具备适应不断变化的环境的能力和自信心。①

此外，在2025年实现欧洲教育区的发展目标中，其特别强调要使跨国流动学习成为欧洲地区的教育常态；学生可以在大学期间跨境实习和工作；除了母语外，学生应学会使用两种外语；中小学和大学文凭能够在欧洲各国间自动互认；无论身份背景如何，每个欧洲公民都有强烈的归属感；欧洲将成为在教育和研究方面成果卓越的地区。② 伊拉斯谟+计划中的核心发展项目——高等教育学生流动项目，在促进上述发展目标的实现和推进欧盟建立一个具有世界影响力的欧洲教育区的过程中也发挥了十分重要的作用。该项目通过支持来自欧洲不同

---

① See "Mobility Projects for Higher Education Students and Staff," European Commission, accessed September 11, 2022, https://erasmus-plus.ec.europa.eu/programme-guide/part-b-information-about-the-actions-covered-by-this-guidekey-action-1-learning-mobility-of-individu-als-mobility-project-for-higher-education-students-and-staff.

② See European Commission, *Erasmus + Annual Report 2019* (Luxembourg: Publications Office of the European Union, 2020), p. 9.

地区及国家的学生有机会获得在国外学习或培训的经历，促进欧洲国家间高校学生的就业能力、社会包容性、公民参与性、创新及环境可持续性提升，加强欧洲各国在教育与研究之间的联系。

形成强烈的欧洲身份认同感是实现欧洲高等教育区建设的重要前提，在当今这一复杂多变的国际环境中，加强欧洲公民的身份认同对于欧盟来说显得尤为紧迫和重要。在 2017 年欧盟委员会发布的报告《通过教育与文化加强欧洲身份认同》（“Strengthening European Identity Through Education and Culture”）中，也强调了教育、文化和体育在促进年轻一代积极的公民身份和共同价值观方面发挥的关键作用。伊拉斯谟＋计划重申了这一作用在推进欧洲高等教育一体化发展中的重要意义，并且强调要把增强青年人的欧洲身份认同、参与民主生活等内容作为高等教育领域的重要发展事项。① 欧盟通过参与伊拉斯谟＋计划、重视公民教育、鼓励年轻人更积极地参与欧洲民主生活，可以提高欧洲公民对欧洲共同价值观（诸如自由、容忍、不歧视）及欧洲历史和文化的认识。在实践层面，欧盟预计在伊拉斯谟＋计划中全面推行欧洲学生卡倡议（European Student Card），为所有参与项目的欧洲学生提供安全、可靠的身份识别与认证，从而形成真正、可见的欧洲学生身份。

二、伊拉斯谟计划秉持的具体发展理念与相关辅助机制

伊拉斯谟计划之所以能在欧洲这一囊括众多国家和多语言背景的地区环境中，坚持 35 年持续为来自不同社会发展背景和教育阶段的高校师生及青年人提供跨国交流的机会与支持，使他们能够在各种教育

---

① See European Commission, *2023 Annual Work Programme—“Erasmus +”: The Union Programme for Education, Training, Youth and Sport* (Luxembourg: Publications Office of the European Union, 2022), p. 17.

和发展阶段获得高质量的学习及发展道路，得益于欧盟在伊拉斯谟计划运行中所秉持的发展理念，以及建立的相关支持性工具与系统性机制。目前，该计划在保障欧洲地区教育流动的公平性、多样性和质量等方面提供了丰富而有针对性的辅助策略。

（一）促进各国教育流动的公平性发展

平等与包容是伊拉斯谟计划所秉持的一项核心发展理念。在欧盟委员会主席冯德莱恩的政策指导方针中，强调了欧盟有关平等的发展目标："一个繁荣和社会化的欧洲取决于我们所有人，我们需要人人平等和所有意义上的平等。"[①] 基于这一理念，伊拉斯谟＋计划在项目开展过程中始终关注和确保参与者的发展机会问题，尤其重视参与流动项目中处于弱势背景群体参与机会的公平性。计划通过使每所参与项目活动的高等教育机构签署《伊拉斯谟高等教育宪章》，为具有不利条件[②]的项目参与者提供资金、政策等方面的特殊关照[③]，以此确保来自不同背景的师生享有平等的发展机会。

对于流动项目而言，流动资金的充足与否直接关系到参与国及其参与者的驱动力。欧盟除了为各参与国发放流动经费外，也努力对流动弱势国家及参与者给予相应的资金扶持和额外补贴。参与流动项目的高校学生可以收到两种形式的补贴：一种是欧盟津贴（European Union Grant），每月进行资金支付；另一种是国家或地区津贴，通常由

---

① European Commission, *2023 Annual Work Programme—"Erasmus +": The Union Programme for Education, Training, Youth and Sport* (Luxembourg: Publications Office of the European Union, 2022), p. 13.

② 具有不利条件的群体包括残疾人、教育困难者、经济障碍者、文化差异者、有健康问题的人员、社会障碍人员、偏远地区人员等。

③ See European Commission, *Erasmus + Programme Guide 2017 (Second Edition)* (Luxembourg: Publications Office of the European Union, 2017), p. 11.

当地公共或私人组织提供或来自贷款计划（Loan Scheme）。[①] 例如，参与计划的个人或组织可以通过欧洲投资基金（European Investment Fund）运营的技能和教育保障的资助受益，给予流动学生与具体实施的流动活动相关的直接费用（不包括参与者的生活费和旅费）。为了最大程度上减少参与者的流动障碍，欧盟委员会为不同需求的参与者在生活开支、特殊需要、旅费等方面提供相应的资金援助。伊拉斯谟＋计划所提供的特殊资金不仅应用于对不利条件参与者的直接津贴支持，同时计划还会利用资金为该参与群体的住宿适应、旅行协助、医疗及设备支持、学习材料的适应，以及残疾陪护者提供多样和充足的支持。因此，伊拉斯谟＋计划拨款资金也比常规的流动学习、培训资金份额更高。[②] 在 2023 年的伊拉斯谟＋计划中，欧盟就加大了有关计划的资金投入，为更多的参与者提供学习机会，提升"不利条件"群体的教育公平性和项目参与率，通过建立更灵活、简单的参与方式，为计划参与者在项目准备和参与的过程中提供更多的帮助，同时也为处境不利群体提供更多的经费支持。[③]

此外，该流动计划还联合了欧洲地区其他相关的辅助项目及机构，为参与流动的学生群体提供更加系统完善的支持和服务。例如，欧盟委员会成立了一个"教育和培训中的平等和价值"工作组，该工作组

---

① See "Mobility Projects for Higher Education Students and Staff," European Commission, accessed September 11, 2022, https://erasmus-plus.ec.europa.eu/programme-guide/part-b-information-about-the-actions-covered-by-this-guidekey-action-1-learning-mobility-of-individu-als-mobility-project-for-higher-education-students-and-staff.

② See "Students and Staff with Physical, Mental or Health-Related Conditions," European Commission, accessed September 10, 2017, https://ec.europa.eu/programmes/erasmus-plus/opportunities/individuals/physical-mental-conditions_en.

③ See European Commission, *2023 Annual Work Programme—"Erasmus +": The Union Programme for Education, Training, Youth and Sport* (Luxembourg: Publications Office of the European Union, 2022), p. 9.

是由欧盟委员会为推进平等、包容的欧洲教育区而建立，其重点是基于欧洲共同价值观（包括反激进化、公民教育与培训、教育的欧洲维度、虚假信息、将难民和移民纳入教育和培训），促进欧洲地区教育和培训领域进行平等的结构改革。在秉持全民全纳的教育理念的同时，该流动计划还关注与受歧视群体、弱势群体紧密相关的重要问题（如打击教育中的隔离现象，提倡性别平等、反种族主义），对特殊群体（如有移民背景的人、残疾人）提供特殊的教育支持。

（二）促进流动群体的多样性

欧盟是一个超国家间共同体组织，统一的欧共体多语种、多元文化背景是其发展的重要特征。因此，尊重并倡导多样性成为欧盟在推进伊拉斯谟＋计划过程中的重要发展原则。从近几年伊拉斯谟＋计划发展的趋势可以看出，欧盟在提升高校师生教育流动质量的同时，也非常注重对流动多样性的发展，通过开展多样化的学习及培训形式、加强与欧洲之外合作伙伴国的联系，以及提供多元化的语言课程来促进流动群体的多样性发展。

伊拉斯谟＋计划的多样化体现在学习形式和培训方式上。伊拉斯谟＋计划不仅为学习者提供跨国交流的学习机会，使其接触到不同地区、多元文化背景的学习者群体，同时也为其提供多样化的学习和培训形式，例如更多的短期活动、团队流动、虚拟学习、混合式的活动等。① 多样化的学习形式极大地提高了学习者参与项目的灵活性。

考虑到流动参与国的多样化问题，在与流动相关的资金分配上，欧盟对于不同流动参与地区设置不同水平的资金拨款目标。例如在亚

---

① See European Commission, *2023 Annual Work Programme—"Erasmus +": The Union Programme for Education, Training, Youth and Sport* (Luxembourg: Publications Office of the European Union, 2022), p. 14.

洲和拉丁美洲，欧盟利用 25%的资金与该地区不发达的国家[1]开展流动活动。在亚洲地区的流动中将不超过 30%的预算用于开展与中国和印度的流动活动；在拉丁美洲地区以不超过 35%的预算用于在巴西、墨西哥的流动活动。同时，欧盟鼓励高等教育机构与最贫穷和落后地区的合作伙伴国开展交流合作。

多样化还包含伊拉斯谟+计划中倡导发展的多语种的学习和培训环境。多语种并存是欧盟在地区多样性发展中提升凝聚力的重要基石。欧盟积极发挥语言对各成员国交流、合作的重要价值，帮助青年人更好地在欧洲地区劳动力市场中获得更多的发展机会。基于此，在伊拉斯谟+计划中，促进参与者的语言学习和欧洲语言多样性发展是重要的发展任务之一。然而，通过调查发现，外语能力的欠缺是阻碍高校师生参与该计划中有关项目的重要障碍。因而，欧盟委员会投入了大量资金开设欧洲地区小语种语言课程，并且设立了专门的语言学习系统——在线语言支持系统。该系统为流动项目的参与者提供免费、系统性的语言学习服务，帮助他们在跨国交流的过程中获得更好的学习和发展体验，同时提高各参与国流动人员发展机会的平等性。该语言系统目前支持 24 种语言的评估与学习服务，所有欧盟官方语言都包含其中，最常用的课程语言是英语、法语、德语、西班牙语和意大利语。自 2014 年在线语言支持系统启动以来，总共有超过 80 万名的伊拉斯谟+计划参与者从在线语言培训课程中受益，其中还包括因“为难民提供在线语言支持系统”倡议而获得了新的语言技能的 9500 多名难民参与者。2019 年，约有 25 万名参与者使用了在线语言支持系统课程，比前一年增加了约 70%。[2] 可见该语言系统在伊拉斯谟+计划参与者中具

---

① 例如阿富汗、孟加拉国、柬埔寨、老挝、尼泊尔、不丹、缅甸、玻利维亚、洪都拉斯、危地马拉等国家。

② See European Commission, *Erasmus +Annual Report 2019* (Luxembourg: Publications Office of the European Union, 2020), p. 24.

有较高的欢迎程度，而享受在线语言支持系统以提高其语言能力的参与者人数还在随计划的推进而持续增加。为了给参与者提供更好的系统服务，伊拉斯谟＋计划也在不断改进系统中的相关课程，并且不断增加所提供的语言评估与学习的种类。此外，欧盟委员会还设立了欧洲语言标签（European Language Label）奖，以表彰那些在多语种领域取得卓越成就的项目活动，并且激发欧洲公民对语言学习的兴趣。①

（三）保障流动过程的质量与效率

为了保障高校学生流动的质量及效率，伊拉斯谟＋计划通过对相关政策层面及网络信息平台的不断完善，来保障流动监管过程的透明度及资格认证工具的可靠性。

在质量保障方面，《伊拉斯谟高等教育宪章》为各成员国高等教育机构在伊拉斯谟＋计划内开展欧洲跨国合作活动提供了一般性的质量框架。通过明确各高校机构的申请条件及遵循原则，澄清流动参与人员的培养方式及相应奖励程序等内容，以确保各高等教育机构在合作运行中的透明度、公平性和有效性。同时，欧盟所开发的诸如欧洲通行证（Europass）、欧洲资格框架（European Qualification Framework）、欧洲高等教育质量保证注册制度（European Quality Assurance for Higher Education）、欧洲高等教育质量保障协会（European Association for Quality Assurance in Higher Education）、国家学术认可信息中心（National Academic Recognition Information Centres）等一系列的保障机构及工具，确保了相关高等教育项目在欧洲及境外开展过程中的质量，同时也对提高欧洲地区的跨国流动性和建立具有吸引力的欧洲高等教育区具有积极作用。

各国在相关技能和资格认证方面的相互认可是确保跨国流动效率

---

① See "Important Features of the Erasmus＋ Programme," European Commission, accessed October 6, 2022, https://erasmus-plus.ec.europa.eu/programme-guide/part-a/important-characteristics-of-the-erasmus-programme.

的前提和基础，也是促进欧洲高等教育一体化发展的重要工具。国家高等教育系统之间的差异可能会导致学生在国外所获得的学术资格无法认证。欧盟通过开发和支持这些认证制度和工具，加强对学习成果和学习计划工作量的理解，来确保各成员国能够在项目开展中更有效地对相关技能、资质进行识别和评估。

1. 文凭补充文件

"文凭补充文件"（Diploma Supplement）是由高等教育机构根据欧盟委员会、欧洲议会和联合国教科文组织共同制定的标准，它也是欧洲通行证的组成部分。文凭补充文件旨在提升欧洲各国高等教育文凭的透明度及兼容性，帮助参与计划的学生的学历得到欧洲地区所有高等教育机构、公共当局和雇主的承认。文凭补充文件主要包含8个方面的内容：资格持有人、资格类型及其发起机构、资格等级、课程内容和取得的成果、资格的作用、补充证明、有关国家高等教育系统的详细信息、其他相关细节。[①] 如今，欧洲高等教育区中已经有31个国家实现了文凭补充文件的自动颁发。[②] 文凭补充文件所建立的学历共通框架，不仅有利于各国高等教育机构之间对学生在学历和资质方面更便于比较和认可，减轻高校的相关行政工作负担，同时，对于参与计划的学生而言，也有利于其在更广泛的国际劳动力市场上获得认可与机会。

2. 欧洲学分转移和累积系统

欧洲学分转移和累积系统（European Credit Transfer and Accumulation System）是一种使学习和课程更加透明的工具，用于支持高等教育机构之间的学生流动。它同样也是博洛尼亚进程和欧洲高

---

① See "Diploma Supplement,"European Commission, accessed October 6, 2022, https://education. ec. europa. eu/education-levels/higher-education/inclusive-and-connected-higher-education/diploma-supplement.

② See Eurydice, *The European Higher Education Area in 2015: Bologna Process Implementation Report* (Luxembourg: Publications Office of the European Union, 2015), p. 39.

等教育区的核心发展工具，旨在使欧洲各国的教育体系在国际上更具可比性，帮助学生在跨国流动期间的学历和学习时间在国外得到认可，提高学生学习计划的灵活性。欧洲学分转移和累积系统允许学生在一所高等教育机构获得的学分计入另一所高等教育机构，它已被欧洲高等教育区的大多数国家采用为国家学分系统，并且被其他地方越来越多的使用。欧洲学分转移和累积系统还有助于使其他文件（例如文凭补充文件）在不同国家更清晰、更容易使用。①

欧洲学分转移和累积系统主要根据取得所要求学习的成果和必须完成的学习任务量进行分配。② 60 学分相当于一整年的学习任务量，在一个标准的学年里，这些学分通常被分解成几个较小的模块。例如，一个学期的学习任务量通常相当于 30 个学分。在伊拉斯谟+计划流动项目中，比较典型的“短周期”学习阶段通常包括 90—120 学分。“第一周期”（对应学士阶段）学位由 180 个或 240 个学分组成。通常“第二周期”（对应硕士阶段）学位相当于 90 个或 120 个学分。然而在“第三周期”（对应博士阶段）中，学分的应用情况则有所不同。

欧洲学生的学分转移主要基于课程目录、学习协议和成绩记录等要素来帮助识别和转移学生在国外流动期间所获得的学分。首先，课程目录是所有欧洲高校在校生的常规指导内容，它主要包含院校信息、学习项目信息、学生信息等相关内容。其次，学习协议是为了给学生跨国交流提供透明和有效的准备，以确保学生在国外成功完成的活动

---

① See “European Credit Transfer and Accumulation System (ECTS),” European Commission, accessed October 6, 2022, https://education.ec.europa.eu/education-levels/higher-education/inclusive-and-connected-higher-education/european-credit-transfer-and-accumulation-system.

② 参见阚阅《多样与统一——欧洲高等教育一体化研究》，浙江大学出版社，2016，第 179 页。

得到认可。[①] 学习协议规定了学生在国外学习或实习的计划必须在交流开始前得到学生、派遣和接收组织机构的批准，并且学习协议应包括学生在交流期间预计获得的所有学习成果。学生签署学习协议后需遵守所有商定的安排，从而确保其在国外进行的学习或实习能够得到认可。最后，成绩记录是一份以协商确定的格式为学生从事有关教育单元学习、取得相应学分、授予一定等级而提供的证明。[②] 学生在参与流动项目之前和之后，分别会由派遣学生的组织机构和接收学生的组织机构出具学生所获得的成绩和学习结果，帮助参与流动项目的组织机构及学生更好地了解和评估具体的学习和发展情况。到目前为止，欧洲地区学分转移和累积系统的实施已基本完成。

从这些辅助机制及服务的设立可以看出，欧洲地区在推进高校学生跨国流动的过程中，善于调用和连接欧洲已有的各项服务机构及流动辅助系统，并且将其有序、系统地融入该流动计划，为所有相关利益者提供适切性的服务，使欧洲学生跨国流动服务体系更具系统性和灵活性。

（四）促进流动过程的数字化建设

随着数字技术对社会、经济、国民日常生活影响的不断深入，数字化转型成为包括欧洲在内的世界各国战略发展的重要内容之一。对于教育培训系统而言，实现更高水平的数字化发展成为教育发展战略中的重要一环。然而，在欧洲实际的教育发展中，数字化建设并未获得足够的重视与进步。2018 年经济合作与发展组织的一项研究发现，在整个欧洲地区的学校教育中，只有不到 40％的教师愿意在教学活动

---

① See “Learning Agreements”, European Commission, accessed September 16, 2022, https://erasmus-plus.ec.europa.eu/resources-and-tools/mobility-and-learning-agreements/learning-agreements.

② 参见阚阅《多样与统一——欧洲高等教育一体化研究》，浙江大学出版社，2016，第 184 页。

中运用数字技术。此外，欧盟统计局 2019 年的调查指出，欧盟各成员国之间的教育数字化发展也存在巨大差距，而这种差距与其家庭收入有着紧密的联系。[①] 新冠的出现，则又进一步加速了数字化在教育领域中的重要价值，为学生和教师在教学组织形式和开展方式上的数字化变革，以及对数字技能的掌握等方面提出了迫切的要求。基于这一现实，实现欧洲地区的数字化转型成为欧盟近年来的核心发展战略，同样也是欧洲教育领域的重要改革任务。从 2018 年起，欧盟先后出台了两期数字教育行动计划[②]，该计划以支持欧洲社会数字化转型为根本任务，打破国界、语言、年龄等因素的重重限制，推进数字技术在欧盟教学和学习过程中的渗透，并且成为实现 2025 年欧洲教育区愿景的关键推动力。

伊拉斯谟＋计划正是在欧洲数字教育行动计划的基础上，不断推进和提高教育领域，尤其是高等教育领域中数字化的发展水平。2020 年 9 月 30 日，欧盟通过了最新一期的数字教育行动计划（2021—2027）。该计划提出了实现欧洲高质量、包容性和可访问的数字教育的共同愿景，旨在促进欧洲各国在教育和培训领域全面进入数字化时代，并且呼吁在欧洲层面加强数字教育合作，帮助并应对新冠疫情对教育领域所造成的短期冲击，提升欧洲教育在面对未来社会挑战中的数字化战略能力。伊拉斯谟＋计划承担起这一发展重任，推进数字教育行动计划中“发展一个高性能的数字教育生态系统”和“提高数字化转型中的数字技术与能力”两大战略目标的实现[③]，提高伊拉斯谟＋计划

---

① See European Commission, *Digital Education Action Plan (2021-2027)* (Luxembourg: Publications Office of the European Union, 2020), p. 2.

② 第一期数字教育行动计划是从 2018 年至 2020 年，第二期数字教育行动计划是从 2021 年到 2027 年。

③ See European Commission, "Digital Education Action Plan (2021-2027)," accessed September 16, 2022, https://education.ec.europa.eu/focus-topics/digital-education/action-plan.

的数字维度。为此，伊拉斯谟＋计划提供的支持包括基础和高级的数字技能与能力、组织机构的数字化能力、教师和青年工作者的数字化教育和相关专业知识、以欧盟为基础的教育技术、信息学的有效教学方法、培训教师识别和处理虚假信息、通过教育和培训提升数字素养等。①

为了支持上述两个优先战略目标，欧盟委员会还将建立一个欧洲数字教育中心（European Digital Education Hub），加强欧盟层面的数字教育合作与交流。该中心还创造了一个富有包容性的交流环境，为人们提供相应的指导与支持，专注于同伴学习和网络，汇集现有的研究、学习和社区的共同创造和实验的空间，培养和提升欧洲地区师生使用数字化工具的技能。另外，欧盟还积极促进将数字化运用于伊拉斯谟＋计划开展的全过程之中，为所有参与计划项目的师生提供数字化的通行证、学习证书，为学生建立欧洲学生卡等，通过数字技术提高信息交换的效率和安全性。② 欧洲在线平台（European Online Platforms）、虚拟合作与数字教育投资、伊拉斯谟＋教师学院（Erasmus＋ Teacher Academies）等计划中所涵盖的重要项目也是高等教育领域开展数字化转型的重要场域。通过开展数字化转型，能够切实解决那些参与者因身体等原因而不能参与远距离跨国交流项目的问题；通过远程学习、混合学习等方式，可以有效解决因物理空间而造成的交流障碍问题。这也在一定程度上扩大了参与者的学习机会，彰显了计划倡导包容性的发展理念。

---

① See European Commission, *2023 Annual Work Programme—"Erasmus +": The Union Programme for Education, Training, Youth and Sport* (Luxembourg: Publications Office of the European Union, 2022), p. 12.

② See European Commission, *2023 Annual Work Programme—"Erasmus +": The Union Programme for Education, Training, Youth and Sport* (Luxembourg: Publications Office of the European Union, 2022), p. 17.

（五）拓展流动项目的国际维度

伊拉斯谟+计划不仅致力于欧洲地区师生的跨国合作，还旨在通过该计划更深入地参与全球气候变化、数字化转型及国际重大问题的解决，以此提高欧盟在世界领域的贡献力和影响力。基于此，重视与世界其他地区国家间的人员流动及组织机构之间的交流与合作也是伊拉斯谟+计划在项目推进中的重要内容。

伊拉斯谟+计划以主要促进欧盟成员国与参与该计划的第三方国家①之间的高等教育流动为核心任务，旨在促进高等教育在欧洲维度上的一体化进程。伴随着计划开展的不断深化，高等教育流动项目也支持与伊拉斯谟+计划无关的第三方国家②开展交流活动，这些地区及国家在参与计划流动项目时可获得由欧盟内部政策基金（European Union Internal Policy Funds）资助20%的流动资金补贴，其中部分地区及国家还可同时享受由欧盟外部行动工具（European Union External Action Instruments）所提供的相应资助。这也意味着欧洲高等教育流动逐渐从欧洲维度向更大范围的国际维度上发展。伊拉斯谟+计划通过扩大与欧洲以外地区国家之间的人员流动、资金合作、学位互认及能力建设，提升了欧洲在教育、培训、青年及体育领域的国际合作水平。

---

① 与伊拉斯谟+计划有关的第三方国家指已经参与伊拉斯谟+计划的非欧盟国家，包括北马其顿共和国、塞尔维亚、冰岛、列支敦士登、挪威、土耳其等。

② 与伊拉斯谟+计划无关的第三方国家可以根据特定标准或条件参与该计划的某些行动。例如，申请人和参与者必须遵守欧洲理事会对欧盟外部援助施加的任何限制规定；申请必须符合欧盟关于尊重人的自由、民主、平等、法治、人权的整体价值观，包括《欧盟条约》第二条所预见的属于少数群体的权利等。

第四章　伊拉斯谟计划中的学生流动

伊拉斯谟计划于 1987 年推出，作为欧洲地区高等教育领域个人流动项目，涉及当时欧洲高校的 3000 名学生，有近 11 个国家参与该项目活动。经过 35 年的升级调整，该计划已发展为涵盖学校教育、高等教育、职业教育、成人教育、体育及青年事业领域的伊拉斯谟＋计划。伊拉斯谟＋计划致力于支持参与国的学生、实习者、青年人、志愿者，同时也包括科研人员、教学人员、青年工作者、教育相关机构及民间组织的员工等群体到国外经历一段时间的学习或专业培训经历。① 虽然伊拉斯谟＋计划所涉及的领域更加多元，但高校学生流动依然是该计划的核心发展内容。到目前为止，伊拉斯谟计划已经涉及欧洲的 33 个国家以及世界其他地区的部分国家，帮助近 900 万名公民参与到跨国学习、培训、教学及志愿服务的经历中。本章主要对近些年伊拉斯谟计划开展高校学生跨国流动项目的具体情况进行论述，从而阐释该流动项目对欧洲各国高校学生发展的影响方式与效果。

第一节　高校学生流动项目的愿景与目标

欧盟委员会针对伊拉斯谟＋计划下的高校学生流动项目所制定的

---

① See European Commission, *Erasmus ＋ Programme Guide 2017 (Second Edition)* (Luxembourg: Publications Office of the European Union, 2017), p. 11.

具体目标包括：支持学生在知识、技能及能力等方面获得发展，以促进他们在社会中形成积极的公民意识和具有竞争性的就业力；在欧洲层面上不断提升高校教学与培训的质量和创新性，满足高校学生的专业发展需求；提高高校学生的外语能力；加深高校学生对异国文化及民族的认识和理解，为其建立并提供接触国际人际网络与积极参与社会的机会，进一步巩固欧洲公民意识及身份认同感；提高欧洲在教育和培训及青年领域的组织活动的能力、项目吸引力、国际化水平，以便更好地适应欧洲地区及其他国家对项目活动的个人需求；加强正规、非正规教育，职业教育及企业间的协同增效和转型；确保对海外学习所获得的能力进行认证。①

伊拉斯谟+计划也同样支持欧洲的伙伴国家在高等教育和青年领域开展国际流动活动，促进欧盟与合作伙伴国之间开展广泛合作。这反映了欧盟在有关对外行动方面的目标、优先事项及原则：提高欧洲高等教育的吸引力，支持欧洲高等教育机构在全球高等教育市场上的竞争力；支持"增强欧盟发展政策的影响力"在交流中的优先性；为促进合作伙伴国家的发展，支持欧洲以外的高等教育机构的国际化、质量的吸引力、平等的流动机会及现代化建设；促进外部政策目标的发展，包括国家所有权、社会凝聚力、公平性、适当的地域平衡和多样性。伊拉斯谟+计划下的高校学生流动项目也将特别关注那些处于最不发达的国家、社会经济背景不利、有特殊需求的学生，促进与合作伙伴国家在青年领域内的非正式学习与合作。②

由此可见，伊拉斯谟高校学生流动项目的发展，一方面致力于欧洲地区高校学生的国际能力发展，促进欧洲地区在教育、经济、社会

---

① See European Commission, *Erasmus + Programme Guide 2017* (*Second Edition*) (Luxembourg: Publications Office of the European Union, 2017), p. 29.

② See European Commission, *Erasmus + Programme Guide 2017* (*Second Edition*) (Luxembourg: Publications Office of the European Union, 2017), p. 31.

等方面的一体化提升；另一方面，借此项目大力发展与其他国家的交流与合作，以此来提高欧洲国家的流动吸引力和世界声誉。

第二节 高校学生流动项目的具体举措与发展现状

伊拉斯谟计划为高校学生提供了参与跨国留学或实习培训的机会，并且对不同类型的学生提供了满足个人发展需求的充分保障。对于具有卓越发展潜力的学生而言，伊拉斯谟·曼德斯联合硕士学位（Erasmus Mundus Joint Master Degrees）项目为他们提供了更广阔的发展视野和空间；而对于处境不利或弱势家庭背景的学生群体而言，伊拉斯谟计划秉持着包容性与公平性的发展理念，为其提供了针对性的经济支持和设施环境的保障。到目前为止，伊拉斯谟+计划中有关高校学生流动项目的具体发展情况，在一定程度上说明了这些项目举措的合理性和有效性，但项目所呈现出的地区偏向性等其他发展特征，也从侧面反映出项目的实际开展情况与计划中的理想发展目标之间仍存在着些许差距。

一、高校学生流动的具体项目与举措

伊拉斯谟计划下的高等教育流动项目支持高等教育学生在任何学习领域和各学习阶段（短周期、学士、硕士、博士水平）中参与实地流动或结合线上的混合流动活动。学生可以到合作国家的高等教育机构中留学，也可以在国外的企业、研究所、实验室或与所学专业相关的其他组织机构进行实习。参与计划的高校学生还可以在流动期间将

学习期与实习期衔接起来，进一步巩固学习成果并发展横向技能①。虽然这些流动项目主要鼓励高校学生参与长时段的跨国交流，但随着伊拉斯谟计划的逐步推进，计划管理者认识到需要提供更加灵活的流动时间安排，以确保来自所有背景、环境和学习领域的学生都可以参与到该计划的项目活动中。

（一）高校学生流动项目的类型及要求

伊拉斯谟＋计划中有关高校学生的流动项目主要包括两种类型，一种是以学术学习为主的境外流动，另一种是以实习或培训为主的活动。以学术学习为主的流动项目是伊拉斯谟＋计划中的核心组成，该项目致力于提高学生的语言能力、独立性、自信心及跨文化的能力。同时，伊拉斯谟＋计划也同样支持高校学生及应届毕业生参与海外实习项目，这类项目能够为高校毕业生提供更多与提高自身就业相关的技能和能力发展的机会，增强自己在劳动力市场中的竞争力。

为了确保高质量的流动活动，并且为学生带来最大程度的影响，无论是参与海外留学还是实习项目，伊拉斯谟＋计划对于参与该项目的高校和学生都提出了一定的资格要求。首先，学生所在的高校和所要交流的学校之间必须签署机构间协议②，且两者都要持有并承诺遵守《伊拉斯谟高等教育宪章》。同时，高校还须签署一份学习协议以确保学生在流动期间所获得的学分等学习成果得到认可，保证留学项目的有效性和透明度。如果学生所在的高校属于计划参与成员国，则其留学期间的学习成果也将记录在相关的文凭补充文件之中。其次，对于

---

①　横向技能具体包括批判性思考、好奇和创造性、采取主动、解决问题、协作工作的能力，能够在多元文化和跨学科环境中有效沟通，能够适应环境并应对压力和不确定性等。

②　通过签署机构间协议，相关机构同意在伊拉斯谟＋计划框架内就学生交流进行合作。其共同承诺在组织和管理流动活动的过程中遵守《伊拉斯谟高等教育宪章》中的相关要求，以确保流动活动的质量和影响力。

学生而言，这些流动项目适应在任何学科及领域内开展。[①] 攻读短周期、学士、硕士、博士的学生都可以申请参与海外留学或实习的项目，但本科生至少要在二年级以后才可以申请海外留学项目，留学期间所学内容必须要与学生自己的相关专业及个人发展紧密相关。海外实习项目活动也同样支持在短周期、学士、硕士、博士学位学习期间完成，应届毕业生则须在毕业后的一年之内申请参与项目。海外留学和实习的时长可持续 2—3 个月，最长可达半年之久。为了支持学生更灵活地参与这些项目，学生可以选择海外实地学习与线上学习相结合的方式。学生还可以选择将海外留学和实习项目相结合的方式，以在留学期间获得更多的工作经验和就业技能。此外，伊拉斯谟＋计划基于高校学生的流动目的，对其具体参与的活动进行了明确划分，提高了流动人员流动经历的针对性和效率，有利于项目对流动人员的管理和评估。

（二）高校学生流动项目的经费支持

对于参与伊拉斯谟＋计划的学生，可以为其免除留学期间的学费、注册费、考试费，以及进入留学国家高校的实验室或图书馆的费用。学生还可基于其所在国家和留学（或实习）国家之间的生活成本差异、申请助学金的学生人数、国家之间的距离、其他相关助学金申请情况而获得一定数额的伊拉斯谟＋计划的经费补贴。对于来自偏远地区或弱势群体的学生来说，伊拉斯谟＋计划还会为他们提供额外的资金支持。对于收到经费补贴的学生来说，须签署一份补助金协议，协议明确规定了流动期限、补助金金额，以及相关的权利和义务。此外，攻读硕士学位的学生还可以根据自身实际情况，申请伊拉斯谟·曼德斯联合硕士学位的奖学金或欧盟担保的硕士贷款（EU-Guaranteed Master Loan）。

---

① See European Commission, *Erasmus ＋ Programme Guide 2017 (Second Edition)* (Luxembourg: Publications Office of the European Union, 2017), p. 33.

伊拉斯谟+硕士贷款计划向金融中介机构提供部分担保，这些贷款项目为更多欧洲学生在另一个伊拉斯谟+计划成员国攻读完整的硕士学位提供了资金保障。继 2015 年在西班牙推出贷款计划后，伊拉斯谟+硕士贷款计划已在意大利、西班牙、罗马尼亚、克罗地亚及土耳其这五个国家成功开展。这个由欧盟发起的贷款计划也吸引了更多欧洲学生选择参与项目。截至 2019 年底，共有 683 名学生获得了欧盟担保的硕士贷款，贷款总额为 817 万欧元。多年来，来自各国参与贷款计划的硕士生们对政策目标、实施举措及社会包容等方面的满意度超过 70%。经过 4 年的评估，贷款计划显示出极高的价值与作用，一方面减轻了学生家庭面临的经济压力，有大约一半的受益人表示，他们的家庭在维持收支平衡方面曾经遇到了一定程度的困难，而这一计划有效地帮助他们实现了流动的学习过程；另一方面在更大范围内促进了欧洲学生流动的能力发展，欧盟对已参与过该计划的受益人进行后续调查证实，受益人通过申请硕士贷款而有机会提升自己的就业能力，并且最终获得了满意的工作或培训岗位是他们所获得的最大福利。[①] 由此可见，伊拉斯谟+计划通过各类资金支持途径帮助欧洲各地区、各背景的高校学生从最大程度上减少因经济因素而产生的流动阻碍，促进欧洲高校学生实现更卓越的个人发展和更美好的跨国交流体验。

（三）伊拉斯谟·曼德斯联合硕士学位项目

伊拉斯谟·曼德斯联合硕士学位是硕士级别的高水平综合学习项目，其以卓越的学术成就和高质量课程整合而著称。该项目是由高等教育机构的国际合作伙伴负责开展的，每个项目至少包含三个不同国家的高等教育机构，其中至少有两个必须是欧盟成员国和与该计划相关的第三方国家。每个项目可获得 500 万欧元的资金支持。

---

① See European Commission, *Erasmus +Annual Report 2019* (Luxembourg: Publications Office of the European Union, 2020), p. 47.

联合硕士学位项目共持续1—2学年，项目涵盖学生在学习、研究、实习活动、论文准备和答辩等方面的所有内容。参与项目的学生最终将被授予联合学位（即代表至少两所高等教育机构颁发的学位证书）或多个学位（即由联合体的两个高等教育机构颁发的至少两个学位证书）。[①] 该项目为全球最优秀的硕士学位申请者们提供每月1400欧元（最长持续24个月）的伊拉斯谟·曼德斯联合硕士奖学金（Erasmus Mundus Joint Masters Scholarships）支持，该奖学金包括学生参与项目的费用、旅费、生活津贴等。通过为这些优秀的硕士研究生提供资金支持，欧盟旨在促进参与项目的各国高校在人才培养方面获得质量提升和国际化发展。在2019—2020学年中，共有132门伊拉斯谟·曼德斯联合硕士学位课程为来自世界各地的硕士研究生提供奖学金，联合硕士学位项目共颁发了2600次奖学金，其中590次颁发给项目国家学生，2010次颁发给合作国家学生。而该项目承办最多的国家分别是法国（19项）、西班牙（7项）、比利时（5项）。在资金投入力度方面，法国、西班牙、比利时及德国均高于1100万欧元，其中法国投入了约6757万欧元的资金，远高于其他国家的资金投入水平。[②] 在项目伙伴国方面，中国、南非等国家参与该项目的组织机构数量较多。可以看到，该项目不仅在欧洲各国的高校中获得了较好的发展影响，同时在世界范围内也吸引了众多地区国家的高等教育机构参与到具体的项目活动之中。

欧盟通过伊拉斯谟·曼德斯联合硕士学位项目与世界各国的高等教育机构及相关特定专业或领域的教育合作伙伴建立跨国合作关系，致力于对参与项目的各国高等教育系统、高校、学生发挥积极的影响力。具体来说，对于高等教育系统而言，联合硕士学位项目为各国提

---

① See "Students," European Commission, accessed October 6, 2022, https://erasmus-plus.ec.europa.eu/opportunities/opportunities-for-individuals/students.

② See European Commission, *Statistical Annex Erasmus + Annual Report 2019* (Luxembourg: Publications Office of the European Union, 2020), p. 55.

供硕士级别的高水平跨国学习方案，从而支持和吸引全球最卓越的高校学生参与到流动项目之中，提高欧洲及其他国家的高等教育的国际化水平。同时，联合硕士学位项目有助于加强欧洲高等教育与世界其他国家在创新、研究之间的协同作用，支持教学、资格认证、质量提升、学术发展等方面的跨国认可，提高欧洲高等教育区内外部的学术合作水平。此外，欧盟也希望通过联合硕士学位项目活动的顺利开展，能够有效回应欧洲社会和劳动力市场的发展需求，加强高等教育领域与社会发展的联系性。在高校层面，联合硕士学位项目致力于增加欧洲国家与世界其他国家的高校之间开展持续性的学术合作的机会，提升欧洲高校的国际竞争力与吸引力，优化高校有关硕士阶段在课程和教学方面的质量。对于高校学生而言，联合硕士学位项目旨在提升高校学生的横向技能和关键能力，促进未来高校毕业生就业机会的增加和就业能力的有效提升。同时，通过参与流动项目，更好地提升学生在跨学科、跨文化、跨部门等方面的能力并积累经验。

（四）博士网络项目

博士网络项目（Doctoral Networks）是包含在玛丽·居里行动（Marie Skłodowska-Curie Actions）中的一个子项目，该行动是由欧洲研究执行机构（European Research Executive Agency）代表欧盟委员会进行管理，致力于博士教育和研究人员博士后培训的旗舰资助计划。博士网络项目向大学、研究机构、企业、其他非学术组织的国际联盟开放，通过在欧洲及其他地区不同部门的大学、研究机构等学术组织，以及包括中小企业在内的非学术组织中合作实施博士课程，以培养高水平的博士生，激发他们的创造精神，从而提高他们的创新能力和长期就业能力。

这些博士课程将满足各研究和创新领域的发展需求，让研究人员在学术和非学术领域中都能获得相应的学习与培训，不断提升其在创新和就业方面的能力。除此之外，博士网络项目还鼓励培养两种特定类型的博士：一是工业博士学位（Industrial Doctorates）人才。该类学位主要培训那些以技术、技能发展为主并且致力于工业和商业领域的博士生。二是联合博士学位（Joint Doctorates）人才。博士网络项目为这类学位人才提供高度综合的国际性、跨部门、跨学科的培训活动。多国组织机构将通过跨学科、跨部门合作的形式，为博士生提供联合课程和指导，博士生将最终由参与机构授予联合博士学位或多个博士学位。参与博士网络项目的所有研究者都可以申请项目资金，每个项目可持续提供 3 个月到 36 个月不等的奖金支持。值得注意的是，该项目对所资助的研究人员没有地区或国家的限制，但是必须是正在攻读博士学位的项目参与者，如果参与者攻读的是工业博士学位，还应确保至少有 50%的时间花在专业实践等非学术工作活动之中。此外，在参与项目申请的 36 个月内，研究人员须未居住在开展项目的组织机构所在国且尚未从事所要开展的相关学习、工作等活动超过 12 个月。满足这些条件的研究人员将会在有关科研、培训、日常生活、跨国流动、家庭、请假、其他特殊需要等方面获得相应的津贴支持。①

二、高校学生流动项目的开展情况

伊拉斯谟计划内的高校学生流动项目，从历年来学生的整体参与情况来看，呈现较好的增长趋势。对于不同地区国家的学生来说，其在具体项目的参与积极性和地区选择上呈现出一定的偏向性。对于高校学生自身而言，参与伊拉斯谟流动项目除了与学生个人对流动经历所抱有的发展期望与目标有关外，学历、专业及家庭背景等个人因素也会影响学生的项目参与积极性及流动发展水平。

① See "Doctoral Networks," European Commission, accessed September 11, 2022, https://marie-sklodowska-curie-actions.ec.europa.eu/actions/doctoral-networks.

（一）高校学生流动项目的参与度

分析欧洲各国高校学生在流动项目中的具体参与情况，一方面能够反映出各国学生参与项目的积极性，另一方面也能显示出欧洲不同地区的国家在该项目中的流动特征与发展差距。

1. 伊拉斯谟计划高校学生整体参与度呈上升趋势

伊拉斯谟计划自 1987 年开展以来，吸引了越来越多的欧洲地区高校学生对流动学习的关注与参与。伴随着伊拉斯谟计划本身的不断完善升级，欧洲各国学生的参与度也呈现出积极增长的趋势。

基于欧盟发布的调查数据（见图 4-2-1），从 1987 年伊拉斯谟计划启动以来，每年参与计划的高校学生人数大致呈现逐年增长的趋势。到 2002 年，累计参与过伊拉斯谟计划的学生人数突破百万大关，到 2008 年这一数值增长到 200 万，而到 2013 年参与过该计划的高校学生

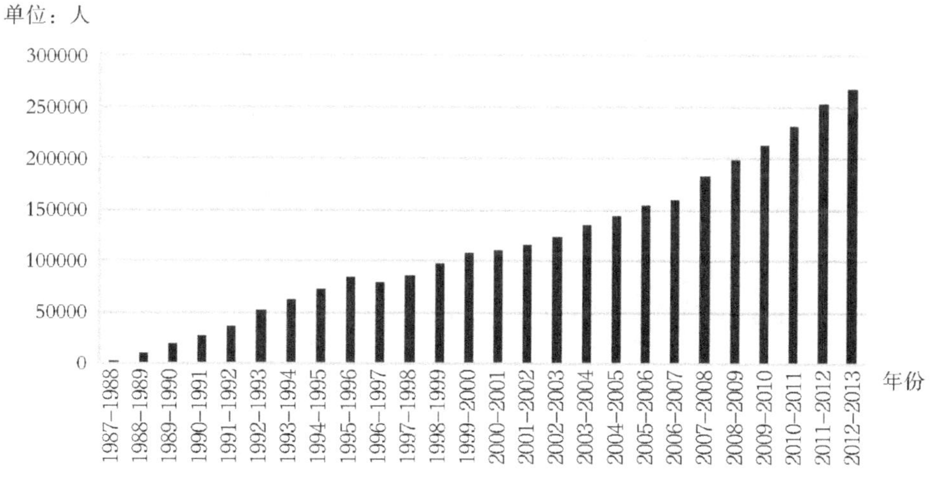

图 4-2-1　欧洲学生参与伊拉斯谟计划的整体趋势①

① European Commission, *On the Way to ERASMUS +: A Statistical Overview of the ERASMUS Programme in 2011-2012* (Luxembourg: Publications Office of the European Union, 2013), p. 9.

总人数约为 300 万。这足以体现出，伊拉斯谟计划在欧洲地区高等教育国际化发展中的重要位置，以及高校学生对该计划的参与热情。

在伊拉斯谟+计划开展期间，欧盟致力于支持欧洲地区弱势背景学生的流动战略将更有利于在今后使更多的欧洲高校学生参与到该计划的流动项目之中，流动参与人数仍将呈持续增长的趋势。

2. 欧洲各国高校学生流动参与情况

自 1987 年开始，伊拉斯谟计划已为 300 多万名欧洲学生提供出国留学与企业实习的机会。然而，基于所收集的数据信息，2007—2016 年参与伊拉斯谟计划的学生人数在国别上有着很大的数量差异。

2007—2016 年各流动项目参与国发送高校学生人数的调查数据（见图 4-2-2）显示，流动项目发送学生数量较多的国家主要是西班牙、德国、法国、意大利等欧洲主要发达国家，波兰、英国、土耳其、新西

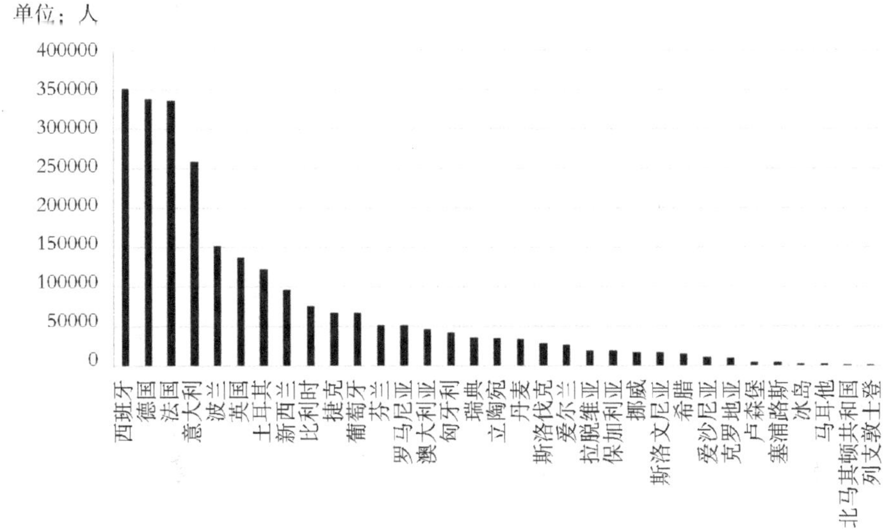

图 4-2-2　2007—2016 年伊拉斯谟计划各参与国发送学生数量①

① 基于 2007—2016 年《伊拉斯谟计划年度报告》（“Erasmus Programme Annual Report”）调查结果整理而来。

兰等国家的流动参与人数紧随其后，也普遍较高。然而相比之下，列支敦士登、北马其顿共和国、马耳他、冰岛、塞浦路斯等国的流动参与人数较少。

各参与国接收流动学生的情况也与其发送学生数量的情况大致相似。西班牙、法国、德国、英国等大国的接收学生人数仍然较高，英国在人员流动接收数量上高于其发送数量，但流动发送人数较高的波兰、新西兰、土耳其等国家的流动接收数量要低于其发送数量。北马其顿共和国、列支敦士登、塞浦路斯等国在流动项目接收数量上同样显示出较低的参与性。

从 2007—2016 年伊拉斯谟高校学生流动项目学生参与的整体情况来看，各国高校学生流动参与数量存在明显的地域差异性。西欧国家①的整体参与度较高，西欧和北欧国家②的流动吸引力也明显高于其他国家。这些地区参与流动的学生占所有高校学生的 42%—52%，而非流动的学生占所有高校学生的 36%。与此相反的是，分布在欧洲东南部地区国家，例如塞浦路斯、马耳他、克罗地亚等国的参与度偏低，极少数欧洲学生将这些国家作为流动的目的国，并且这些国家的学生也大多将西欧、北欧地区的发达国家作为流动目的地。根据德国学者泰希勒对国际学生流向的分类定义，在伊拉斯谟高校学生流动中，欧洲西北部地区的学生主要在教育经济发展水平相近的国家或地区之间进行交流，其流向呈水平流动态势；而欧洲东南部地区的学生则更愿意选择能够获得比本国更好教育和发展情况的国家作为流动目的地，表现出垂直流动的态势。换言之，在伊拉斯谟高校学生流动过程中，社会经济发展水平较高的国家（主要指西欧、北欧国家）成为欧洲学生

---

① 此处的西欧国家是指位于欧洲西部地区且参与伊拉斯谟计划的主要国家，包括奥地利、比利时、法国、德国、列支敦士登、卢森堡、荷兰、瑞士等。

② 此处的北欧国家是指位于欧洲北部地区且参与伊拉斯谟计划的主要国家，包括丹麦、爱沙尼亚、芬兰、冰岛、爱尔兰、拉脱维亚、立陶宛、挪威、英国等。

跨国流动的主要目的地。

从收集的相关数据结果（见图 4-2-3）可以看出，欧洲高校学生在不同的具体流动活动中的参与度均呈现逐年增长趋势。然而，针对具体的活动发展情况看，参与度还是有很大的差别，与学生学习相关的流动活动成为伊拉斯谟高校学生流动项目的主流。虽然有关实习培训活动的参与数量要低于前者，但不容忽视的是，2007 年在伊拉斯谟计划下开展的国外实习活动使参与学生获得专业经验的人数就比以往增加了 3 倍，而到 2013—2014 年，约有 6 万名学生获得了这样的发展机会，占所有伊拉斯谟计划参与学生的 22%。有三分之一的学生在他们本国获得了工作，十分之一的学生组建了自己的公司。这些有关实习培训的流动活动为部分高校毕业生提供了通过国外实习而进入劳动力市场的路径。

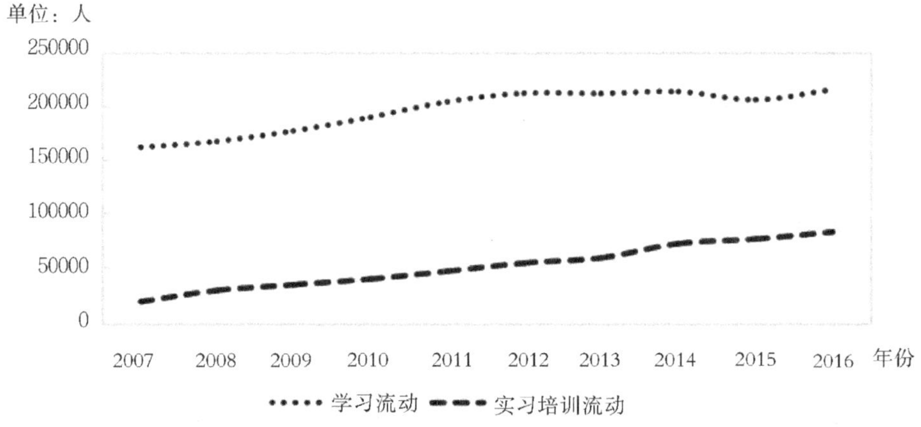

图 4-2-3 2007—2016 年伊拉斯谟高校学生流动项目活动参与情况①

吸引高校学生选择参与流动项目的重要因素不仅在于是否有足够

① 基于 2007—2016 年《伊拉斯谟+计划年度报告》（“Erasmus+ Programme Annual Report”）调查结果整理而来。

的经费支持，自身的发展需要和流动目的也是重要的推动因素。从欧洲各地区学生选择参与伊拉斯谟流动项目的动因来看，有机会体验国外生活、认识新朋友、提升外语能力、发展如适应力和积极创新等软技能、拓宽个人未来职业前景等五个主要因素是学生优先考虑的。有96%的学生表示参与该项目的首要原因是可以获得国外生活的机会，其次是结交新朋友（94%）、提升外语能力（94%）。此外，获得提升个人软技能的机会（92%）、拓宽个人未来职业前景（90%）同样成为欧洲学生参与流动项目的关键动力。[①] 在拓宽职业前景方面，相对于发展自己的国内就业力（77%），更多的学生希望通过参与项目提升自己的国外就业能力（87%）。[②] 值得注意的是，虽然整体上这几个因素都是推动大多数欧洲学生参与流动项目的主要原因，但实际调查结果显示，来自不同地区的欧洲学生对这五种主要参与动因的态度有着很大的差异。南欧国家学生在这五种原因上的关注度最高，对于参与流动项目有着最多的发展目标和期望。尤其是就业前景和能力发展，成为南欧和东欧国家学生选择流动的主要目的。与之相反，北欧和西欧国家学生在这五种参与动因上的关注度较低，他们对参与该流动项目所寄予的发展目标和期望显得单一和消极，体验国外生活、结交新朋友多成为这些地区学生参与流动项目的主要原因。

（二）高校学生流动项目的参与特征

选择参与伊拉斯谟高校学生流动项目，除了学生个人对流动经历

---

① See European Commission, *The Erasmus Impact Study , Regional Analysis : A Comparative Analysis of the Effects of Erasmus on the Personality , Skills and Career of Students of European Regions and Selected Countries* (Luxembourg: Publications Office of the European Union, 2016), p. 22.

② See European Commission, *The Erasmus Impact Study , Regional Analysis : A Comparative Analysis of the Effects of Erasmus on the Personality , Skills and Career of Students of European Regions and Selected Countries* (Luxembourg: Publications Office of the European Union, 2016), p. 25.

的发展期望与目标外，学历、专业及家庭背景等个人因素也会影响学生的项目参与积极性及流动发展水平。

1. 学士学历群体、女性群体及人文社科类专业学生成为高校学生流动的主要参与群体

从学历层次来看，参与流动的学生主要以学士学历群体为主，其次是硕士生群体，而博士学历的学生到目前为止，参与数量依然很少。① 从学生个人特征方面看，各参与国高校女生的流动参与比重普遍高于男生。从学生参与项目的专业分布来看，在参与学习流动项目的学生中，学习社会科学、商业、法律专业的学生比例最大，其次是人类学和艺术专业学生，医学、福利专业学生虽然占比较低，但依然有很高的项目参与积极性。对于参与工作实习的学生来说，占比重较高的几个专业分别是社会科学、商业、法律、人类学和艺术，以及与之比例相近的科学、数学、计算机。这说明，参与伊拉斯谟计划的学生群体的学历水平尚需提升，尤其是博士生群体的参与数量仍需扩大；而性别和专业的参与情况也反映出欧洲各国女性群体的受教育程度水平较高，学生参与跨国学习流动受一定的专业因素影响。

2. 学术型家庭背景的高校学生流动参与度更高

除了学生个人学历因素之外，根据德国贝塔斯曼基金会旗下的高等教育中心（Centre for Higher Education）提供的调查数据发现，学生家庭背景的差异也会对高校学生在国外留学的参与性及发展表现产生影响。在欧洲所有地区中，参与流动项目的学生，其家庭背景 50% 以上为学术型家庭②，而未参与流动学生的这一比例却在 38% 以下。参与伊拉斯谟高校学生流动项目的学生拥有学术型家庭背景的占比远远高于未参与流动的学生，而参与流动的东欧地区学生中拥有该背景的

① See European Commission, *Erasmus + Annual Report 2016* (Luxembourg: Publications Office of the European Union, 2017), p. 19.

② 学术型家庭是指学生父母中至少有一人拥有大学及以上学历。

群体占比最大（高达 62%）。① 从中我们能够发现，不同学历水平的家庭背景会影响学生流动参与的选择，具有高学历家庭背景的学生选择参与流动项目的可能性更大。同时，家庭背景特征对于不同地区学生的流动参与率有着不同的影响性，相对于发达地区而言，欠发达地区学生选择参与流动项目与其高学历家庭背景的影响有着更大的联系性。

从学生参与流动项目的竞争性方面看（见图 4-2-4），欧洲所有地区具有学术型家庭背景学生的流动参与竞争性要高于非学术型家庭背景学生的 1%—6%。从地区上看，北欧、西欧学生的整体淘汰率要小于东欧、南欧学生。同时，北欧和西欧的学生的家庭背景差异对流动参与

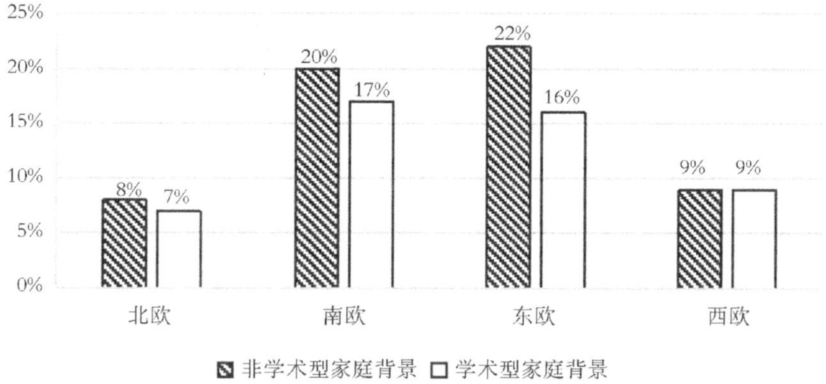

图 4-2-4 欧洲各地区不同家庭背景的高校学生申请参与流动项目的淘汰比例②

① See European Commission, *The Erasmus Impact Study, Regional Analysis: A Comparative Analysis of the Effects of Erasmus on the Personality, Skills and Career of Students of European Regions and Selected Countries* (Luxembourg: Publications Office of the European Union, 2016), p. 35.

② European Commission, *The Erasmus Impact Study, Regional Analysis: A Comparative Analysis of the Effects of Erasmus on the Personality, Skills and Career of Students of European Regions and Selected Countries* (Luxembourg: Publications Office of the European Union, 2016), p. 43.

竞争性的影响很小，而南欧、东欧学生在这一方面却呈现出较大的差异。这说明，一是发达地区学生的流动竞争力高于欠发达地区的学生，二是学术型家庭背景的学生更有资格获得海外留学的机会与许可。然而家庭背景对学生流动参与竞争性的影响，在欠发达地区学生身上体现得更加明显和突出。

通过对不同学历背景家庭的学生在伊拉斯谟计划中的参与率和淘汰率两方面的地区性对比，我们能够发现家庭背景因素在学生流动机会上的影响力，而这种影响力的发挥多体现在学生家庭能否为其提供充足的资金等外部条件的支持上。从图 4-2-5 中的数据可知，欧洲所有地区学生中非学术型家庭背景学生对流动过程中能否获得额外资金支持的关注度最高，这种比例在南欧和东欧地区尤为突出。这说明，较高的流动经费支持对于非学术型家庭背景的东欧、南欧国家学生可能具有更高的流动吸引力。

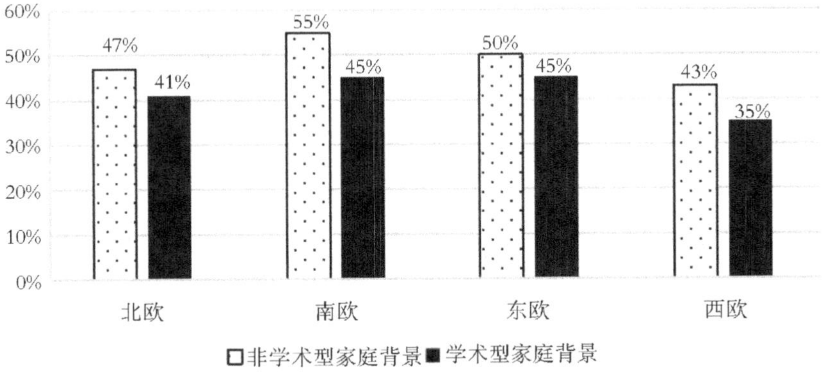

图 4-2-5 欧洲各地区不同家庭背景的高校学生中重视项目能否提供额外资金支持的占比①

① European Commission, *The Erasmus Impact Study, Regional Analysis: A Comparative Analysis of the Effects of Erasmus on the Personality, Skills and Career of Students of European Regions and Selected Countries* (Luxembourg: Publications Office of the European Union, 2016), p. 39.

家庭背景作为社会资本的因素之一，影响着学生在教育过程中的公平性发展。从上述分析可知，学生家庭学历水平的高低与学生个人是否选择参与流动项目有着一定的联系。高学历家庭背景的学生更愿意参与流动这一表现，并非偶然现象。一方面，高学历的家庭意味着学生父母有更优越的经济条件和社会优势来保障学生获得流动项目的外在资金与信息支持；另一方面，高学历的家庭背景可能更容易为学生个人发展带来更广的视野和空间，学生父母对于学生的个人发展有着更开放、更高的期许与要求，这与流动的发展意义有着一定的相似性。

第三节　高校学生流动项目的成效与影响

自 1987 年以来，欧盟一直致力于资助和优化伊拉斯谟计划及其后续伊拉斯谟＋计划，其所开展的区域性高校学生流动项目使超过 300 万的欧洲学生获得了跨国交流与学习的机会，促进了欧洲高校学生的个人发展，反映了该项目在推进欧洲地区高等教育一体化和国际化战略的积极作用。与此同时，区域内部各国学生在流动参与机会及发展效果上的差异表现又从侧面表明欧洲地区存在流动均衡性问题，这种流动公平性的缺失势必会对欧盟整体的流动发展战略及其效率产生阻碍和限制。因此，兼顾流动效率和公平是伊拉斯谟流动计划未来发展的关键性方向。

基于欧盟相关调查机构对近几年参与伊拉斯谟＋计划的高校学生流动影响调查数据来看，该流动项目整体上对于欧洲地区学生在就业能力、外语水平、跨国意识与适应力等方面的发展与提升均获得了良好的改善，对于学生个人发展发挥了积极的促进作用。

一、高校学生就业能力获得长足发展

对于高校学生流动而言，以重点发展就业能力和积极公民身份的伊拉斯谟+高校学生流动项目是欧盟委员会战略的核心要素，并且成为《欧洲 2020 战略》中的主导目标。国外流动学习经历对于促进欧洲学生就业，降低其失业风险，帮助学生获得雇主所认可的能力具有积极的作用。

（一）参与流动项目有利于提升高校学生的职业能力水平

对于高校毕业生来说，职业能力水平的高低与其自身所具备的相关个性品质和价值能力有着密切的联系，而事实证明，国外流动经历能够帮助个人在这些重要品质和价值能力上获得提升。为了更好地探究伊拉斯谟流动项目对流动参与者在个人价值能力方面的影响性，欧盟委员会在《伊拉斯谟影响研究》（“Erasmus Impact Study”）的报告中参考流动结果测评均值（Monitoring Exchange Mobility Outcomes），对参与者进行心理测量，评测流动经历对参与者的与就业能力密切相关的六种个性特质[①]的影响水平。

首先，在参与伊拉斯谟流动项目之前，计划参与流动项目的欧洲学生本身的流动结果测评均值为 69.1%，没有选择流动项目的欧洲学生的流动结果测评均值仅有 65.6%。[②] 这一数值表明，选择参与流动项目的学生其本身与就业能力相关的个性特质水平要高于未参与流动项目的学生。其次，参与伊拉斯谟流动项目之后，高校学生的流动结果

---

① 六种个性特质包括活力、容忍歧视、从容、决断力、好奇心、自信心。

② See European Commission, *The Erasmus Impact Study*, *Regional Analysis*: *A Comparative Analysis of the Effects of Erasmus on the Personality*, *Skills and Career of Students of European Regions and Selected Countries* (Luxembourg: Publications Office of the European Union, 2016), p. 53.

测评均值达到 81%。① 这能够表明，学生普遍认为伊拉斯谟流动项目对个人在职业能力相关的品质及价值方面有明显的提升和发展，尤其是在“自信心”“好奇心”及“从容”上的积极作用最为突出。

从地区角度看，参与伊拉斯谟流动项目的各地区学生流动前后的个性特质发展情况存在一定差异（见图 4-3-1）。在参与流动项目之前，南欧国家学生的流动结果测评值最高，其次是北欧和东欧，而西欧国家学生的流动结果测评值较所有地区最低。这说明来自南欧地区的参与者们已整体具有较好的、与就业相关的个性特质，参与该项目的西欧国家学生的整体个性特质发展程度较低。当各地区学生在经历流动之后，除了北欧国家学生的流动结果测评值有所下降外，欧洲其他地区学生的流动结果测评值皆有所提高。这足以说明，伊拉斯谟流动项目对欧洲大部分国家学生的就业能力发展有积极的帮助，但这种帮助性也存在地区差异。根据数据可知，流动后欧洲学生的流动结果测评均值是 70.4%，北欧和西欧国家的学生在经历流动后其流动结果测评值低于平均水平，而南欧和东欧国家的学生在经历流动后其流动结果测评值居于欧洲最高水平。这表明，相较西欧、北欧国家的学生而言，来自南欧、东欧国家的学生通过该流动项目获得了更大程度的就业能力提升。但值得注意的是，西欧国家的学生虽然在流动前的流动结果测评水平最低，但流动经历使该地区学生获得了很大的提升。这同样说明了该流动项目对西欧国家流动参与学生的积极作用。

---

① See European Commission, *The Erasmus Impact Study*, *Regional Analysis: A Comparative Analysis of the Effects of Erasmus on the Personality, Skills and Career of Students of European Regions and Selected Countries* (Luxembourg: Publications Office of the European Union, 2016), p. 71.

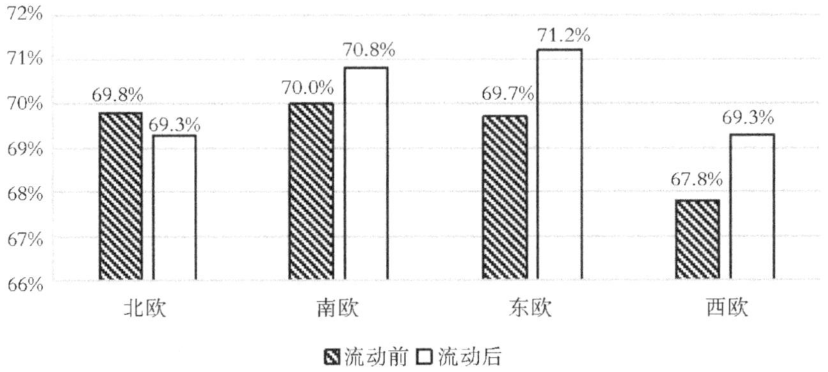

图 4-3-1 欧洲各地区高校学生在参与流动项目前后的个性特质发展情况①

基于德国贝塔斯曼基金会高等教育中心对参与流动项目的学生在流动前的流动发展预期，以及流动后的实际发展情况的数据比较（见图 4-3-2），我们能够发现南欧国家学生的预期发展水平最高，而且该地区学生的实际发展水平也居于欧洲地区最高值；东欧及北欧国家学生的预期水平及实际发展水平相当，并居于其次；虽然西欧国家学生对流动经历的期望普遍较低，但其实际流动经历的测评结果却超乎了他们的想象，其实际发展水平有了较高的提升。这一方面说明对流动具有高期望的南欧国家学生获得了更好的发展效果；另一方面也体现出虽然西欧国家学生对该流动项目本身并未寄予较高的发展期望，但流动经历依然为其个人发展带来了很大的能力提升。

① European Commission, *The Erasmus Impact Study, Regional Analysis: A Comparative Analysis of the Effects of Erasmus on the Personality, Skills and Career of Students of European Regions and Selected Countries* (Luxembourg: Publications Office of the European Union, 2016), pp. 53, 58.

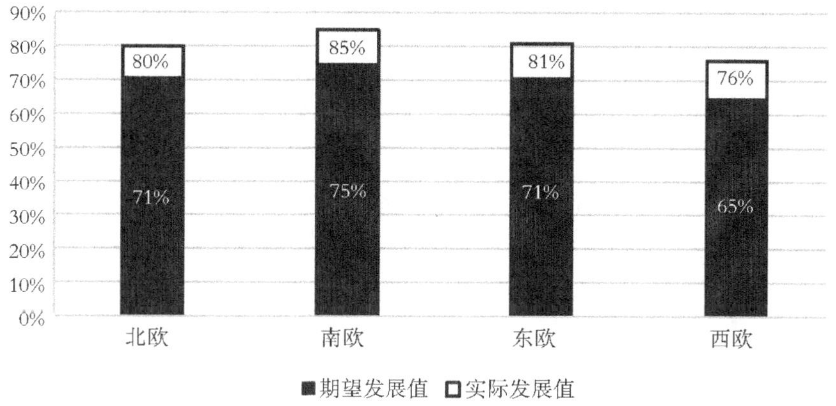

图 4-3-2　参与流动项目学生个人预期发展水平与实际发展水平的比较①

在与就业能力紧密相关的六种个性特质的发展变化方面，参与伊拉斯谟高校学生流动项目的南欧、东欧、西欧国家的学生在个性特质方面都获得了较好的发展。其中，东欧国家学生在“容忍歧视”方面的发展水平提升了3%，相较其他地区学生有了较大幅度的进步；西欧国家学生则是在“决断力”“自信心”方面发展较好，发展水平均高于2%；然而北欧国家学生却在流动过后，有关“从容”“容忍歧视”的发展水平分别下降了1.3%和2.9%。② 这可能说明该流动项目并不适应于北欧国家学生的发展需求，或是该测量方式不能够很好地反映北欧学生的个性特质。在欧洲其他地区，西欧国家学生所提升和发展的

① European Commission, *The Erasmus Impact Study, Regional Analysis: A Comparative Analysis of the Effects of Erasmus on the Personality, Skills and Career of Students of European Regions and Selected Countries* (Luxembourg: Publications Office of the European Union, 2016), p. 73.

② See European Commission, *The Erasmus Impact Study, Regional Analysis: A Comparative Analysis of the Effects of Erasmus on the Personality, Skills and Career of Students of European Regions and Selected Countries* (Luxembourg: Publications Office of the European Union, 2016), p. 70.

流动结果测评因素最多，这与该地区学生在流动前的个人期望和预测水平有很大的差异，虽然学生对参与伊拉斯谟高校学生流动项目并未抱有太大的发展期望，但流动经历依然促进了其就业能力的提升。

总的来说，伊拉斯谟高校学生流动项目对学生的就业能力有了整体性的提升。2016 年的流动学生调查结果显示，有 92％的参与流动项目学生认为，国外流动经历使他们获得了更多的能力和技能，他们变得更具灵活性、开放性和好奇心，并且能够适应不同的社会环境。有 90％的学生表示，流动经历使他们更有自信，并且为未来的国外经历挑战做好准备。有 87％的学生表示，其对他人价值观及行为方式的容忍度获得提高。有 83％的学生认为，该流动项目使其专业学习技能有所进步。①

（二）参与流动项目降低了高校学生的失业风险

如上所述，伊拉斯谟计划为欧洲高校学生的就业能力发展带来了积极的影响，这种影响性能否使高校学生获得更广阔的就业前景，成为伊拉斯谟计划各参与国更为关注的问题。从已有的调查数据看，各国学生在参与流动项目后的就业能力得到有效提升，其失业风险也有所减弱。

首先，从失业率风险性角度来看，参与伊拉斯谟流动项目后的欧洲学生在这方面整体上风险有所降低，但在具体的地区依然存在显著的影响差异。在失业率影响效果方面（见图 4-3-3），参与伊拉斯谟流动项目会使欧洲各国学生的就业形势得到整体性的改善，失业率平均减少了约 2％。在地区分布上，北欧和西欧地区学生的长期失业率仅降低了 1％，而南欧、东欧地区学生长期失业率降低幅度大，分别减少了 3％和 5％。可以看出，流动项目对于南欧、东欧地区学生的就业形势

① See European Commission, *Erasmus ＋Annual Report 2016* (Luxembourg: Publications Office of the European Union, 2017), p. 20.

起到了很大的积极作用。从影响范围来看，参与项目的东欧地区学生中，有83%的学生表示减少了其处于长期失业的风险。这种影响力对于南欧地区的学生更加深刻，参与过流动项目的学生所面临的长期失业风险率是未参与学生的一半。[①] 这足以证明该项目对于南欧地区学生在就业方面的积极作用。

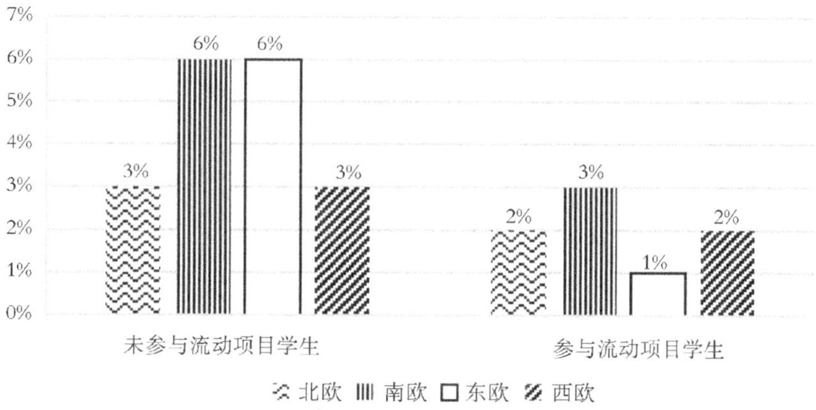

图 4-3-3　参与伊拉斯谟高校学生流动项目的学生与未参与流动项目学生的长期失业率比较[②]

其次，从欧洲高校学生的短期就业率提升程度来看，不论是参与学习流动项目还是实习培训项目，都在一定程度上为学生在短时间内

---

① See European Commission, *The Erasmus Impact Study , Regional Analysis : A Comparative Analysis of the Effects of Erasmus on the Personality , Skills and Career of Students of European Regions and Selected Countries* (Luxembourg: Publications Office of the European Union, 2016), p. 7.

② European Commission, *The Erasmus Impact Study , Regional Analysis : A Comparative Analysis of the Effects of Erasmus on the Personality , Skills and Career of Students of European Regions and Selected Countries* (Luxembourg: Publications Office of the European Union, 2016), p. 7.

获得就业机会提供了可能。据调查，有72%的参与流动项目的学生表示，项目活动在很大程度上提高了他们的专业技术、人际关系、跨文化等与劳动力市场有关的技能，有利于他们寻找和获得自己的第一份工作。有大约80%的参与过项目的高校学生在毕业后3个月内找到了他们的第一份工作。其中，有关参与实习项目的学生的调查结果显示，40%的学生能够在实习单位获得工作机会，有10%的学生甚至在实习结束后成功创办了自己的公司。① 只有2%的参与流动项目的高校毕业生在毕业后处于待业或失业的状态，而没有参与流动项目的同期毕业生失业率为4%。② 从地区发展情况来看，伊拉斯谟+高校学生流动项目对于东欧、南欧地区学生的短期就业率带来了积极影响。例如爱沙尼亚、波兰、匈牙利、罗马尼亚等国学生的短期就业率获得了较大幅度的提升。而该流动项目并未对西欧及北欧地区学生的短期就业率带来实质性的提高，有的国家如德国、比利时等未参与流动项目学生的短期就业率反而比参与项目的学生还要高。这说明流动项目对于这些国家的学生在短期就业方面没有产生很大的影响力。

最后，从长期就业率提升程度来看，参与流动项目的学生在职业生涯规划、职业满意度等方面均显示出较好的发展优势。调查显示，有近四分之三参与过伊拉斯谟+计划的学生表示能够对自己的未来职业生涯有一个清晰的想法。有四分之一的学生在参与过流动项目后重新规划了自己的发展道路，以便更好地匹配自己的职业抱负。在职业满意度方面，参与流动项目的学生对他们所获得的工作满意度更高，有84%的学生认为他们在工作中有机会获得更好的发展，而未参与流动项目的学生在这一方面仅占78%。参与流动项目的学生中有近三分

① See European Commission, *Erasmus + Higher Education Impact Study* (Luxembourg: Publications Office of the European Union, 2019), p. 2.

② See European Commission, *Erasmus + Higher Education Impact Study* (Luxembourg: Publications Office of the European Union, 2019), p. 16.

之二的人表示他们获得了一份"高收入"的工作，而未参与流动项目的学生在这一方面仅有 58%。① 从地区发展情况看（见图 4-3-4），参与该流动项目的北欧、西欧地区学生的失业率并未比未参与流动项目的学生的失业率有所下降，甚至还有 1—2%的小幅度增长，东欧地区学生在这方面没有表现出明显的变化，而南欧地区参与该流动项目的学生的失业率比未参与流动项目的学生减少了 9%。即是说，伊拉斯谟高校学生流动项目对南欧地区学生的长期失业情况有较为明显的改善效果，相比而言，该项目对欧洲其他地区学生的影响性较小。这一结果表明，伊拉斯谟高校学生流动项目对于提升欧洲学生就业率的影响效果存在地区差异性，相比发达地区而言，伊拉斯谟高校学生流动项目为经济发展不利背景的学生提供了更多的发展机会和更适宜的发展条件。

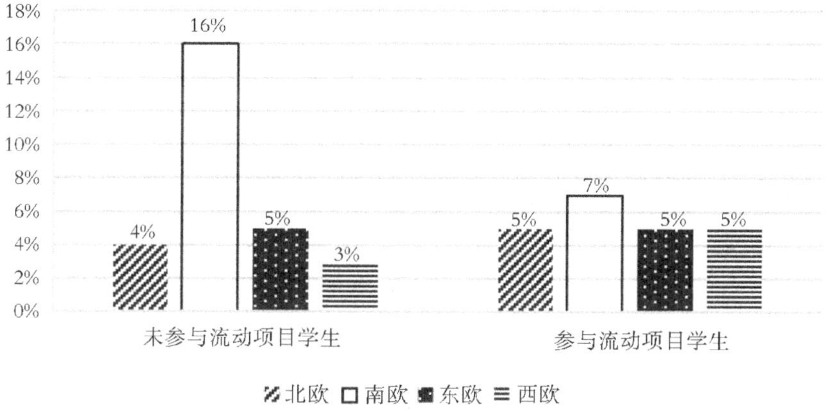

图 4-3-4 欧洲高校学生毕业 5—10 年后的失业率情况②

① See European Commission, *Erasmus + Higher Education Impact Study* (Luxembourg: Publications Office of the European Union, 2019), p. 2.

② European Commission, *The Erasmus Impact Study, Regional Analysis: A Comparative Analysis of the Effects of Erasmus on the Personality, Skills and Career of Students of European Regions and Selected Countries* (Luxembourg: Publications Office of the European Union, 2016), p. 108.

值得注意的是，也有研究对高校学生流动项目的就业能力提升提出了一些相反的观点。例如，芬兰国际流动中心的一项研究表明，在流动期间获得和发展的技能并不能完全获得雇主的认可。也有一部分参与过伊拉斯谟高校学生流动项目的学生表示，他们无法像在工作中所希望的那样良好地利用自己的能力。此外，根据玛格丽塔·罗德里格斯（Margarida Rodriges）学者的研究结果，学生流动性在水平维度（在国外工作和从事国际任务）对未来职业的影响比在垂直维度（就业和工资）的影响更大。[①] 综合以上的研究分析，我们或许可以推测，参与伊拉斯谟+计划的高校学生也许并不能期望在参与项目后获得更高待遇的职位，但至少能够在一定程度上增加自己的就业选择机会并提升职业发展能力。

二、高校学生外语水平得到有效提升

参与伊拉斯谟高校学生流动项目的学生群体中，使用英语的学生占所有流动学生的67%，这说明还有很大一部分流动学生使用非英语语言进行学习及生活上的交流。调查结果显示，除英语外（参与流动项目的部分学生还可能掌握两门或两门以上的语言），有13%的学生使用西班牙语，12%的学生使用法语，10%的学生使用德语，7%的学生使用意大利语。这使得许多学生在参与流动项目过程中面临语言障碍。此外，高校学生对于提升外语水平的需求也是伊拉斯谟计划开发语言辅助系统的重要原因所在。在所有选择参与伊拉斯谟流动项目的学生中，有超过90%的学生表示其中一个参与动因来自对改善和提高个人

---

① See European Commission, *Erasmus + Higher Education Impact Study*(Luxembourg: Publications Office of the European Union, 2019), p. 17.

语言能力的需求[①]，有 85％的学生认为流动经历所带给个人外语能力的提升对于在未来获得一份良好的工作有着至关重要的作用。[②]

基于此，为了更好地促进流动过程的公平性和流动参与者的发展需求，自 2014 年开始，伊拉斯谟＋计划推出了有关提高流动参与者语言能力的辅助工具——在线语言支持系统，为高校学生在流动过程中的语言发展提供便利。从该系统推出至今，已经为超过 10 万名流动参与者提供了语言课程服务，有超过 25 万名流动参与者进行了语言能力的在线评估。[③] 这足以说明该系统对流动参与者语言学习有着积极的帮助。

流动参与学生的调查结果显示，有 96％的学生认为参与学习流动活动对其影响最大的方面是外语能力获得了提升，而参与实习培训活动的学生中有 93％的人表示其外语能力获得了提升。[④] 还有参与流动的学生表示，在线语言支持系统能够帮助其更好地适应国外流动经历，不仅能够应对基本的外语面试，还能在国外生活中更好地与外国室友及伙伴进行交流。从整体上看，在线语言支持系统为参与流动的高校学生的外语能力发展提供了有效的支持，尤其对参与流动的高校学生群体而言，这种影响性更大。

---

① See European Commission, *The Erasmus Impact Study : Effects of Mobility on the Skills and Employability of Students and the Internationalisation of Higher Education Institutions*(Luxembourg: Publications Office of the European Union, 2014), p. 73.

② See European Commission, *The Erasmus Impact Study : Effects of Mobility on the Skills and Employability of Students and the Internationalisation of Higher Education Institutions*(Luxembourg: Publications Office of the European Union, 2014), p. 104.

③ See European Commission, *Erasmus +Annual Report 2020*(Luxembourg: Publications Office of the European Union, 2020), p. 26.

④ See European Commission, *The Erasmus Impact Study : Effects of Mobility on the Skills and Employability of Students and the Internationalisation of Higher Education Institutions*(Luxembourg: Publications Office of the European Union, 2014), p. 111.

三、高校学生的欧洲身份认同感的增强及跨国能力的提升

伊拉斯谟计划作为在欧洲地区开展的最大的国际流动发展项目，一方面致力于欧洲地区流动对欧洲各国公民的共同身份意识的发展，为欧洲地区不同文化间建立理解渠道，增强青年人对欧洲维度的责任感和凝聚力，更有效地推进欧洲区域一体化战略的发展；另一方面，该计划旨在提高欧洲高校学生在全球化国际发展背景中的国际人才竞争力、国际适应力和国际化意识。从伊拉斯谟计划本身的发展来说，自其 2014 年扩展为伊拉斯谟+计划以来，不仅将发展领域从高等教育扩展到更广泛的教育领域，还将流动范围延伸至更多海外国家及地区，提升计划的国际化程度也是其意义所在。除欧盟成员国之外，欧洲地区及世界其他地区的国家都有机会参与到伊拉斯谟+计划中，以伙伴关系开展流动合作，这也体现了该流动计划从发展欧洲维度逐渐转向世界维度的新动向。然而欧洲学生个人对国际化生活环境的接受程度及跨国人际交往的拓展的程度越高，越有利于其在未来工作或学术发展中更好地适应国外发展环境，并且能够在这种环境中实现自我发展价值和需要。到目前，有近三分之一的伊拉斯谟学生与其他国籍的伙伴建立联系。

（一）欧洲身份意识整体性增强

首先，通过对选择参与流动项目的学生与未参与该项目的学生原本持有的欧洲身份意识情况进行比较研究，我们发现所有欧洲地区学生在经历流动项目之前，选择参与流动的学生本身就比没有流动意愿的学生有着更强的欧洲意识和身份认同感（见图 4-3-5）。同时，这种认同感在南欧和东欧国家学生中有更大的普遍性。有研究显示参与该流动项目有利于提高高校学生的社会凝聚力，而这对于当前国际社会环境和欧盟区域发展理念来说显得尤为重要。有 95％的学生通过参与流

动项目掌握了与不同文化、地域背景的人友好相处的能力；有 93%的学生认为自己能够更好地理解文化差异；还有近 50%的人表示，他们更加反对歧视、仇外心理或种族主义等观念。① 此外，流动项目有利于增强欧洲公民对欧盟的理解和认同，有超过 90%的高校学生能够看到欧盟的存在对于整个欧洲的价值与意义。

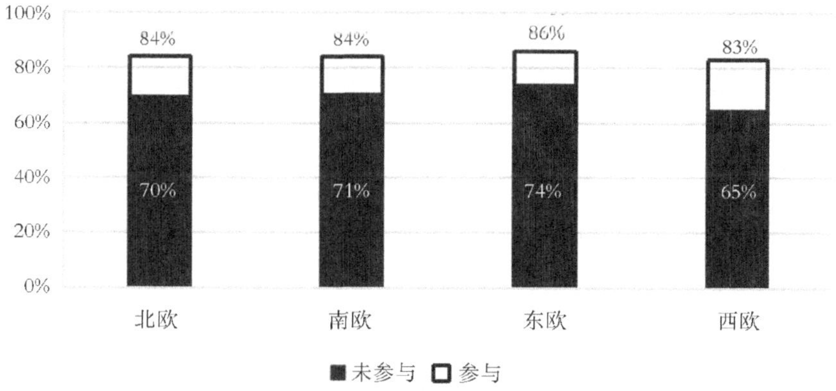

图 4-3-5　在流动项目开展之前欧洲各地区高校学生对欧洲意识的自我认知情况②

其次，欧洲学生在参与伊拉斯谟高校学生流动项目后，流动经历使高校学生的欧洲身份意识获得了整体上的增强，有超过 80%的伊拉斯谟流动项目学生表明自己的欧洲观念意识加强。这一影响从地区分布上看，有 85%的东欧、南欧地区学生和 81%的北欧、西欧地区学生

① See European Commission, *Erasmus + Higher Education Impact Study*(Luxembourg: Publications Office of the European Union, 2019), p. 3.

② European Commission, *The Erasmus Impact Study, Regional Analysis: A Comparative Analysis of the Effects of Erasmus on the Personality, Skills and Career of Students of European Regions and Selected Countries*(Luxembourg: Publications Office of the European Union, 2016), p. 135.

表示，他们的欧洲观念意识得到增强。① 可见，流动经历对东欧、南欧地区学生的欧洲意识的影响程度更为深刻。

最后，通过调查参与流动项目的学生群体中具有欧洲身份意识的学生的家庭背景情况时，我们发现具有较强欧洲身份意识的学生来自学术背景家庭的概率更大。这种背景因素对东欧、南欧国家学生的欧洲意识发展的关联性最为突出（见图 4-3-6）。有 86%的东欧、南欧国家学生来自学术背景家庭，比同期的西欧、北欧国家学生分别高出 2%和 1%的占比。

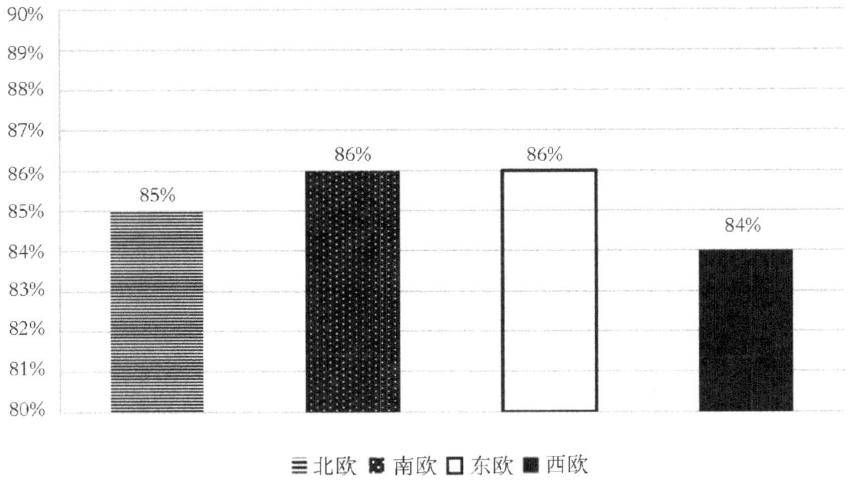

图 4-3-6 欧洲各地区具有较强欧洲身份意识的学生来自学术背景家庭的比例②

① See European Commission, *The Erasmus Impact Study, Regional Analysis: A Comparative Analysis of the Effects of Erasmus on the Personality, Skills and Career of Students of European Regions and Selected Countries* (Luxembourg: Publications Office of the European Union, 2016), p. 10.

② European Commission, *The Erasmus Impact Study, Regional Analysis: A Comparative Analysis of the Effects of Erasmus on the Personality, Skills and Career of Students of European Regions and Selected Countries* (Luxembourg: Publications Office of the European Union, 2016), p. 138.

（二）跨国能力得到有效提升

从欧洲地区各参与国向地区以外国家的流动情况来看（见图4-3-7），参与欧洲地区以外的学生流动的人数最多的国家依然是来自北欧及西欧地区的国家，位于东欧、南欧地区国家学生的参与数量还是很少。然而接收参与流动项目的学生数量最多的国家同样是这些位于西欧、北欧的大国，流动倾向性也十分明显。这也说明，这些多位于欧洲西部及北部的国家不仅在欧洲区域内有很高的流动热度，在国际流动层面上也非常具有吸引力。东欧、南欧国家所接收的其他地区流动人员数量依然很少。除此之外，从流入流出的数量对比可知，欧洲国家与周边伙伴国间的流动主要以吸收伙伴国学生为主，而向外流动的欧洲本土学生人数相对较少。同时，多数欧洲高校学生更趋向于选择距离较近且有相似文化历史背景的欧洲国家作为流动的目的国。

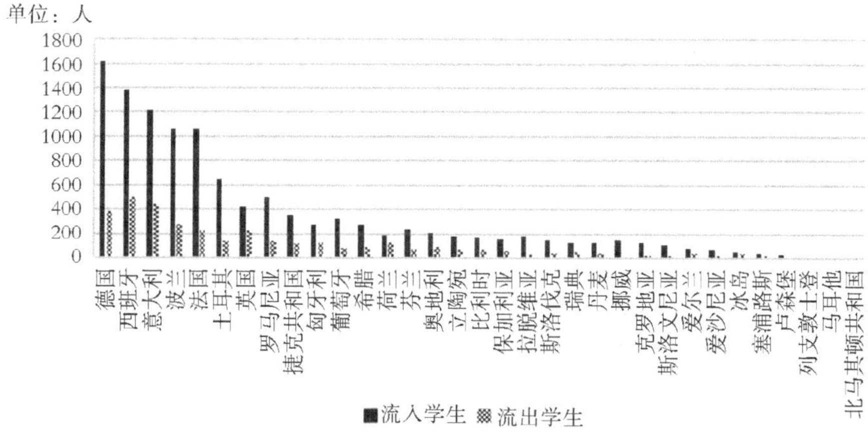

图4-3-7 欧盟成员国与合作伙伴国的高校学生在流动项目中的参与情况①

在学生流动经历方面，依据帕雷（Matthias Parey）和瓦尔丁格

① European Commission, *Annex I Erasmus + Programme Annual Report 2015, Statistical Annex*（Luxembourg: Publications Office of the European Union, 2017）, p. 22.

（Fabian Waldinger）的研究，他们发现出国留学会使个人在国外工作的可能性增加 15 个到 20 个百分点，这有助于促进欧洲综合劳动力市场的发展。[①] 这一结论也同样反映在伊拉斯谟高校学生流动项目的影响效果上。《伊拉斯谟影响研究》的调查报告显示，高校学生流动项目促进了学生在日后生活中的主动地域流动。例如，有 40%的参与过流动项目的学生在毕业后选择到另一个国家生活，而该情况在没有参与过流动项目的同期毕业生中仅有 23%。同样，由英国高等教育国际部的"走向国际"（Go International）项目编写的报告中显示，参与流动项目的本科生中有 11%的人会选择到国外生活和工作，其中有 7%的人选择到欧洲国家，4%的人选择到欧洲以外的世界其他国家；而没有参与过流动项目的同期本科生中仅有 2%的人选择到国外生活和工作，其中选择到欧洲和世界其他国家的均占 1%。[②] 可见，流动项目对于增加高校学生的跨国经验和提升学生积极性方面有着良好的促进作用。

从地区发展情况来看（见图 4-3-8），参与过伊拉斯谟高校学生流动项目的欧洲学生与未参与项目的学生在日后选择到国外工作与生活的意愿上存在明显的差距。具体来说，参与流动项目的欧洲学生平均比未参与项目的学生在选择到国外生活与工作的可能性高出 16%。这在一定程度上反映出伊拉斯谟流动项目为学生提供了较好的流动体验，同时在提升学生的跨国能力、满足学生自身发展的需求方面发挥了积极的作用。这种影响性在不同地区学生身上呈现出一定的水平差异。例如，流动项目对南欧地区国家学生的影响最大，南欧地区国家参与该项目的学生在日后选择到国外生活和工作的可能性高达 45%，相比

---

① See European Commission, *Erasmus + Higher Education Impact Study* (Luxembourg: Publications Office of the European Union, 2019), p. 17.

② See Go International, *Gone International: Mobile Students and Their Outcomes-Report on the 2012/13 Graduating Cohort* (London: UK Higher Education International Unit, 2015), p. 20.

未参与流动项目的学生而言提高了 26%。欧洲其他地区国家的学生本身对跨国流动经历持较为积极的态度，因而在流动项目结果反馈上提升幅度相对较小。

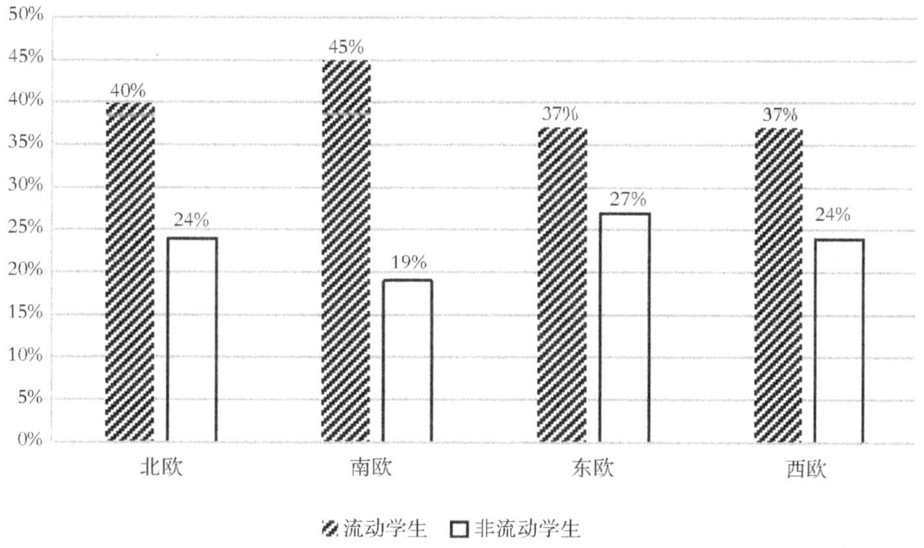

图 4-3-8　参与伊拉斯谟流动项目的学生与未参与流动项目学生的跨国经历比较①

参与伊拉斯谟流动项目的学生不仅跨国经历有所增加，国际意识有所增强，人际关系的国际化程度也比未参与项目的学生更深。数据显示，有 32%的参与伊拉斯谟流动项目的学生拥有异国朋友，而未参与过项目的学生在这一方面的比例仅有 12%。从地区分布上看，伊拉斯谟流动项目对南欧地区国家学生的跨国人际发展影响最大，这些学

① European Commission, *The Erasmus Impact Study*, *Regional Analysis: A Comparative Analysis of the Effects of Erasmus on the Personality*, *Skills and Career of Students of European Regions and Selected Countries* (Luxembourg: Publications Office of the European Union, 2016), p. 9.

生在拥有异国友人数量方面，是该地区未参与项目学生的三倍之多。[①]除此之外，北欧和西欧地区国家学生在跨国交际方面也有很大程度的发展，这一方面源于该地区国家学生本身比欧洲其他地区国家学生拥有较好的跨国交际关系，从其未参与流动项目学生的跨国交际水平比其他地区高这一现状就可以证明；另一方面，北欧和西欧地区国家学生参与流动项目的出发动机很大程度上就是获得更多的国外生活经历、结交异国朋友。相比之下，东欧地区国家学生的跨国交际水平受流动项目影响程度最小，全部低于欧洲地区平均水平。

总的来说，近几年伊拉斯谟高校学生流动项目的开展为欧洲高等教育国际化发挥了积极的作用。从参与者个人层面来看，基于该流动项目近几年的学生参与效果反馈情况可知，流动学生无论是参与学习活动还是实习培训项目，其在整体的就业能力提升、外语能力提升、欧洲身份意识增强等方面均获得了实质性的发展。同时，该流动项目为参与学生提供了多样的资金补贴和支持，对部分处于弱势发展地区的学生来说，提供了更大的流动机会和途径，特别是对非学术家庭背景的学生来说，流动经历使他们获得了更有效的个人发展和能力提升。可以说，伊拉斯谟高校学生流动项目满足了高校流动参与者的发展需求，并且丰富了学生个人的跨国经历和国际发展意识，赢得了绝大多数参与者的认可和赞誉。

从各地区参与国角度来说，该流动项目对发展相对落后地区的学生在流动发展方面有很大的帮助作用。东欧、南欧国家学生由于流动机会较少，对于参加该流动项目有很明确的发展目标和积极的流动期望。所以从流动结果上看，这些地区国家的学生无论是与就业相关的

---

① See European Commission, *The Erasmus Impact Study, Regional Analysis: A Comparative Analysis of the Effects of Erasmus on the Personality, Skills and Career of Students of European Regions and Selected Countries* (Luxembourg: Publications Office of the European Union, 2016), p. 140.

个性品质的提升度、未来就业前景的改善，还是欧洲身份意识的认同度都比西欧、北欧地区国家学生有了更好的提升和发展。这对于东欧、南欧地区国家在人力资本的盈利、劳动力市场的调节及高等教育的国际化发展方面都有积极的促进作用。

从欧盟整体战略发展视角来看，伊拉斯谟高校学生流动项目的参与度呈逐年上升趋势，这从侧面反映出这一欧洲区域大型流动项目的发展效率和对各成员国的积极影响性。从整体上看，该流动项目实现了欧洲地区高校毕业生的就业率的提升，有效减少了此前因经济危机及金融问题所产生的失业风险增加的问题。欧洲就业形势的改善，为欧盟整体经济发展战略的稳步推进带来了良好的势头。高校学生的流动过程，也使得欧盟在意识形态上期望构造欧洲维度的美好愿景更加真实和有力，流动结果也反映了参与者在欧洲身份上的意识更加强烈和深刻，有利于欧洲青年从意识形态上加快欧洲区域一体化的发展进程。高校学生流动项目的持续开展对欧洲地区发展也产生了积极的影响，其有利于欧盟开展的《欧洲 2020 战略》在有关就业、经济发展、环境保护、教育水平及贫困方面战略目标的实现，促进欧洲地区未来获得智能型、可持续和全面的增长愿景。除此之外，欧盟通过扩大该流动计划的参与国家范围，加强与欧洲周边国家及地区的教育交流与合作，一方面体现了欧盟教育发展战略从欧洲维度向世界维度的转变；另一方面显示了欧盟以此来提高欧洲地区高校的国际发展声誉并展示欧洲国家发达的社会面貌，从而吸引更多海外人才，并且为与世界优秀高等教育机构建立良好的合作发展关系提供途径。同时，这种高校流动本身具有的溢出效应，也为欧盟带来了更多的流动利润和隐性资本收益。

四、影响高校学生参与流动项目的障碍

伊拉斯谟计划在积极支持更多高校学生参与流动项目、促进个人

能力发展与提升的同时，也十分重视并努力解决阻碍高校学生选择和参与项目的具体问题。欧盟所开展的相关调查结果显示，在欧洲所有地区中，南欧和东欧国家学生所面临的流动阻碍因素最多，并且多数为客观性的阻碍因素，流动资金的缺乏问题成为阻碍这些地区国家学生参与流动项目的首要因素。调查显示，由于缺乏充足的资金支持，使得53%的南欧地区国家学生和51%的东欧地区国家学生未能参与流动项目，在这一问题上，北欧和西欧地区国家学生的占比分别仅有34%和37%。① 然而对于南欧、东欧地区国家已经参与到流动项目的学生来说，能够获得伊拉斯谟助学金以及相关国外留学经费支持是其选择参与流动项目的关键因素之一。② 可以说，能否获得外部资金支持对南欧和东欧国家学生而言是一个重要的参与动机。而且，在实际的流动参与中，这些地区的学生所需的经费支持力度要比西欧、北欧地区的学生更大。同时，在流动中的文化适应性、信息获取的便捷性，以及服务的完善性等问题的存在，降低了南欧和东欧地区学生的流动参与度。调查显示，有超过40%的南欧和东欧地区国家学生是由于缺乏必要的相关信息支持而未能参与流动项目，该因素成为阻碍欧洲学生参与流动项目的三大关键因素之一。③ 除此之外，从“不清楚能否在流

① See European Commission, *The Erasmus Impact Study, Regional Analysis: A Comparative Analysis of the Effects of Erasmus on the Personality, Skills and Career of Students of European Regions and Selected Countries* (Luxembourg: Publications Office of the European Union, 2016), p. 22.

② See European Commission, *The Erasmus Impact Study, Regional Analysis: A Comparative Analysis of the Effects of Erasmus on the Personality, Skills and Career of Students of European Regions and Selected Countries* (Luxembourg: Publications Office of the European Union, 2016), p. 30.

③ See European Commission, *The Erasmus Impact Study, Regional Analysis: A Comparative Analysis of the Effects of Erasmus on the Personality, Skills and Career of Students of European Regions and Selected Countries* (Luxembourg: Publications Office of the European Union, 2016), p. 30.

动项目中获益”这一因素表现上（见图 4-3-9），我们发现南欧和东欧地区国家学生对是否参与流动项目的看法存在一定的功利性倾向，如若个人不能确定该流动经历是否能够带来实质性的发展，这会在一定程度上影响其参与流动项目的积极性。然而各地区学生在“申请参与但被淘汰”这一因素上的占比能够体现出不同地区学生在参与流动项目上面临的竞争性大小。显然，南欧和东欧地区国家学生所面临的流动淘汰率更高且竞争性更强。相比之下，西欧和北欧地区国家学生所面临的这些流动障碍要小很多，学生在这些因素上的阻碍比例均低于欧洲整体的平均值，学生们由于“家庭因素或个人关系”而未参与流动项目的比例较高。同时，西欧和北欧地区国家学生参与伊拉斯谟流动项目的竞争性也相对较弱。

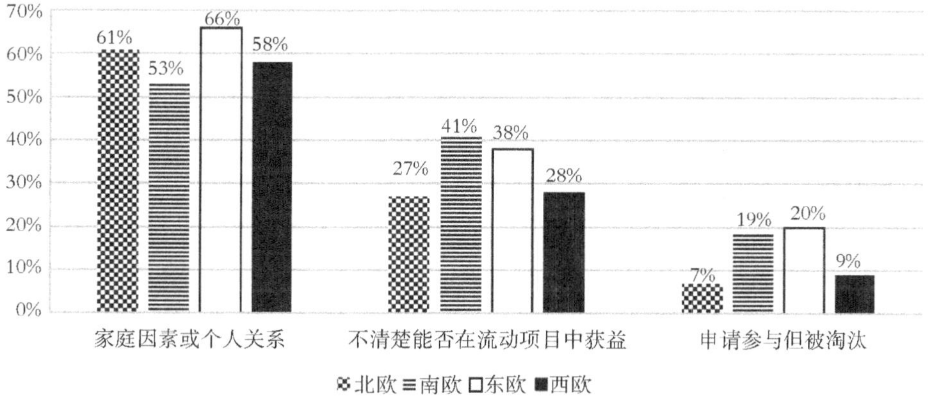

图 4-3-9　欧洲各地区未参与流动项目的学生所面临的其他阻碍因素①

① European Commission, *The Erasmus Impact Study*, *Regional Analysis: A Comparative Analysis of the Effects of Erasmus on the Personality, Skills and Career of Students of European Regions and Selected Countries* (Luxembourg: Publications Office of the European Union, 2016), p. 32.

与此前的项目相比，伊拉斯谟+计划已经对上述存在的许多问题进行了结构化改善。例如，因为缺乏高校学生流动项目的相关信息和不清楚如何参与项目而阻碍学生参与流动项目的情况已比此前减少了近 50%；因在海外花费成本不确定的原因而阻碍学生参与流动项目的情况已减少 47%；由于伊拉斯谟+计划拨款水平的不确定性而阻碍学生参与流动项目的情况已减少 88%。① 随着计划的不断发展和项目评估信息的持续反馈，影响高校学生参与流动项目的问题还将继续得到解决。

总的来说，伊拉斯谟高校流动项目近几年的运行情况获得了欧洲多数国家的支持和认可，无论是欧洲哪个地区的学生流动参与度均呈现出逐年增长的趋势。从地区分布情况来看，西欧、北欧国家在高等教育学生流动方面的参与积极性更大，不仅为国内学生提供了大量的流动参与机会，更是吸引了大批国外学生入境修习；而东欧、南欧国家在流动项目中的参与性明显低于前者，学生对于流动发展的认可度和需求性，以及国家能够为其提供的参与机会等因素都在一定程度上造成了流动参与的地区差异。

---

① See European Commission, *Erasmus + Higher Education Impact Study* (Luxembourg: Publications Office of the European Union, 2019), p. 5.

第五章　伊拉斯谟计划中的教师流动

高校教职人员的流动是伊拉斯谟计划中规模和受欢迎程度仅次于学生流动的重要流动项目。该项目支持高等教育领域的所有教学人员、行政人员参与国外的专业发展活动，同样也支持来自劳动力市场（如中小企业）的工作人员参与到高校的教学与培训活动中。该类项目在提升教师的专业发展能力、跨文化理解力、外语能力、沟通与社交技能，以及形成强烈的欧洲身份认同感等方面发挥了积极的作用。

第一节　高校教职人员流动项目的愿景与目标

伊拉斯谟计划中的高校教职人员流动项目，旨在使包括企业员工在内的所有参与项目活动的高校教职人员能够在其专业发展的道路中获得在国外教学或培训的机会。该项目具体包括分享专业知识；体验新的教学环境；获得新的创新教学技能、课程设计技能及数字技能；与国外同行建立联系，共同开展活动以实现项目目标；交流良好做法，加强高等教育机构之间的合作；更好地让学生为进入劳动力市场做好准备。此外，高校教职人员流动项目还旨在促进跨国和跨学科课程的发展以及创新学习和教学方式（包括在线合作、基于研究的学习和基于挑战的方法等），以应对未来社会的挑战。① 在新一期的伊拉斯谟＋计划中，高校教职人员流动项目同其他流动项目一样，加入了提升数字化技能培养的目标，以回应欧盟数字化转型的战略发展要求。

第二节 高校教职人员流动项目的具体举措与发展现状

高校教职人员作为促进高等教育机构跨国合作和培养具有"欧洲意识"的高校学生的重要纽带，在推进欧洲高等教育一体化战略中扮演着十分重要的角色。伊拉斯谟＋计划内有关高校教职人员的流动项目主要包括教学类项目活动、培训类项目活动及混合集中项目活动。此外，致力于促进欧洲研究与创新的玛丽·居里行动也为从事科研工作的高校研究人员提供了良好的资助与发展支持。与高校学生流动项目相似，伊拉斯谟＋计划下的高校教职人员流动项目在具体的开展过程中，整体呈现出较好的发展趋势，但也存在着地区偏向性的发展问题。

一、高校教职人员流动的具体项目与举措

伊拉斯谟＋计划支持高校教职人员针对自身的发展需求，参与工作见习、教学观察、培训课程等多种类型的项目活动。具体来说，高校教职人员流动项目共有三种类型：一种是教学项目，另一种是培训项目，还有一种是混合集中式项目。为了更好地满足参与者的发展需求，伊拉斯谟＋计划还可以为高校教师提供教学和培训相结合的项目

① See "Mobility Projects for Higher Education Students and Staff," European Commission, accessed September 11, 2022, https://erasmus-plus. ec. europa. eu/programme-guide/part-b-information-about-the-actions-covered-by-this-guidekey-action-1-learning-mobility-of-individu-als-mobility-project-for-higher-education-students-and-staff.

活动。

（一）教学和培训项目

教学与培训是高校教师在伊拉斯谟＋计划中参与度最高的项目。教学类项目为高校参与教学的教职人员和企业中受邀的工作人员提供了参与跨国教学的发展机会。除了教学类活动项目外，高校教职人员流动项目还为高校中的行政人员和学术人员提供了不同形式的国外培训活动。例如，他们可以参加与自己工作领域相关的讲习班或培训课程。伊拉斯谟＋计划对于申请参与这两类项目的组织机构与人员，都有较为详细的说明与要求。在教学或培训项目开始之前，教师所在的高等教育机构及流动接收国的机构都须签署一份流动协议（Mobility Agreement），这份协议会保障并认可教师在流动期间的学习成果、权利及义务等。例如，高校教职人员如果选择参与教学流动项目，则须要完成每周至少 8 小时的教学活动，如果流动持续时间超过一周，则一周的最少教学时数须与该周的持续时间成正比。如果教职人员参与教学与培训相结合的流动项目，则每周最少教学时数（或任何较短的停留时间）减少到 4 小时。项目成员国的高等教育机构也同样有机会邀请来自企业或其他当地机构的员工参与他们的教学项目。

（二）混合集中项目

混合集中项目是一种运用创新的学习与教学方式（如在线合作）开展的短期、集中式的流动项目。该项目主要致力于通过跨国、跨学科的团队合作方式来共同实现欧洲地区的可持续发展目标，应对伴随地区、城市及企业所面临的社会发展挑战。相较于传统的课程或培训项目，这种混合集中式的项目具备更大的发展价值和持续性，它能够运用更灵活、创新的活动形式，使参与者在进行短期的跨国交流的同时，参与项目组织的线上协作学习与交流，共同完成特定的学习任务。这种形式还可以向计划合作伙伴国之外的地区及国家的高校师生开放，促进不同地区、文化背景的参与者获得更充分的项目体验。

（三）高校教职人员流动项目的具体要求

伊拉斯谟＋计划对于有关高校教职人员流动项目在组织机构的参与资格、参与者申请条件、项目活动的持续时间、项目活动的资金补助等方面作出了详细的规定。

1. 参与高校教职人员流动项目的组织机构资格标准

根据伊拉斯谟＋计划对参与流动项目的组织机构的要求，参与高校教职人员流动项目的组织机构必须得到至少3个欧盟成员国和与该计划相关的第三方国家的高等教育机构的认可。

无论是欧盟成员国、与该计划相关的第三方国家、与该计划无关的第三方国家的任何其他高等教育机构或组织都可以派遣参与者参加项目活动。而参与混合集中项目的高等教育机构必须是来自欧盟成员国或与该计划有联系的第三方国家的高等院校，并且被授予欧洲高等教育证书；或者是来自与该计划无关的第三方国家的高等院校，但这些高校在开展流动项目之前已经同来自欧盟成员国或与该计划有联系的第三方国家的合作伙伴签署了机构间协议。对于参与实施该计划的教学和培训的教职人员而言，他们可以是来自与该计划相关的欧盟成员国或第三方国家的任何组织，也可以是来自与该计划无关的第三方国家的任何组织。①

2. 参与高校教职人员流动项目的参与者条件

参与教学和培训项目的教职人员均可以是在欧盟成员国、与该计划相关的第三方国家、与该计划无关的第三方国家的高等教育机构工作的教职员工。此外，参与教学项目的教职人员还可以是来自任何国家的任何企业的员工，但为了确保高校教职人员流动项目的参与效果，

---

① See "Mobility Projects for Higher Education Students and Staff," European Commission, accessed September 11, 2022, https://erasmus-plus.ec.europa.eu/programme-guide/part-b-information-about-the-actions-covered-by-this-guidekey-action-1-learning-mobility-of-individu-als-mobility-project-for-higher-education-students-and-staff.

项目活动必须与教职人员的专业发展有密切的联系，能够满足其自身学习和发展的需求。高校教职人员既可以选择参与去境外合作高校及机构中任教，也可以选择在合作国家的高等教育机构、企业、其他相关场所参与专业培训。此外，高校教职人员也可以根据自己的发展需要，选择教学与培训相结合的混合式跨国交流活动。① 可见，高校教职人员流动项目不论是在参与者群体还是在具体参与的项目活动上，都提供了最大限度的选择和发展空间，促进高校教职人员获得更加灵活和适宜的个人发展体验。

3. 高校教职人员流动项目活动的持续时间

高校教职人员流动项目要求参与者一般要经历5—30天持续性的实地跨国流动。具体来说，伊拉斯谟+计划规定，除去往返的旅程时间外，教职员工应参与少则2天多达2个月的实地跨国交流活动。如果教职员工参与与该计划无关的第三方国家发起的流动项目，则实地跨国交流的天数应不少于5天。在这两种情况下，教师参与高校教职人员流动项目的最短流动天数必须确保是连续的。如果是企业受邀的人员，则其最短活动时间应不少于1天。② 伊拉斯谟+计划对高校教职人员在流动项目具体参与条件方面的要求，有利于最大限度地确保所参与流动项目的顺利开展，保障教师、学生及高等教育机构多方利益者的权益，同时也便于高校教职人员对于个人在流动期间的时间能够尽早合理安排与规划。

---

① See "Mobility Projects for Higher Education Students and Staff," European Commission, accessed September 11, 2022, https://erasmus-plus.ec.europa.eu/programme-guide/part-b-information-about-the-actions-covered-by-this-guidekey-action-1-learning-mobility-of-individu-als-mobility-project-for-higher-education-students-and-staff.

② See "Mobility Projects for Higher Education Students and Staff," European Commission, accessed September 11, 2022, https://erasmus-plus.ec.europa.eu/programme-guide/part-b-information-about-the-actions-covered-by-this-guidekey-action-1-learning-mobility-of-individu-als-mobility-project-for-higher-education-students-and-staff.

4. 高校教职人员流动项目参与的资金补助

参与者可以通过伊拉斯谟＋计划资助或自费参加。高校教师参与受内部政策资金支持的流动项目一般长达 26 个月的时间，而参与受外部政策资金支持的流动项目一般长达 24—36 个月的时间。[①] 无论资助方式如何，参与项目的高等教育机构都必须确保获得《伊拉斯谟高等教育宪章》。

（四）玛丽·居里行动

对于高校主要从事研究工作的教职人员来说，参与玛丽·居里行动是提高他们科研创新能力的一个重要途径和机会。玛丽·居里行动是地平线欧洲（Horizon Europe）计划的组成部分，该行动致力于对博士教育和研究人员博士后培训的资助。

1. 玛丽·居里行动的发展目标

玛丽·居里行动通过对优秀研究人员的长期职业投资和开展跨境流动及跨部门、跨学科的交流合作，为处于职业生涯各个阶段的研究人员提供多样的研究与创新发展路径，以此提高欧洲的研究和创新能力。此外，该行动还根据《欧洲研究人员宪章》和《研究人员招聘行为准则》建立了培养高质量研究人员的教育和培养标准，资助制订卓越的博士、博士后培训计划并开发全球合作研究项目，从而对欧洲各国高等教育机构、研究中心、非学术组织的改革与发展产生结构性影响。该行动在实施过程中所遵循的基本原则有八点：第一，卓越性。玛丽·居里行动支持优秀的研究人员在其研究、合作创新、知识转移、职业指导等方面的卓越表现。第二，流动性。玛丽·居里行动支持研究人员在国家、部门和学科之间流动，以获得新的知识、技能和能力。

---

① See "Mobility Projects for Higher Education Students and Staff," European Commission, accessed September 11, 2022, https://erasmus-plus.ec.europa.eu/programme-guide/part-b-information-about-the-actions-covered-by-this-guidekey-action-1-learning-mobility-of-individu-als-mobility-project-for-higher-education-students-and-staff.

第三，开放性。玛丽·居里行动向所有研究和创新领域开放，并且鼓励国家间建立战略合作关系。第四，包容性。玛丽·居里行动在研究人员的招聘、工作和就业条件方面宣传《欧洲研究人员宪章》和《研究人员招聘行为准则》的原则。第五，支持性。玛丽·居里行动促进有效的监督和充分的指导，这有助于为研究人员的工作创造一个支持性的发展环境。第六，开放科学和负责任的研究与创新。玛丽·居里行动支持开放科学和负责任的研究与创新。第七，欧洲绿色协议。玛丽·居里行动支持前沿类、应用类研究，支持欧洲绿色协议并且应对气候和环境相关挑战。第八，协同性。玛丽·居里行动促进凝聚政策基金（Cohesion Policy Funds）和欧洲复原力基金（Recovery and Resilience Facility）的紧密联系。①

2. 玛丽·居里行动资助的具体项目类型

玛丽·居里行动针对不同目标形成了博士网络、博士后奖学金（Postdoctoral Fellowships）、员工交流（Staff Exchanges）、联合基金（Co-funding of Regional，National and International Programmes）、玛丽·居里和公民五种类型的具体项目，以下主要介绍与高校教职人员有关的部分项目内容。

（1）博士后奖学金

博士后奖学金项目支持优秀的博士后研究人员职业前景的开拓与发展。

①博士后奖学金的目标

博士后奖学金的目标是支持研究人员的职业生涯并且培养卓越的研究成果。博士后奖学金项目的受众群体为有意向在国外开展研究活动或发展事业的拥有博士学位的研究人员。博士后奖学金帮助研究人

---

① See "About MSCA," European Commission, accessed September 11, 2022, https://marie-sklodowska-curie-actions.ec.europa.eu/about-msca.

员在国外跨学科非学术领域的合作中获得发展经验。

②博士后奖学金的类型

博士后奖学金有两种类型，一类是欧洲博士后奖学金。该类奖学金对在欧洲境内流动或从世界其他地方来到欧洲从事研究事业的研究人员开放。这些奖学金在欧盟成员国或地平线欧洲相关国家进行，任何国籍的研究人员都可以申请，奖学金资助可持续 1—2 年。另一类是全球博士后奖学金。该类奖学金资助研究人员在欧洲以外的国家流动，只有欧盟成员国或地平线欧洲相关国家的国民或长期居民才可以申请。奖学金资助期限为 2—3 年，其中前两年将在非关联的第三方国家开展研究，最后一年须返回欧盟成员国或地平线欧洲相关联的组织国家中。

为了在学术部门和非学术部门之间建立桥梁，研究人员还可以在奖学金资助结束后，在欧盟成员国或地平线欧洲关联国家的非学术机构中获得 6 个月的额外资助。

③博士后奖学金的申请

该奖学金的申请需要研究人员与其所在机构共同提交，所在机构可以是大学、研究机构、企业，或是欧盟成员国、地平线欧洲相关国家的组织。对于奖学金的申请而言，其支持各学科专业具有博士学位的研究者参与申请，但同时，申请者还应满足从获得博士学位之日起拥有最多 8 年的研究经历（研究以外的职业经历除外），并且要求在申请截止日期前的 36 个月内，研究人员须未在欧洲博士后奖学金的受益机构或全球博士后奖学金的主办机构中生活、学习、工作超过 12 个月的条件。

④博士后奖学金的资助范围

接受欧盟资助的受益机构为获得奖学金资助的研究人员提供生活津贴、流动津贴、家庭津贴（长期假或特殊需要津贴）、研究培训补助等一系列的财政支持。①

（2）员工交流

员工交流项目鼓励组织机构之间开展员工交流与合作，提升员工的科研水平和创新力。

①员工交流的目的

员工交流项目资助参与组织研究和创新活动的工作人员进行短期国际和跨部门交流。其目的是在欧洲及其他地区的学术部门和非学术部门（特别是中小企业）的不同组织之间开展持续性的合作项目。参与交流的工作人员不仅能够获得新的知识、技能、职业发展前景，同时也提高了研究和创新能力。

②员工交流的申请

员工交流项目对大学、研究机构、企业、其他非学术组织机构开放，但要求这些机构均来自不同的国家和部门，且至少有两个机构属于欧盟成员国或地平线欧洲相关国家；在满足上一条要求的基础上，来自任何国家的组织机构都可以参与；如果所有参与组织都来自同一部门（学术或非学术），则至少有一个组织必须来自非关联的第三方国家。

③员工交流的资助范围

开展员工交流项目的时间可持续长达 4 年。该资金为参与项目的工作人员的流动提供经济支持，资助时间从 1 个月到 1 年不等。当这些员工在参与项目后应返回派遣单位，传授所学知识。除了跨学科的情况外，欧盟成员国或地平线欧洲相关国家的人员交流必须在不同部门（学术或非学术）之间进行。来自其他国家的员工，可以在同一部门和同一学科内参与员工交流项目。

资助的员工可以是任何国籍、任何职业阶段（从博士生到博士后）

---

① See "Postdoctoral Fellowships," European Commission, accessed September 11, 2022, https://marie-sklodowska-curie-actions.ec.europa.eu/actions/postdoctoral-fellowships.

的研究人员，或是参与研究和创新活动的行政、技术及管理人员，但其必须在参与项目前有至少一个月的时间在其派遣单位从事研究或创新活动。资助的员工在项目结束后应返回派遣单位，促进相关知识的传授与合作的开展。

在参与员工交流项目的过程中，借调人员除了可以获得工资外，还可以享受补助津贴（旅行费、住宿费、生活费），特殊需要津贴，研究、培训和网络活动的所需费用，以及管理和间接成本等类型的财政支持。①

（3）联合基金

联合基金项目共同资助区域、国家、国际培训和职业发展计划。

①联合基金的目标

联合基金项目通过共同资助机制为区域、国家、国际培训和职业发展计划提供资金，促进可持续培训和国际、跨学科、跨部门的流动。

②联合基金的具体项目类型

目前，联合基金包含两种具体项目类型，一是博士课程。该项目为博士生提供研究培训活动，从而发展和提高他们的相关技能和能力，博士生可以在该项目中获得博士学位。二是博士后项目。该项目为博士后研究人员提供个人高级研究培训和职业发展奖学金。

③联合基金的申请

可以申请联合基金的组织类型具体包括国家政府、地区当局、资助机构、大学、研究机构、企业等，受益人每个项目最多可获得 1000 万欧元的资助。

④联合基金的资助范围

开展联合基金项目的时长最多可达 5 年，并且应至少招募 3 名研究人员。该基金可为研究人员提供联合基金津贴（即与其最低工资标准

---

① See "Staff Exchanges," European Commission, accessed September 11, 2022, https://marie-sklodowska-curie-actions.ec.europa.eu/actions/staff-exchanges.

相当的津贴补助)，以及长期休假津贴和特殊需要津贴。

⑤参与联合基金项目的研究人员的要求

参与联合基金项目的研究人员，可以是任何国籍，但应在参与项目的前 36 个月内不得在招聘组织或执行伙伴所在国家、地区有超过 12 个月的生活、学习或工作等经历。[①]

二、高校教职人员流动项目的开展情况

有关高校教职人员的流动项目在历年的参与度情况上表现出较为可观的发展趋势，但由于近几年受到全球新冠疫情的影响，流动项目不可避免地遭受波及，高校教职人员的项目参与数量也相应有所减少。从整体而言，来自不同地区国家、身份角色、学科背景及机构类型的高校教职人员在参与流动项目的积极性上存在一定差异。

(一) 高校教职人员流动项目参与度

自伊拉斯谟计划高校教职人员流动项目推出至 2014 年，已支持超过 47 万名教职人员开展有关教学和培训的跨国交流活动。[②] 高校教职人员流动项目旨在丰富参与者的发展经验，提升各高校之间在人员交流方面的合作力度，推进欧洲高等教育的一体化、国际化、现代化的发展进程。

1. 伊拉斯谟计划高校教职人员整体参与度呈上升趋势

基于欧盟发布的相关数据（见图 5-2-1）能够看出，欧洲高校教职人员在伊拉斯谟计划中的参与人数整体呈现逐年攀升的趋势。从 2007

① See "COFUND," European Commission, accessed September 11, 2022, https://marie-sklodowska-curie-actions.ec.europa.eu/actions/cofund.

② See European Commission, *Erasmus Facts, Figures & Trends: The European Union Support for Student and Staff Exchanges and University Cooperation in 2013-2014* (Luxembourg: Publications Office of the European Union, 2015), p. 4.

年开始，第一个增长小高峰出现在 2013 年，参与流动项目的教职人员达到 57 988 人；到 2017 年出现教职人员参与人数的第二个增长小高峰，此时参与项目的人数增长到 95 191 人，也因此，2017 年成为欧洲高校教职人员流动项目自推出以来参与人数最多的一年。这足以显示出该流动项目在欧盟各成员国及世界其他伙伴国中的受欢迎度，而这与日俱增的参与热情也同伊拉斯谟计划在已有的发展经验上不断优化其具体活动及参与体验有着密不可分的关系。

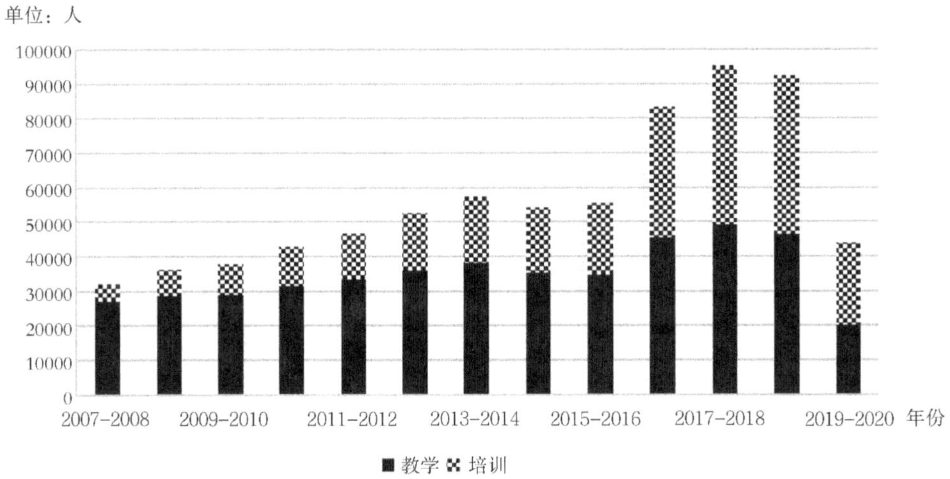

图 5-2-1　2007—2020 年欧洲高校教职人员参与流动项目的整体趋势①

在新冠疫情所致的全球旅行限制的影响下，伊拉斯谟计划中各类流动项目的参与度均有所下降。高校教职人员流动也不例外，从 2019—2020 年的调查数据中可以看出，该项目的参与人数迅速下跌，降至 43 865 人，下降率高于所有时期的水平。

从高校教职人员所参与的具体项目类型来看，教学类项目和培训

① 基于 2007—2020 年《伊拉斯谟＋计划年度报告》（“Erasmus＋ Programme Annual Report”）调查结果整理而来。

类项目的参与人数随伊拉斯谟计划的推进均呈现出逐年增加的发展趋势，教学类项目的参与人数在2007—2017年一直占据最大比例。然而从整体趋势来看，培训类项目的参与人数与教学类项目的参与人数差距比例在逐步缩小，由2007—2008年教学类项目人数与培训类项目人数分别占参与项目总人数的84.8%、15.2%，到2018—2019年已接近持平的状态（两者占比分别为50.2%与49.8%），甚至在2019—2020年参与培训类项目的人数（23 670人）已超过教学类项目的人数（20 195人）。这表明，各国高校对于行政人员和学术人员参与流动项目有着积极的态度，而这些人员对于提升个人职业能力与增加发展机会方面也显示出较高的意愿。

高校教职人员参与高校教职人员流动项目的参与度与其自身的参与目标及驱动力有着密切的联系。已有的调查报告显示，提升与发展个人及所在组织机构的专业能力是高校教职人员普遍参与流动项目的重要动机。而相较于机构发展的需求，高校教职人员的职业发展动机是推动其参与项目的核心倾向。从具体提升方面来看，有超过90%的项目参与者认为，实践多样的教学方法、提升个人软技能（如适应力、领导力等）、提升外语能力、建立专业领域的人际网络等要素是影响其积极参与流动项目的重要驱动力。除此之外，伊拉斯谟+计划能否提供必要的流动发展支持也是影响高校教职人员决定是否参与项目的重要因素之一。有超过80%的参与者认为，在整个项目流动过程中，能够获得伊拉斯谟+计划资金支持（85%）和有充足的跨国流动时间（84%）是其选择参与高校教职人员流动项目的两个重要因素。此外，伊拉斯谟+计划为流动项目参与者所提供的良好的管理服务（76%）和指导建议（75%）也是促使参与者们愿意参与项目的关键因素。[①] 由

① See European Commission, *Erasmus + Higher Education Impact Study* (Luxembourg: Publications Office of the European Union, 2019), p. 124.

此，高校教职人员流动项目在鼓励高校教职人员积极参与项目活动的同时，也要充分考虑和满足自身的实际发展需求，为自身提供必要的流动发展支持。

2. 欧洲各国高校教职人员流动参与情况

自伊拉斯谟+计划推出以来，欧盟各成员国在高校教职人员流动项目中的参与度整体呈逐年上升的态势，但2019年暴发的新冠疫情使参与人数均有所下降，并且参与人数之间也存在很大差异。

2015—2019年各参与国派遣高校教职人员参与流动项目的调查数据（见图5-2-2）显示，该流动项目派遣教职人员数量较多的国家主要是波兰、西班牙、德国等，其派遣人数均高于25 000人。其中，波兰在海外派遣的教职人员数量最多。此外，捷克、罗马尼亚、意大利等国的参与人数也普遍较高。相较而言，列支敦士登、卢森堡、塞尔维亚、北马其顿共和国等国的流动参与人数较少。

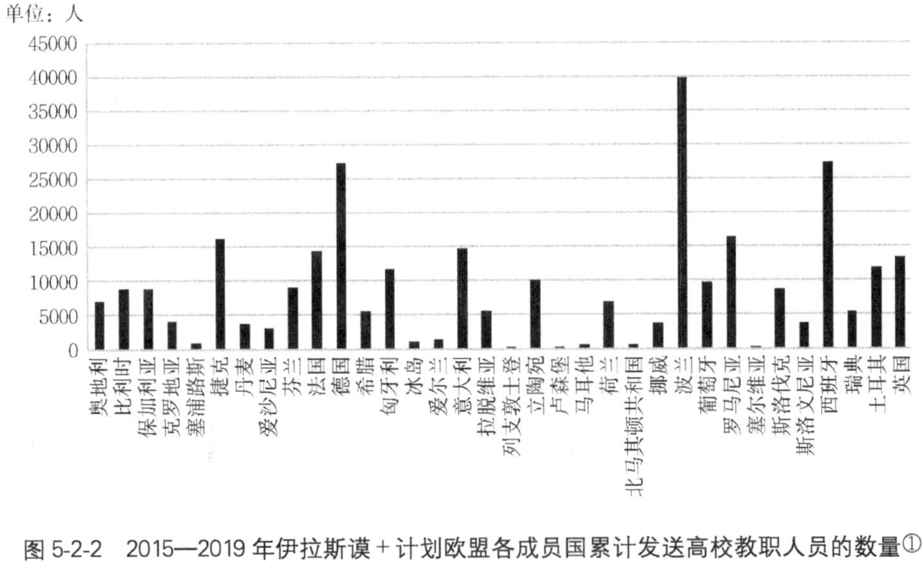

图5-2-2 2015—2019年伊拉斯谟+计划欧盟各成员国累计发送高校教职人员的数量①

① 基于2015—2019年《伊拉斯谟+计划年度报告》（“Erasmus+ Programme Annual Report”）调查结果整理而来。

从各参与国接收高校教职人员流动的调查结果（见图 5-2-3）来看，西班牙、意大利、德国、英国、葡萄牙、波兰、捷克等国家的接收人数较多，其中，西班牙（33 206 人）的人员流动接收数量高于其发送数量，流动项目接收人数较高的意大利、德国也均超过 20 000 人。然而，列支敦士登、卢森堡、塞尔维亚等国家在流动项目接收人数上同样表现出较低的参与度。

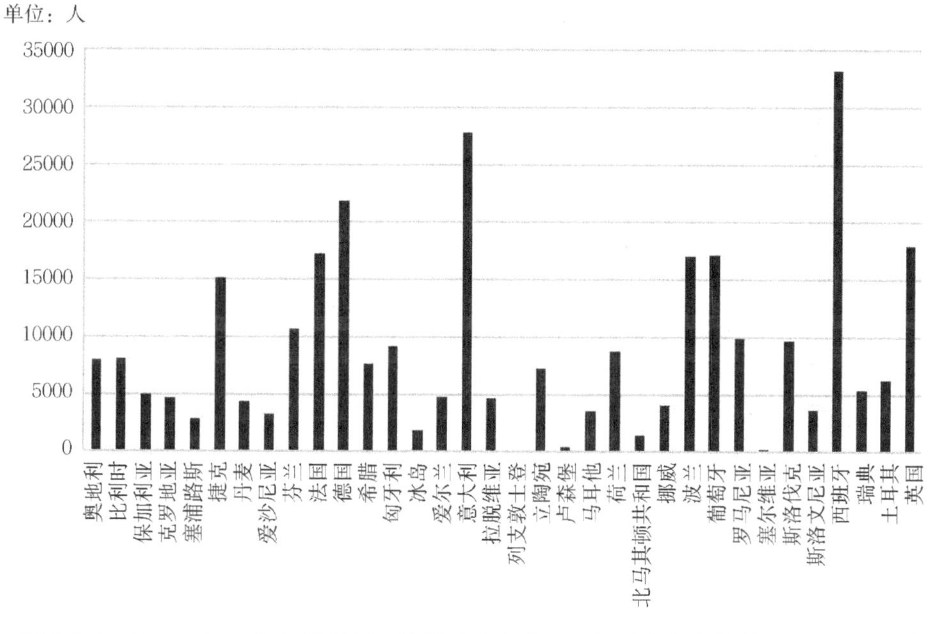

图 5-2-3　2015—2019 年伊拉斯谟 + 计划欧盟各成员国累计接收高校教职人员的数量①

（二）伊拉斯谟＋计划高校教职人员流动参与特征

除了从整体视角探讨高校教职人员流动项目的参与情况与各国参与程度外，参与者个人的背景因素也能够反映出其对参与项目的影响。

---

① 基于 2015—2019 年《伊拉斯谟＋计划年度报告》（“Erasmus＋ Programme Annual Report”）调查结果整理而来。

来自不同地区的欧洲教职人员在流动项目参与度上存在一定差异。从整体上看，有94%的参与者来自欧盟各成员国，而来自世界其他伙伴国家的人数仅占6%。即是说，该项目仍主要以欧盟内部国家间的人员交流为核心内容。从欧洲地区内部来看，南欧和东欧地区国家参与该项目的人数占比较高，分别为27%、26%；西欧稍低，占所有参与人数比例的23%；而北欧地区国家参与该项目的人数最少，仅占18%。① 在高校教职人员流动项目的参与上，南欧、东欧、西欧地区国家的参与程度较高，北欧地区国家的参与度较低。

2016年欧盟统计局的数据调查结果显示，在参与该项目的高校学术人员群体中，女性参与者占42%，低于男性16%。② 可见，女性参与者虽然在项目参与度上占据一定的比例，但仍然与男性参与者存在不小的差距。

从参与者的身份角色来看，有77%的参与者是高校学术人员，他们中的大多数人都有承担教学的责任。非学术性的工作人员占总参与者的20%以上，这些人中有2%的参与者是公司聘用的外部讲师。③ 同时，在这些高校学术人员中，有48%的参与者身份是教授，在所有学术人员中的比例最大；其次是讲师身份，占所有高校学术人员的28%；而博士后、博士的身份占比仅有11%和6%。④ 可见，参与该项目的教师群体资质普遍偏高，这也意味着，高校青年教师在流动项目参与度上仍有较大的提升空间。

---

① See European Commission, *Erasmus + Higher Education Impact Study* (Luxembourg: Publications Office of the European Union, 2019), p. 49.

② See European Commission, *Erasmus + Higher Education Impact Study* (Luxembourg: Publications Office of the European Union, 2019), p. 49.

③ See European Commission, *Erasmus + Higher Education Impact Study* (Luxembourg: Publications Office of the European Union, 2019), p. 50.

④ See European Commission, *Erasmus + Higher Education Impact Study* (Luxembourg: Publications Office of the European Union, 2019), p. 51.

在参与者的学科背景方面，艺术、人文、商业、行政和法律是参与伊拉斯谟+计划高校教职人员流动项目中参与者最常见的学科领域，尤其是人文艺术和工商管理类专业的参与度较高，分别占所有学科领域的20%和16%。[①] 相比之下，来自农业、林业、渔业、兽医或服务领域的参与者相对较少。

在有关参与者所在的机构类型方面，有72%的参与者来自研究型高校，有16%的参与者来自应用科学大学，而有12%的参与者则是来自其他类型的高等教育机构。[②] 这说明高校，尤其是研究生院这一类的高校仍然是参与高校教职人员流动项目的主要组织机构。

总的来说，参与流动项目的高校教职人员在整体上呈现出较好的发展态势，以欧盟内部国家间的人员交流为主，尤其是欧洲东部、南部地区国家的人员参与更为活跃；从所在机构来看，流动项目参与者大多来自科研类高校，学术研究型的教职人员占绝大多数；从专业分布来看，人文社科类的参与者更为普遍。此外，男性参与者仍然是高校学术人员中的主要参与群体，并且参与流动项目的教师资质普遍偏高。

第三节　高校教职人员流动项目的成效与影响

伊拉斯谟+计划内的高校教职人员流动项目，从整体上看取得了较好的发展成效。一是在教学方面，有利于促进高校教师在教学方法等方面的革新；二是在能力方面，有利于促进高校教师多种横向技能的发展；三是在价值观念方面，有利于增强高校教师的欧洲价值观念

---

① See European Commission, *Erasmus + Higher Education Impact Study* (Luxembourg: Publications Office of the European Union, 2019), p. 52.

② See European Commission, *Erasmus + Higher Education Impact Study* (Luxembourg: Publications Office of the European Union, 2019), p. 52.

和身份认同感，同时也有利于促进其跨国理解能力的提升。此外，基于对高校教职人员流动项目具体开展情况的分析，我们也注意到，高校教职人员在流动阻碍因素的考量上，虽然不同于高校学生容易在经济因素上存在问题，但个人家庭、工作责任等因素也是高校教职人员难以回避和解决的发展难题。

一、高校教职人员的教学方法获得革新

对于有教学任务的高校教师来说，参与伊拉斯谟+计划中的教学流动项目为其提升个人教学能力、创新教学方法提供了积极的作用。流动项目鼓励参与者开发、创新和使用富有创造性的教学方法，诸如多学科小组学习、大规模在线教育课程、客座讲座、行业实习等方式在流动项目中获得了更多参与者的关注与应用。2016 年的流动调查结果显示，有 93%的高校教职人员认为，流动项目使其获得了国外新的教学经验。① 有 43%的高校教职人员在国外教学的过程中至少使用了一种新的教学方法。具体来说，大约有 60%的参与者表示使用了多学科小组学习的方法，有 59%的项目参与者在教学中会使用信息通信技术，而没有参与过流动项目的高校教师在这一比例上仅占 44%。② 这可以说明，参与流动项目的高校教职人员比未参与流动项目的同行能够更多地开发和运用创新的教学方法。

在完成高校教职人员流动项目之后，很多参与者能够在回归自己的工作岗位后继续运用这些创新的教学方法。例如，有 10%的参与者会继续从企业中邀请相关人员作为客座教师参与教学活动，还有 9%的

① See European Commission, *Erasmus + Annual Report 2016* (Luxembourg: Publications Office of the European Union, 2017), p. 20.

② See European Commission, *Erasmus + Higher Education Impact Study* (Luxembourg: Publications Office of the European Union, 2019), p. 124.

参与者继续采用信息技术手段组织教学①，通过组织多学科小组学习、校企间合作开展案例教学等方式，不断丰富和创新自己的教学方法，发挥流动对开展教学的持续性影响。

流动项目对促进高校教职人员教学方法革新的影响性方面，在欧洲显示出较大的地区差异。具体来说，对于北欧地区国家的参与者而言，邀请企业人员来高校当客座教师、多学科小组学习，以及在教学中运用信息技术手段等教学方式是他们较为青睐的选择。南欧和东欧地区国家的参与者在教学方法的改革方面较为相似，虽然也都倾向于选择北欧地区国家的参与者的教学方式，但在运用程度上不及北欧。此外，东欧地区国家的参与者在运用大规模在线教育课程等开放教育资源方面，运用次数多于欧洲其他地区国家的参与者，西欧地区国家的参与者虽然对这类教学方式的选择度最低，但其在诸如行业实习等基于工作的学习这一类教学方法的使用次数上则是多于欧洲其他地区国家参与者的。② 总的来说，在欧洲所有地区国家中，北欧的参与者在多种教学方法的革新方面有着最为积极的态度，其次是南欧和东欧，而西欧的参与者革新的教学方法相对较少且运用程度较低。然而从影响程度上说，由于北欧地区国家参与者本身已经对这些创新的教学方法有着较高的运用程度，所以参与流动项目对其可能很难得到较大的水平提升；而这一观点对于东欧地区国家的参与者来说却恰恰相反，通过流动项目，他们在开发和运用这些创新的教学方法方面所获得的提升最高。这也在一定程度上显示了伊拉斯谟＋计划对欧洲各地区教育发展的包容性、平等性理念的实现。

与欧洲地区相比，来自世界其他地区的伙伴国家的参与者们在各

---

① See European Commission, *Erasmus ＋Higher Education Impact Study*(Luxembourg: Publications Office of the European Union, 2019), p. 126.

② See European Commission, *Erasmus ＋Higher Education Impact Study*(Luxembourg: Publications Office of the European Union, 2019), p. 127.

项教学方法的革新与运用水平上几乎都高于欧洲地区国家的参与者。这在一定程度上可以说明，欧洲地区国家以外的参与者对流动项目促进教学方法革新的认可与配合度较高，并且获得了较好的影响。

高校教师通过参与流动项目获得改革和创新教学方法的新思路和实践经验，并且将这些方法和经验运用到日常教学过程中，这在一定程度上有助于推进欧洲高等教育质量的提升和现代化发展。同时，也说明了伊拉斯谟＋计划在传播新的教学方法和教育创新方面发挥了积极的作用。

二、高校教职人员的个人能力获得提升

高校教职人员流动项目在提升高校教职人员的横向能力、社会能力及跨文化能力等方面也都显示出积极的影响性。德国贝塔斯曼基金会高等教育中心的调查结果（见图 5-3-1）显示，有超过 70％的参与流动项目的教职人员在跨文化理解能力、社会能力、专业领域知识水平、横向能力的提升等方面获得了积极的影响。与此同时，参与过伊拉斯谟＋计划高校教职人员流动项目的高校教职人员比参与其他流动项目的同行在跨文化理解能力、社会能力、横向能力方面有着更好的表现。例如，参与该流动项目的教职人员中，认为其跨文化理解能力和社会能力获得提高的人数占比分别为 91％和 86％；参与其他流动项目的教职人员在这一方面的占比则分别为 85％和 78％。这说明，高校教职人员流动项目对于提升高校教职人员的个人能力发展方面，整体上有着更为积极的帮助，而这种影响性在参与流动项目的不同类型的教师身上并无太大的影响差异。例如，高校教学人员和行政人员在上述四个方面的能力发展水平差距控制在 3％以下，这种情况在学术性人员与非

学术人员之间也同样存在。① 然而，高校教职人员流动项目的参与者的能力发展水平在地区分布上却呈现出较为显著的差异性。从整体上看，来自东欧和南欧地区国家的参与者在能力发展方面要强于其他地区国家的参与者，而来自欧洲地区以外的伙伴国家的参与者在能力发展方面也显示出较好的影响效果。

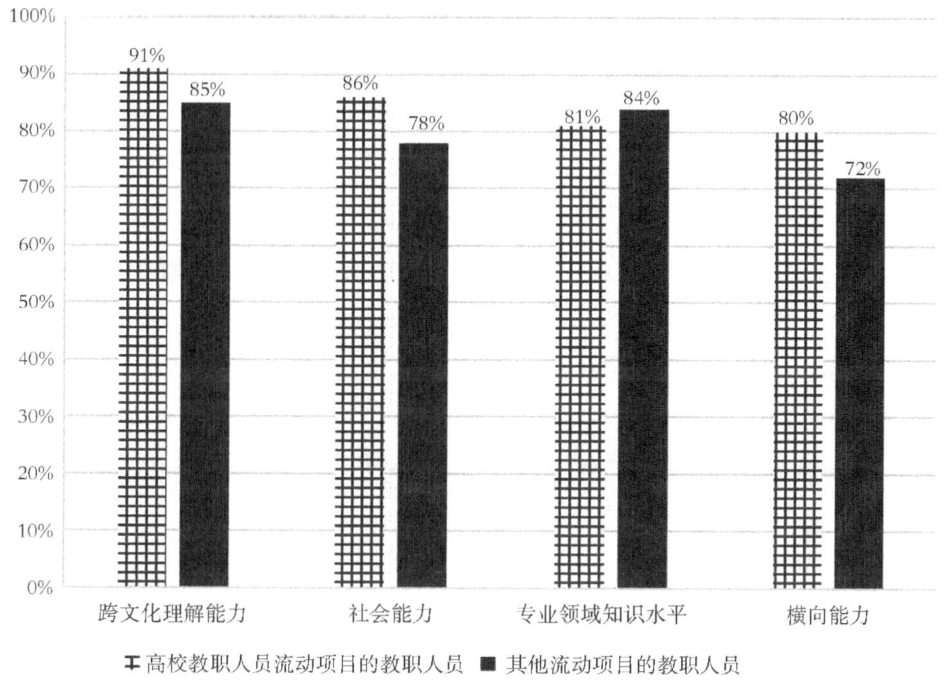

图 5-3-1　参与伊拉斯谟+计划高校教职人员流动项目的教职人员与参与其他流动项目的教职人员在能力获得方面的水平差异②

① See European Commission, *Erasmus + Higher Education Impact Study* (Luxembourg: Publications Office of the European Union, 2019), p. 130.

② European Commission, *Erasmus + Higher Education Impact Study* (Luxembourg: Publications Office of the European Union, 2019), p. 130.

从具体的能力发展内容来看，有超过90%的流动项目参与者表示，流动的经验使他们接触了来自不同文化背景的人，有效地提升了自己的跨文化理解能力。例如，有93%的参与者能够与不同文化背景的人友好相处，有92%的参与者认为自己能够考虑和处理好不同的文化观念，有77%的参与者表示愿意参与到有利于促进社会发展的活动中，还有接近60%的参与者积极参与政治话题的讨论，能够批判地分析各类媒体报道等。[①] 跨文化理解能力的提升不仅有利于增进高校教职人员对欧洲地区国家间的差异的理解与包容，提升自身的文化理解力，同时也有利于促进欧洲一体化，尤其是高等教育一体化的顺利推进。在社会能力发展方面，参与伊拉斯谟+计划高校教职人员流动项目的高校教职人员比参与其他流动项目的同行的社会能力获得了更为显著的影响性。其中，有52%的高校教职人员流动项目参与者表示，他们在参与流动项目之后对欧洲社会领域问题更加感兴趣。然而，在关于帮助和支持弱势群体、排斥社会中的偏见与歧视等方面的调查中，仍有超过一半的参与者对此并没有太多的关注。[②] 即是说，流动项目目前仅能够促进更多的参与者了解和探讨社会问题，但尚未触及对具体问题的深度关注与重视。

三、高校教职人员的欧洲身份认同感增强

伊拉斯谟+计划高校教职人员流动项目在增强欧洲高校教师的身份认同感和提升欧洲共同价值观等方面发挥了重要的作用。根据德国贝塔斯曼基金会高等教育中心的调查结果，参与流动项目的欧洲教师

---

① See European Commission, *Erasmus + Higher Education Impact Study* (Luxembourg: Publications Office of the European Union, 2019), p. 140.

② See European Commission, *Erasmus + Higher Education Impact Study* (Luxembourg: Publications Office of the European Union, 2019), p. 140.

比未参与项目的同行在欧洲身份上有着更大比例的认同感，而高校教职人员流动项目则比其他流动项目在这方面的影响性更为显著。具体来说，有 95%的高校教师在参与过该流动项目后能够认同，甚至是非常认同欧盟存在的必要性，并且能感受到作为欧洲人的附加价值。同时，也有超过 90%的人认同自己的欧洲公民身份并且能够在一定程度上与其他欧洲人分享价值观念。尤其在身份认同方面，有 25%的流动项目参与者甚至表示其欧洲身份意识强于国籍意识，他们对欧洲有着更为强烈的归属感。而与同期参与流动项目的高校学生相比，高校教职人员获得了更为强烈的身份与价值认同感。这足以说明，参与流动项目增强了欧洲高校教职人员对欧盟、欧洲身份的认同感，使他们更容易理解和认同欧洲共同的价值观念。

四、影响高校教职人员参与流动项目的阻碍因素

欧盟官方发布的调查结果显示，在所有阻碍高校教职人员参与流动项目的因素中，个人家庭原因是最常见的，占 67%。例如，负有照顾孩子的责任是某些年龄阶段的教职人员所面临的最为普遍的发展问题。其次是工作责任因素，占 64%。除此之外，未能寻找到合适的海外流动机构（51%）、缺乏对该项目信息的了解（50%）也是阻碍高校教职人员参与流动项目不容忽视的重要原因。[①] 这些因素大多以参与者个人的主观意愿和条件所限。相对而言，仅有不到四分之一的参与者认为，流动项目在参与时间、项目质量、对参与者发展需求的满足等方面对其造成阻碍性影响。[②] 这也在一定程度上说明，伊拉斯谟+计划

---

① See European Commission, *Erasmus + Higher Education Impact Study*(Luxembourg: Publications Office of the European Union, 2019), p. 120.

② See European Commission, *Erasmus + Higher Education Impact Study*(Luxembourg: Publications Office of the European Union, 2019), p. 120.

在针对高校教职人员的流动项目设计上，能够较好地满足绝大多数参与者的发展需求，减少因客观因素所带来的项目参与阻碍。

虽然缺乏资金支持是高校教职人员选择不参与流动项目中的一个因素，但随着流动项目的逐步推进，尤其是在伊拉斯谟＋计划的更新和完善后，其已不再是困扰高校教职人员选择参与流动项目的重要考量内容。有43％的人认为伊拉斯谟＋计划资助水平太低或不确定并非是阻碍他们参与项目的重要因素。同时，也有34％的人表示他们并不认为对于参与流动过程中所要花费的资金的不确定是影响其是否参与项目的一个重要问题。①

总的来说，伊拉斯谟＋计划中有关高校教职人员的流动项目取得了较为成功的发展效果。教师个人不仅获得了诸如跨文化理解、社会交流、横向技能等方面的能力提升，对于其在教学、研究方面的职业发展也起到了积极的作用。这有利于欧洲各国高等教育中优秀教学经验和方法模式的分享与学习，在一定程度上促进了欧洲各国高校教育质量、人才培养的发展。同时，流动项目加强了高校教职人员在欧洲价值观、欧盟理解、欧洲身份意识等方面的理念认同，也有利于更深入地推进欧洲高等教育一体化发展，为巩固和加强欧洲一体化战略发挥了积极的作用。

---

① See European Commission, *Erasmus + Higher Education Impact Study*(Luxembourg: Publications Office of the European Union, 2019), p. 120.

第六章　伊拉斯谟计划中的高校合作

随着全球科学技术的快速发展，各国对高技能人才的需求逐渐增加。对于欧洲地区而言，到 2025 年预计在劳动力市场中有至少一半的工作岗位需要高水平技能资格的劳动者，这对当下及未来的高校毕业生来说是一个不小的发展挑战。欧盟意识到，快速变化的劳动力市场和社会转型要求高等教育机构作出及时的战略调整，为学生、教职员工及研究人员提供所需的技能。欧盟强调年轻人需要在快速变化的社会中为未来的就业形势与要求做好准备，未来青年人应该有能力找到解决欧洲和世界面临的巨大社会挑战的方法。与此同时，近几年新冠疫情加速了各国高等教育机构的数字化转型，也促使欧洲地区高校在实际的学习和教学中，能够灵活运用更多的数字技术，实现更具包容性和灵活性的教学变革。除了教学、研究和创新的核心任务外，大学还是欧洲的关键参与者，能够应对重大的社会挑战，成为城市和地区发展的真正引擎，并且增加欧洲公民的社会凝聚力。面对上述新的发展变化和欧洲高校原有的发展挑战，欧盟认为需要加强大学之间更深层次的合作。大学与大学通过建立战略伙伴关系，开展知识联盟、高等教育能力建设、“欧洲大学”倡议等合作项目，可以促进整个欧洲高等教育的卓越、创新及包容发展，加速高等教育机构向未来大学的转型，并且在欧洲地区形成结构性、系统性及可持续性的影响。

第一节 高校合作项目的愿景与目标

欧洲高等教育一体化发展离不开各国高校之间形成的积极的合作意识，以及跨国、跨学科、跨机构、跨语言等各类交流与合作。伊拉斯谟+计划是实施欧洲教育区高等教育领域发展的重要承担者，它与欧洲高等教育区和欧洲研究区（European Research Area）协同合作，持续促进欧洲各国大学形成合作联盟、开展各类合作项目，并且为合作的有效推进提供质量保障与学历认可等多种发展支持。基于欧洲35年的伊拉斯谟计划和20年的博洛尼亚进程的发展经验，欧洲高等教育一体化以追求卓越、包容、创新、数字化的理念推进欧洲地区的教育发展。在2023年伊拉斯谟+计划的优先发展事项中，明确提出在当前的国际发展形势和高等教育国际化的发展进程中，要支持和呼吁欧洲各国的高等教育机构联合起来，将高等教育合作水平提升到新的高度。

伊拉斯谟+计划通过支持欧盟各成员国之间开展更深入的政策合作，加强教育、研究及创新之间的相关性，营造创新性的合作环境，进一步深化欧洲高等教育在包容性、流动性、数字化、质量保证等方面的发展。具体来说，该计划要求各国高等教育机构之间能够实现以下六个方面的发展任务。

一是形成相互联系的高等教育系统。

伊拉斯谟+计划旨在通过以下方式促进欧洲各国高等教育机构之间形成战略性和结构性的合作模式：其一，支持高校之间运用数字化工具与在线平台，逐步探索和形成虚拟合作、混合合作等灵活多样的合作方式；其二，促进欧洲高校之间建立学习成果与资质互认系统，积极开展跨国联合课程，提高欧洲高校之间的跨国流动性；其三，使博洛尼亚进程中的原则和工具在欧洲高等教育机构之间得到有效实施，提高欧洲高校的人员流动性；其四，支持伊拉斯谟+计划成员国的高等教育机构之间开展创新性的合作活动；其五，积极倡导欧洲学生身份识别器和欧洲学生卡的实施，实现伊拉斯谟项目运行的无纸化理念。[①] 基于当前欧洲各国在高等教育领域所开展的多样化的合作项目，开发和提供一系列的合作工具和互认机制，提高合作机构之间的信息畅通性和交流的便携性成为进一步深化这些项目合作最为紧迫的主题。

二是倡导教学方法和学习方法的创新。

为了应对社会挑战，欧盟旨在通过支持以下方面的举措来促进创新和就业：第一，在高等教育领域开发以学习成果为中心和以学生为中心的课程，更好地满足高校学生的学习需求，减少技能的不匹配问题，提升学生的就业技能与劳动力市场及社会的相关性；第二，开发和实施在线学习、混合式学习等灵活多样的学习方式；第三，欧洲高校通过认可短期学习课程、微证书等方式，加强欧洲高等教育的终身学习维度；第四，在欧洲高等教育领域实施翻转式学习（Inverted Learning）、国际化网络协作学习（Collaborative Online International Learning）、基于研究的学习，以及混合集中项目等跨学科和创新性的学习方式，来帮助高校学生更有效地获得前瞻性技能与创业能力；第五，鼓励欧洲各高校开发和实施适合高等教育的 STEM[②] 课程，在工程、信息和通信技术、高级数字技能领域中，重点支持女性参与 STEM 的研究与学习；第六，欧洲各国高等教育机构通过与企业及其他相关部门的密切合作，在高等教育机构建立并运行"生活实验室"（Living Labs）[③] 和创新孵化器等平台，以支持高校学生的创新、创业

---

① See European Commission, *Erasmus + Programme Guide 2022* (Luxembourg: Publications Office of the European Union, 2022), pp. 201-202.

② STEM 即 Science（科学）、Technology（技术）、Engineering（工程）、Mathematics（数学）的缩写。

③ 生活实验室项目主要由大学学生、研究人员与其他主要利益相关者开展合作，应对社会面临的发展挑战，并且鼓励将知识应用于现实世界，提高相关人员的技能，增加人与人之间的联系，为人们提供更多与社会联系的机会。

能力的发展，并且帮助优秀的学生将他们的想法实践到企业中去。[①] 这些举措都旨在提高当前教学和学习方法的灵活性，最大限度地满足各类高校学生个性化的学习需求和发展要求，同时相较以往更加注重高等教育与社会、劳动力市场的联系性，注重培养学生在创新、创业等方面的思维与能力。

三是奖励卓越的教学方法与教学活动。

伊拉斯谟＋计划在这方面的发展举措有四点：第一，伊拉斯谟＋计划通过帮助参与高校合作项目的高等教育机构开发和实施在线教学，为机会较少的学生提供更多的教学指导，实施以学生为中心的教学，鼓励开展卓越的教学活动；第二，支持将创新的教学方法运用到学术中去，包括将教育中的在线教学、跨学科方法、新课程的设计等内容与研究和创新相结合，重视教学与研究、创新的联系性；第三，促进高校与企业之间的合作与联系，通过开展一系列商业或非商业化的教学合作，增加高校学生对创新、创业的了解；第四，在教学研究和创造力的基础上开展新的教学实践活动。[②] 伊拉斯谟＋计划充分发挥了跨国合作项目在跨学科、跨部门、跨领域、跨文化等方面的独特优势，吸引和支持优秀的研究者及组织机构参与到创新和研发的合作活动之中，这是欧盟提升高等教育创新发展水平的一个重要理念和特征。

四是支持绿色的高等教育体系。

伊拉斯谟＋计划中有关高等教育机构的合作项目，还致力于开展与促进同环境可持续性相关的学习和教学。该计划倡导在欧洲高等教

---

① See European Commission, *2023 Annual Work Programme—"Erasmus +": The Union Programme for Education, Training, Youth and Sport* (Luxembourg: Publications Office of the European Union, 2022), p. 20.

② See European Commission, *2023 Annual Work Programme—"Erasmus +": The Union Programme for Education, Training, Youth and Sport* (Luxembourg: Publications Office of the European Union, 2022), pp. 20-21.

育领域中将可持续性的发展理念纳入相关的具体项目、学科之中，重视在高等教育机构设计并开发最前沿的绿色技能和相关课程，以及支持高校学生、学者与其所在的大学、企业及社区建立跨国伙伴关系，共同应对气候等方面的环境挑战。① 通过这些举措的有效开展，伊拉斯谟＋计划旨在促进欧洲各国的高等教育机构不断完善和优化绿色发展理念与行为，以期能够在塑造一个绿色、环保、可持续的世界方面发挥积极作用。

五是建设全纳的高等教育体系。

促进包容性和公平性一直是欧盟在实现高等教育一体化发展中所秉持的重要发展理念。对于欧洲这一小国众多、地区国家发展水平各异的地区而言，这一发展理念能否较好地实现显得尤为关键。伊拉斯谟＋计划通过支持和帮助难民国家的学生及教师参与高等教育的项目活动，提高接受高等教育机会较少群体的计划参与率和完成率，为跨国交流项目的参与者提供适当的、经济合理的住宿支持，对学生和学者提供心理健康支持，促进高等教育机构、跨研究领域和跨领导职位的性别平衡，在非正式学习、课外活动及学生的学业成绩中认可志愿服务和社区工作来提高公民的社会参与性等②，进而促进在欧洲地区实现具有包容性的高等教育跨国流动和合作活动。

六是支持高等教育部门的数字化建设。

伴随着欧洲社会数字化转型的战略需要，伊拉斯谟＋计划支持欧洲各国在高等教育领域中实现数字化转型计划。也就是通过数字机会

---

① See European Commission, *2023 Annual Work Programme—"Erasmus +": The Union Programme for Education , Training , Youth and Sport* (Luxembourg: Publications Office of the European Union, 2022), p. 21.

② See European Commission, *2023 Annual Work Programme—"Erasmus +": The Union Programme for Education , Training , Youth and Sport* (Luxembourg: Publications Office of the European Union, 2022), p. 21.

培训（Digital Opportunity Traineeships）等项目提高高校学生和教师的数字技能，开发和利用相关数字工具与设施，为高等教育机构之间的合作提供便利，建立高校毕业生的信息数据库，不断完善毕业生追踪系统等①，从而支持和促进参与项目的各国高等教育机构更快、更有效地提升数字化水平。

总的来说，伊拉斯谟＋计划中的高等教育机构合作项目始终遵循欧盟高等教育一体化的发展目标，并且将其作为优先发展事项贯彻到机构合作的具体举措之中。同时，在具体的项目活动开展过程中，基于实际的目标群体发展需求和项目主题对目标的设置有所侧重，从而系统、有序地促进发展任务在各个合作项目中的有效实现。

第二节　高校合作项目的具体举措与发展现状

伊拉斯谟＋计划将实现欧洲高等教育一体化作为至关重要的战略发展目标，支持欧洲各国高等教育组织机构在跨国合作与交流中变得更加互联、创新、包容和数字化，从而加速整个欧洲的高等教育转型。同时，通过高等教育组织机构之间的合作，提高欧洲地区的高等教育竞争力和社会凝聚力。

一、高校合作具体开展的项目

为了促进欧盟各成员国在教育、培训、青年等领域建立紧密的合作关系，交流、共享创新思想和良好的实践经验，对具体的组织机构、个人及政策体系产生持续性影响，伊拉斯谟＋计划支持开展战略伙伴

① See European Commission, *2023 Annual Work Programme—"Erasmus +": The Union Programme for Education, Training, Youth and Sport* (Luxembourg: Publications Office of the European Union, 2022), p. 21.

关系、知识联盟、高等教育能力建设、“欧洲大学”联盟（European Universities）等多种项目活动。

（一）战略伙伴关系项目

战略伙伴关系项目主要支持项目各参与国的组织机构之间建立不同规模和范围的跨国伙伴关系，在教育、培训、青年等领域开展同行学习和经验交流等合作活动。高等教育作为该项目的优先发展领域，重点积累高校国际合作经验，提升高校产出高质量的创新成果的能力。具体来说，该项目主要致力于以下三个方面的活动开展。

一是项目管理。战略伙伴关系项目通过帮助各国高校之间完成跨国合作项目的组织、具体任务管理，以及追踪项目参与者的后续反馈等任务，确保各国高等教育组织机构之间开展的跨国合作项目能够得到周密的规划、顺利的实施、持续的跟进。同时，还要增强高校间的协作性。

二是执行活动。伊拉斯谟＋计划各参与国在组织开展高校跨国合作活动的过程中，战略伙伴关系项目将负责布置与开展工作会议、准备宣传材料、交流经验等工作。如果组织机构之间的合作活动还涉及学习者或工作人员等的流动时，该项目还将支持和帮助这些参与者实现其在项目活动中所需达成的具体发展目标。

三是分享和推广活动。战略伙伴关系项目还致力于组织并推进各国高等教育机构之间积极开展经验分享、成果推广等相关活动和会议的召开，确保这些组织机构合作的效率和质量。①

除了完成上述任务外，战略伙伴关系项目还旨在促进伊拉斯谟＋计划中各领域优先事项及目标的实现。对参与该项目的所有组织机构而言，都要遵循伊拉斯谟＋计划所推出的最新优先发展事项。例如，

① See European Commission, *Erasmus + Programme Guide 2020 (Version 3)* (Luxembourg: Publications Office of the European Union, 2021), p. 167.

2021年参与战略伙伴关系项目的组织机构应致力于实现在教育、培训、青年、体育等领域中的包容性和多样性；积极应对环境和气候变化；通过发展数字化弹性与能力来应对数字化转型；促进欧洲共同价值观及公民参与等发展目标的实现。① 对于高等教育领域的组织机构而言，战略伙伴关系项目将致力于促进欧洲教育区发展目标的有效实现，加快欧洲各国高等教育部门之间更加互联、创新、包容、数字化的发展。基于上述发展目标，参与该项目的高等教育组织机构可以根据其合作的目标、参与组织形式、预期影响的不同等多种因素，选择结成合作伙伴关系或小规模伙伴关系。

合作伙伴关系的建立旨在帮助各高等教育组织机构提高具体合作活动的质量，增强机构之间的关系，以及提高跨国协作方面的能力。同时，合作伙伴关系也旨在支持高校之间交流和分享创新性的发展经验，推进其在欧洲层面开展深入合作。合作伙伴关系具体的发展目标有四个：第一，提高高校组织机构在工作、活动等方面的质量；第二，培养高校组织机构跨国和跨部门工作的能力；第三，解决教育、培训、青年、体育领域的共同需求和优先事项；第四，在个人及部门之间实现转型和变革，并且根据各组织机构的具体情况作出相应的改进。② 合作伙伴关系适用于大部分的高等教育机构所开展和参与的合作活动。

小规模伙伴关系旨在拓宽高等教育领域中难以接触到的小规模群体和个人的合作行动。因此，开展这类伙伴关系的目标主要有三个：第一，吸引新的、经验不足的、小规模的群体和个人参与伊拉斯谟+计划，这些伙伴关系应作为各高校组织机构在欧洲一级开展合作的第

---

① See European Commission, *Erasmus + Programme Guide 2020 (Version 3)* (Luxembourg: Publications Office of the European Union, 2021), p. 168.

② See "Partnerships for Cooperation," European Commission, accessed October 6, 2022, https://erasmus-plus.ec.europa.eu/opportunities/opportunities-for-organisations/cooperation-among-organisations-and-institutions/partnerships-for-cooperation.

一步；第二，对机会较少的目标群体存有包容性；第三，支持积极的欧洲公民身份，并且将欧洲维度渗透到地方一级。[①] 这一组织形式主要以扶持和帮助为主题，增加欧洲各类高等教育机构的参与机会，拓展合作群体的覆盖范围。

战略伙伴关系项目对于参与合作伙伴关系与小规模伙伴关系两种合作类型的组织机构有不同的要求，参与合作伙伴关系的组织机构必须有至少三个是来自不同的伊拉斯谟＋计划成员国的组织，而参与小规模伙伴关系的组织机构则至少有两个是来自不同的伊拉斯谟＋计划成员国的组织。来自伙伴国的组织机构可以作为合作伙伴参与战略伙伴关系项目，但不能成为项目申请者，申请项目必须是由伊拉斯谟＋计划成员国中的组织机构来实施。

（二）知识联盟项目

知识联盟由欧洲教育和文化执行机构（European Education and Culture Executive Agency）负责管理，旨在高等教育、商业、更广泛的社会经济环境（如研究机构）之间通过开展跨国合作和知识流动，形成知识“三角联盟”，以分享知识和创造智力成果的新方式，鼓励欧洲青年人在创造力、就业能力和创业精神等方面获得提升，以此加强欧洲社会的创新能力建设。

1. 知识联盟的发展目标

知识联盟旨在使学术界和商业部门形成适应欧盟未来知识发展的全方位、连贯性的伙伴关系。同时，基于 2017 年欧盟提出的促进欧洲高等教育体系现代化的发展议题，知识联盟重点致力于解决劳动力市场技能需求与高校人才发展不匹配的问题，提升高校人才的就业竞争力。知识联盟通过支持欧洲高等教育机构与企业之间建立富有包容性、

① See “Partnerships for Cooperation,” European Commission, accessed October 6, 2022, https: // erasmus-plus. ec. europa. eu/opportunities/opportunities-for-organisations/cooperation-among-organisations-and-institutions/partnerships-for-cooperation.

高效的合作体系，从而确保高等教育领域的创新力。

2. 知识联盟的开展举措

知识联盟具有跨国性和创新性的发展特征。企业、高校在该项目中共同努力，促进创新、创业的发展目标的实现，建立紧密的合作伙伴关系，促进在高等教育、企业，以及更广泛的社会经济环境等方面开展知识流动与开拓创新项目，应对欧洲诸如气候变化、人口变化、数字化、人工智能、就业变化等社会和经济的挑战。

知识联盟具体开展的合作活动有六种：第一，高校与企业、研究机构等部门共同开发和实施富有创新的和多学科的教学方法。例如，在教学设计、具体教学方式、评估技术、学习环境、新技能的培养方面的创新。第二，高校帮助企业内部组织继续教育活动，培养企业在促进社会公平、增强包容性、关注气候变化、参与环境保护、践行可持续发展理念等方面的社会责任感。第三，根据“创业能力框架”(Entrepreneurship Competence Framework)，激发学习者、教育工作者、其他工作人员的主动性和创业的态度与技能。第四，高校与企业合作制定高等教育领域横向技能的培养方案，提高教育培训系统中对现有人才技能培养的质量，提升其开发新技能和解决技能不匹配问题的能力。第五，促进高等教育、科研机构及商业部门之间的知识交流与合作创新。第六，鼓励企业、研究机构的工作人员参与到高校教学与科研活动之中。

3. 知识联盟的参与条件

为了能够获得伊拉斯谟＋计划所提供的相关资金拨款，参与知识联盟的组织机构必须符合相关标准。任何来自伊拉斯谟＋计划的成员国或伙伴国的组织机构都可参与知识联盟。由于知识联盟的跨国性特点，这些组织机构应至少来自三个不同的国家，而且其中至少包含两所高等教育机构和两个来自企业的组织。①

（三）高等教育能力建设项目

高等教育能力建设项目是基于欧洲长期发展的多边伙伴关系而形成的跨国合作项目，主要在欧盟成员国、伊拉斯谟＋计划参与国、与伊拉斯谟＋计划无关的第三方国家的高等教育机构之间开展合作。其核心目的是支持与伊拉斯谟＋计划无关的第三方国家的高等教育发展。具体来说，一是旨在促进第三方国家高等教育现代化、国际化发展，使其增加接受高等教育的机会；二是帮助第三方国家提高应对高等教育机构和系统面临的风险与挑战的能力；三是加强第三方国家与欧盟地区高校间的合作关系；四是支持第三方国家高等教育发展与欧洲发展战略趋同；五是促进第三方国家高校师生增强跨文化意识并提高跨文化能力。

为了更好地解决与伊拉斯谟＋计划无关的第三方国家的高等教育发展所面临的各种问题，实现伊拉斯谟＋计划中包容性的发展理念，高等教育能力建设项目主要由三部分内容构成。

1. 促进高等教育机构之间的合作

高等教育能力建设项目尤其重视并且帮助第三方国家中经验不足的高等教育机构②和小规模合作伙伴，在欧洲地区建立合作伙伴关系，倡导合作理念，传播欧洲地区先进的高等教育机构管理与发展的知识、经验及良好的做法，以此提高上述经验不足的组织机构的高等教育质量发展水平，为发展机会较少的师生提供多样的发展选择和更优质的教育与培训。高等教育能力建设项目包括以下三个方面。

---

① See European Commission, *Erasmus ＋ Programme Guide 2020 (Version 3)* (Luxembourg: Publications Office of the European Union, 2020), p. 141.

② 例如，来自与伊拉斯谟＋计划无关的不发达国家的高等教育机构，位于与伊拉斯谟＋计划无关的第三方国家偏远地区的高等教育机构，来自与伊拉斯谟＋计划无关的第三方国家的经验较少的高等教育机构和学院等。

其一，该项目旨在开展能够提高第三方国家的高等教育机构的管理及行政能力的相关活动。例如，提高高校在有关学生指导、咨询等方面的服务质量，构建现代化的大学治理体系；帮助这些高校建立国际关系办公室并制定国际化战略；在高等教育机构内改善现有的或建立新的质量保障机制；提升高校部门管理和评估的能力；优化国际合作项目成果的交流和传播机制；提升高等教育机构开展师生流动活动的能力。

其二，该项目旨在帮助第三方国家的高等教育机构开展高质量的教育活动。例如，开展学习类、技术或专业领域类的项目活动；将参与计划的高校师生聚在一起，开展短期的强化学习项目；提升研究生和教职员工的相关能力并加强其流动性；为高等教育机构的学术人员提供培训课程；创造协同效应，加强高校与相关企业部门的联系。

其三，该项目旨在增加第三方国家的高等教育机构中机会较少的学生和教职员工的发展途径。例如，依靠数字技术和电子学习的方式为弱势群体学生增加远程和包容性的学习途径和机会；更新数字技术以开发旨在确保残疾学生拥有平等和公平学习机会的特定服务；增加妇女和少数族裔群体的受教育机会，减少甚至解决弱势群体在获得学习机会方面面临的问题。以上做法有助于创造包容性环境，促进公平和平等，响应更广泛的社会需求。①

2. 建构促进高等教育转型的伙伴关系

高等教育能力建设项目致力于提高与伊拉斯谟＋计划无关的第三方国家的高等教育机构在教学与研究方面的发展水平，从而进一步提升这些国家应对移民、气候变化、社会治理及数字化转型等社会问题的能力。一方面，伊拉斯谟＋计划重视提升这些国家的高等教育创新

① See "Capacity Building in Higher Education," European Commission, accessed October 6, 2022, https://erasmus-plus.ec.europa.eu/programme-guide/part-b/key-action-2/capacity-building-higher-education.

能力，提高与伊拉斯谟＋计划无关的第三方国家的高等教育机构在研究、科学和技术创新方面高效合作的能力；另一方面，将推进高校改革作为与伊拉斯谟＋计划无关的第三方国家经济和社会发展的催化剂，支持高校在建构新的管理系统、数字化建设、现代化的大学服务体系等方面获得提升和改善，解决高校专业及课程设置与劳动力市场要求不匹配的问题，使其成为更加民主、包容、公平和成熟的组织机构。可以说，创新高校的整体发展思维及理念，提升其机构内部的组织和管理能力是高等教育能力建设项目帮助这些国家高等教育转型的核心与关键。

在高等教育能力建设项目中，有关促进伙伴国家高等教育转型的具体举措有八点：第一，支持高校在有关横向技能发展的教育内容、教学形式及教学方法等方面的开发和创新；第二，在学生的培训与实习过程中，尝试探索并运用跨学科、以学习者为中心、基于问题等新的学习和教学模式；第三，在高等教育机构层面引入三级学位制度、文凭补充、质量保证框架，以及对非正规学习成果的认可等博洛尼亚进程中的工具；第四，在第三方国家高校中引入伊拉斯谟＋计划参与国所应用的实践培训框架，将企业实习中所遇到的真实案例融入课程之中，在高校师生与企业员工之间开展定期交流活动，并且鼓励企业员工参与到高校的教学和研究活动之中；第五，改革第三方国家高等教育机构的组织管理体系和结构，优化其在质量保证、财务管理、教育自主权、学生服务、职业指导等方面的治理能力；第六，帮助第三方国家高等教育机构制定跨国联合课程、人员流动计划，以及在研究、科技创新方面建立网络等国际化发展战略；第七，通过帮助高校组织学生和教授及相关从业者一起尝试探索和解决目前社会存在的、针对社会弱势群体发展需求的社会问题，提高这些国家的高等教育机构在解决社会发展问题中的积极作用；第八，帮助这些国家的高校开发可以用于评估学术人员和行政人员专业技能的工具与方法，从而更好地促进高校教师职业培训的开展和长期性的职业发展。[①]

3. 对高等教育系统进行结构化改革

高等教育能力建设项目还将支持与伊拉斯谟＋计划无关的第三方国家在高等教育有关部门[②]层面的改革与创新，努力发展连贯、可持续的高等教育系统，从而进一步促进这些国家在社会发展需求和创建知识驱动型经济方面的发展信心。

高等教育能力建设项目主要负责四个方面：第一，支持伊拉斯谟＋计划成员国与符合条件的第三方国家之间在高等教育领域开展合作与学习，以促进第三方国家的高等教育系统的改进与优化；第二，提高第三方国家高等教育系统的包容性，重视机会较少群体的教育发展需求，从而为不同背景的高校学生提供学习和发展的适宜条件；第三，伊拉斯谟＋计划成员国通过参与和监测第三方国家高等教育系统的改革进程，帮助其提升在高校治理和融资方面的发展能力，从而实现高等教育系统的现代化发展；第四，进一步发挥该项目对于实现第三方国家高等教育发展的协同作用。[③]

在高等教育能力建设项目中，帮助伙伴国家进行高等教育系统的结构化改革的具体举措有四点：其一，在国家或地区层面开发和试验高等教育中的最佳实践。例如，提高毕业生的就业能力，增加机会较少的群体接受高等教育的机会，以及加强教育、研究和创新之间的联系等举措。其二，通过让高等教育领域的其他利益相关者参与进来，

---

① See "Capacity Building in Higher Education," European Commission, accessed October 6, 2022, https://erasmus-plus.ec.europa.eu/programme-guide/part-b/key-action-2/capacity-building-higher-education.

② 例如，与伊拉斯谟＋计划无关的第三方国家的主管当局（特别是教育部）、高等教育机构、研究机构、其他相关的机构等。

③ See "Capacity Building in Higher Education," European Commission, accessed October 6, 2022, https://erasmus-plus.ec.europa.eu/programme-guide/part-b/key-action-2/capacity-building-higher-education.

为高等教育领域的高效决策作出贡献。具体来说，可以邀请公共部门机构参与进来，以提高高等教育部门的相关性并提高其对整个社会的影响力；可以鼓励学生积极参与高等教育系统的治理和改革；可以让活跃在职业培训领域和青年领域等相关领域的协会参与进来；还可以通过欧盟成员国或与伊拉斯谟＋计划相关的国家以及与该计划无关的合格第三方国家的高级机构之间的合作，共同参与到高等教育发展的探讨之中，提高高等教育的国际化水平。其三，促进区域学术合作，以实现高等教育领域的共同区域战略。具体来说，可以通过确定创建区域高等教育区的步骤，促进国家和跨境承认区域高等教育区；消除学习障碍，增加获得高质量和创新驱动的教育的机会，并且使教师、学习者和工人更容易在国家之间流动等举措来实现高等教育领域的共同区域战略。其四，发展引入筹资机制，提高高等教育合作的包容性和公平性。高等教育能力建设项目致力于增加机会较少的群体在高等教育中的参与机会，同时注意在机构和个人层面弥合数字鸿沟。①

高等教育能力建设项目通过开展一系列的合作活动，帮助第三方伙伴国家从高等教育系统到高校教学与课程管理再到人员的能力培养与提升等进行全方位的、结构化改革，旨在提高这些伙伴国家的高等教育质量和竞争力的同时，提升欧洲高等教育在世界范围内的影响力和吸引力，为欧洲高等教育建立良好的对外合作声誉与关系奠定基础。

（四）“欧洲大学”联盟

“欧洲大学”联盟是欧洲地区所开展的长期性的高校跨国合作战略项目，也同样是高等教育一揽子计划的组成部分。“欧洲大学”联盟建立在二十多年博洛尼亚进程的发展经验之上，旨在支持大学能够适应不断变化的社会环境，通过基于欧洲各国共同的发展愿景和价值观念，

---

① See “Capacity Building in Higher Education,” European Commission, accessed October 6,2022,https://erasmus-plus.ec.europa.eu/programme-guide/part-b/key-action-2/capacity-building-higher-education.

在教育、研究及创新等方面制定统一的和高质量的发展战略，在欧洲地区形成系统性的、自下而上的高等教育机构网络，从而释放高等教育部门作为技能和知识的推动者以及应对社会挑战的重要推动力，并且为欧洲的韧性和复苏作出贡献。推进“欧洲大学”联盟，有利于促进欧洲各国高等教育机构之间进一步深入跨国合作，在巩固欧洲共同价值观的基础上，加强欧洲公民的归属感，提升欧洲高等教育质量，真正实现高等教育在欧洲层面的提升与发展。

1. “欧洲大学”联盟的发展动因

到目前为止，欧洲已有 5000 所高等教育机构、1750 万名高校学生、135 万名高校教职人员以及 117 万名科研人员。① 对于“欧洲大学”联盟而言，保障各国各类高等教育机构，不同学生、教师、科研人员的合作发展需求是其所面临的一个十分复杂和棘手的问题。有 92%的参与“欧洲大学”联盟的高校认为，国际战略机构伙伴关系的相关法律、行政制度上的障碍是困扰合作的一个关键性问题。此外，也有超过 90%的高校人员表示，为学生提供在欧洲地区统一认可的学历、资质等相关证明和互通标准是解决合作困境问题的一个重要方法。② 为了有效推进“欧洲大学”联盟，需要一个统一、具体的机构来负责，合理统筹和支持欧洲各国高等教育机构在人员、资源、平台等多方面的深层合作。

（1）欧洲教育区建设

随着世界高等教育领域的发展变革，欧洲各国高校的教育格局也正在发生变化。2017 年 11 月，欧盟 28 国领导人在瑞典哥德堡举办的社会峰会上就教育的未来进行了深入讨论，呼吁欧盟各成员国尽快加

① See European Commission, *Commission Communication on a European Strategy for Universities* (Luxembourg: Publications Office of the European Union, 2022), p. 1.

② See European Commission, *Commission Communication on a European Strategy for Universities* (Luxembourg: Publications Office of the European Union, 2022), p. 2.

强高等教育机构之间的战略伙伴关系。同月，欧盟委员会提出了到2025年建立欧洲教育区的愿景，实现在欧洲地区开展“学习、教学及研究不会受到边界的阻碍”① 的目标。欧洲教育区旨在促进欧盟成员国采用更加统一的教育体系行动计划，以进一步提高国家教育和培训系统的质量和包容性。② 欧洲教育区致力于教育教学质量、包容性与性别平等、绿色与数字化转型、教师与培训、高等教育、地缘政治六个方面在欧洲层面的系统性发展。高等教育领域作为欧洲教育区建设的重要组成部分，在推进欧洲教育、研究与创新、服务社会、经济发展等方面起着十分关键的影响作用。欧盟致力于培养欧洲未来高技能人才，到2030年，实现至少有45％的25—34岁人群获得高等教育学历的目标，并且帮助欧洲80％的应届高校毕业生实现短期就业等发展愿景，共同塑造欧洲可持续和富有弹性的经济，使欧洲社会更加绿色，更具包容性，更加数字化。③ 因此，促进欧洲高等教育区的进一步发展，即是实现欧洲教育区和欧洲研究区的重要因素。

（2）“欧洲大学”倡议的推动

“欧洲大学④”倡议是伴随建设欧洲教育区这一战略应运而生的，是欧洲教育区的旗舰倡议。“欧洲大学”倡议由欧盟委员会、各成员国、高等教育机构、学生组织等团体共同发起，旨在改革高等教育机构的合作模式，建立一个由欧洲各国、不同类型的高等教育机构联合

---

① European Commission, *European Universities Initiative Factsheet* (Luxembourg: Publications Office of the European Union, 2021), p. 2.

② See “European Education Area,” European Commission, accessed April 1, 2022, https://ec.europa.eu/education/education-in-the-eu/european-education-area_en.

③ See “Higher Education Initiatives,” European Commission, accessed September 11, 2022, https://education.ec.europa.eu/education-levels/higher-education/about-higher-education.

④ 此处的“大学”倾向于指代更广泛的教育领域，即整个高等教育领域，包括所有类型的高等教育机构，例如研究型大学与学院、应用型大学、高等职业院校、高等艺术院校等。

组成的大学群，作为引领欧洲地区高等教育机构合作的典范。“欧洲大学”倡议将使新一代欧洲人能够跨越语言、地域、学科边界进行合作，发展强大的欧洲身份，共同促进欧洲身份认同和价值观的深度融合，提高欧洲高等教育质量和在国际上的竞争力。同时，该倡议已成为伊拉斯谟+计划中高等教育领域十分重要的一体化发展举措。

2019 年 11 月，在首届“欧洲大学”会议上，17 所“欧洲大学”的代表围绕加快欧洲高等教育机构合作转型以确保高等教育质量、包容性和国际竞争力等话题展开讨论，“欧洲大学”试点工作进入实质性开展阶段。[①] 凭借近 8500 万欧元的资金预算，“欧洲大学”倡议于 2019 年 6 月启动了首批 17 所“欧洲大学”。该倡议为未来的大学铺平了道路，提高了欧洲高等教育的质量和吸引力，并且促进了机构、学生和教职员工之间的合作。“欧洲大学”的选择包括来自欧盟各地的国外机构，从应用科学、技术和艺术高校到研究密集型大学。选定的“欧洲大学”通过分享共同的长期教育战略，加强与研究、创新和社会服务的联系，从根本上进行改革，从而使高等教育机构之间的联系变得更加紧密，使高等教育机构更具竞争力和吸引力。因此，“欧洲大学”的目标是产生系统性、结构性和可持续的影响。[②] 实现“欧洲大学”倡议，既是欧洲高等教育区发展的重要目标，同样也是促进欧洲教育区和欧洲研究区建立和发展的组成要素。2021 年 5 月欧洲理事会再次强调实现“欧洲大学”联盟的重要意义，通过鼓励高等教育机构之间开展深入的跨国合作，促进欧洲在高等教育领域的卓越、公平及包容性发展，以期构建一个具有创新力、全球竞争力、吸引力的欧洲教育区

---

① 参见刘海滨《“欧洲大学”倡议及其对“一带一路”高等教育合作发展的启示》，《重庆高教研究》2020 年第 6 期。

② See European Commission, *Erasmus + Annual Report 2019* (Luxembourg: Publications Office of the European Union, 2020), p. 9.

和欧洲研究区的宏伟背景。[①] 在 2021—2027 年伊拉斯谟＋计划的新一轮发展阶段中，“欧洲大学”倡议成为将要推进的重点内容。

2. “欧洲大学”联盟的合作理念

欧盟推出“欧洲大学”这一概念，旨在区别于过去欧洲地区所开展的各类区域合作、联盟等高等教育机构的合作方式。“欧洲大学”联盟从整体视角出发，重新审视欧洲高等教育合作的理念、模式及发展方向，推进欧洲高校之间开展深度的跨国合作与交流。“欧洲大学”联盟合作方面的独特性主要体现在其所秉持的合作理念之中。

首先，“欧洲大学”联盟作为高等教育一体化发展下的重要组成部分，遵循欧洲对一体化发展的整体战略认知，以巩固欧洲公民的身份认同和共有的价值观念，形成强烈的“欧洲意识”，作为欧洲高等教育机构之间开展跨国、跨领域、跨学科的合作基础与前提。在这一理念的推动下，建立一个统一的教育发展战略显得尤为重要。对于“欧洲大学”联盟而言，根植于欧洲共有的文化与价值理念的基础之上，始终遵循欧洲教育区“卓越与包容”的教育发展理念，建立具有系统性、长期性、共识性特征的教育战略成为欧盟各成员国一致的教育发展愿景。

其次，尊重多样性也是“欧洲大学”倡议中的重要发展理念。欧洲各国虽然在支持高等教育领域发展上有着共同的利益与发展需求，但各国有其不同类型的高等教育机构及发展特色，在此基础上开展合作，发挥各国各类型高校在创新、人才培养、协作等方面的优势，是欧洲地区不同于其他国家高等教育机构合作的典型特征。

再次，随着许多社会外部因素对学术及民主价值观的冲击与挑战，

---

① See “European Universities Initiative,” European Commission, accessed September 11, 2022, https://education.ec.europa.eu/education-levels/higher-education/european-universities-initiative.

如何维护大学的学术自由和大学自治也成为当前欧洲各高校所面临的亟待解决的发展问题。巩固和支持学术自由与民主自治无疑是“欧洲大学”倡议中的一个十分重要的教育理念。

最后，确保欧洲高等教育的国际竞争力也是“欧洲大学”联盟合作的旨意所在。欧盟意识到，欧洲各国的大学，尤其是研究型大学在国际范围内的影响力和贡献力正在逐步减弱，而将欧洲地区的大学汇集起来，或许能够在全球高等教育领域中获得更大的影响性。因而，促进高等教育领域的一体化建设，实施“欧洲大学”行动，能够刺激欧洲各国之间开展更密切频繁的人员流动和经验共享等活动，形成在人才培养、科学研究等方面的协同发展力量，同时，欧盟更希望以此最大限度地提高欧洲在全球视野中的教育、研究、价值观念等多方面的全球影响力。

3. “欧洲大学”联盟的发展目标

欧盟委员会将推进各成员国之间开展密切合作，共同完成以下几个任务：第一，到 2024 年中期，2021—2027 年的伊拉斯谟＋计划预算总额将达到 11 亿欧元，并且以此扩大“欧洲大学”联盟到 60 个，涵盖 500 多所大学的规模；第二，努力在 2024 年中期之前制定大学联盟的法律规定；第三，从 2022 年开始在伊拉斯谟＋计划内试点欧洲联合学位，这是迈向欧洲联合学位的第一步；第四，通过部署一个独特的欧洲学生标识符来扩大欧洲学生卡计划，该标识符可在 2022 年面向所有移动学生使用，并且在 2024 年年中之前提供给“欧洲大学”联盟的所有学生；第五，2023 年进一步审查欧洲高等教育合作的质量保证，以进一步发展欧洲质量保证和认可体系；第六，2022 年执行欧洲理事会关于促进“欧洲大学”联盟成员国之间在高等教育、高中教育、培训资格自动互认，以及支持国外学习期成果报告的建议；第七，理事会提出关于“为有效的欧洲高等教育合作搭建桥梁”的建议，以促进更深层次的跨国合作。

4. “欧洲大学”联盟的合作原则

“欧洲大学”联盟要求所有参与合作项目的组织机构须遵循基本的合作原则。首先，参与合作的高等教育机构要建立一个长期的教育合作战略，将合作深入到研究、创新领域，形成机构内部系统性、结构性和可持续影响的合作模式。其次，在“欧洲大学”联盟之间形成一个系统性的“校园”。具体来说，一是各高校的学生、教职员工及研究人员可以通过进行大学间无障碍的交流（物理、虚拟或混合）来开展学习、培训、教学、研究、工作、共享服务；二是可支持由学生、学者、外部利益相关者组成跨学科和跨国的合作团队，共同参与解决欧洲面临的诸如气候保护、数字化、健康、民主、移民、安全等重大问题；三是能够支持学生灵活选择自己的课程并获得欧洲学位；四是为学生提供工作实习的机会，培养其企业家思维，积累就业经验；五是促进学生群体背景的多样性特征，实现欧洲高等教育的包容性、平等性发展理念。最后，“欧洲大学”联盟还要求参与的合作机构应来自欧洲不同地区，加强欧洲地区间的高校交流与合作，缩小地区教育发展差距，共享优秀教育发展经验。

5. “欧洲大学”联盟的管理模式

在伊拉斯谟+计划下，“欧洲大学”联盟支持并开展多种形式的大学跨国合作，具体包括：一是在整个欧洲地区所有类型的高等教育机构之间建立灵活、自由的合作伙伴关系；二是以可持续性、卓越和欧洲价值观为共同发展理念建构大学联盟；三是支持在各高校之间设置以学生为中心的联合学习课程，使学生在跨国、跨校学习经历中获得更好的发展；四是以富于挑战性的课题为核心，将在欧洲各国高校中开展相关研究的学生、学者、其他合作伙伴汇集起来，组建跨学科的合作团队，以解决欧洲当今面临的重要议题。[①]

6. “欧洲大学”联盟的资金支持

实现包容性和卓越性的发展理念，需要为地区、国家以及欧洲层面的大学提供适当的资金支持。目前，欧盟各成员国用于高等教育领域的国内生产总值从0.3%到1.7%不等，其平均值在0.8%左右。政府对高等教育机构研发的平均支出占欧洲GDP的0.48%。面对学生人数和高校教育责任的与日俱增，欧盟的高等教育机构发展显示出资金严重不足的迹象。欧洲资金对大学来说很重要，可以补充国家资金作为收入来源，也可以作为欧洲和国际学术合作的平台。欧盟预计2021—2027年在大学支持方面投入约800亿欧元的财政资金。因此，高等教育部门将受益于各种来源的前所未有的欧盟资金，包括来自伊拉斯谟+计划、地平线欧洲计划、数字欧洲计划（Digital Europe）等的资金。虽然欧盟的基金和方案意义重大，但这些资金来源中的每一个本身都是一个金融工具，具有其特定的目的和使命。欧盟各成员国和高等教育部门的参与者应有效利用欧盟所开发的上述资金工具，并且探索与国家、地区资金的协同作用，以更好地促进欧盟和国家努力实现“欧洲大学”联盟中规定的共同愿景。

7. “欧洲大学”联盟所实施的具体举措

为了实现上述发展目标，“欧洲大学”联盟致力于加强高等教育和研究的欧洲维度，支持“欧洲大学”联盟成为推动欧洲社会发展的核心力量、在绿色转型和数字化变革中的重要参与者，以及作为加强欧盟全球角色的驱动力，以此更好地提升与推进欧洲高等教育的国际竞争力和一体化进程。

---

① See “European Universities Initiative,” European Commission, accessed September 11, 2022, https://education.ec.europa.eu/education-levels/higher-education/european-universities-initiative.

（1）加强高等教育和研究的欧洲维度

欧盟在关于2025年实现欧洲教育区的探讨中强调，欧盟各成员国需要进一步促进和加强大学之间的跨国合作，从而促使欧洲高等教育为年轻人、终身学习者和研究人员提供关键能力和技能发展的机会与平台，促进各成员国在高等教育机构之间追求卓越的教育、科学研究、价值创造，提高欧洲高等教育的吸引力和全球竞争力。

欧盟通过实施一系列跨国合作的项目计划，以循序渐进的方式支持这些举措的顺利实施，并且为这些举措的开展提供适当的财政支持。具体来说，一是大力发展伊拉斯谟+计划下的“欧洲大学”倡议项目。将其与地平线欧洲、数字欧洲、其他欧盟战略项目相结合，支持在各国高等教育机构之间开展跨国联盟，以传播和分享在教育、研究方面的结构化、可持续、系统性的合作经验。同时，创建“欧洲大学”校园，使来自欧洲各地的学生、教职员工、研究人员可以享受灵活自由的流动，在跨学科、跨领域的合作交流中发现新的知识和研究成果。二是完善高等教育机构联盟的法律法规。制定、完善与“欧洲大学”联盟相关的法律法规，将有利于促进更深入、长期性、富有灵活性的高校跨国合作，有利于推进合作伙伴共同分享知识经验、促进人员交流、执行联合方案。三是在国家一级提供联合欧洲学位（Joint European Degree）项目。该项目旨在将联合学位作为各国高等教育机构之间开展跨国合作的一套共同认可的学习成果标准。在“欧洲大学”联盟中，要确保该学位易于颁发、存储、共享、验证和认证，并且在整个欧盟范围内得到认可。作为开展该联合学位的第一步，欧盟委员会将努力制定授予欧洲学位标准的欧洲标签，从而使其作为各国高等教育机构为参与跨国联合培养的学生提供毕业资格证书的补充文件。四是推进欧洲学生卡在欧洲地区的广泛使用。欧洲学生卡在“欧洲大学”联盟中的推广，将确保每个参与流动项目的欧洲学生都可以获得一个唯一的数字识别工具，使学生从申请参与流动项目到获得学习证书的整个流动过程实现全方位的数字化管理。这将有利于这些学生获得更便捷、更灵活的流动体验，也将使流动过程和管理过程变得更容易、更高效、更环保。这些举措有助于将跨国合作提升到更高的水平，培养欧洲公民强烈的欧洲归属感。

（2）支持“欧洲大学”联盟成为推动欧洲社会发展的核心力量

“欧洲大学”联盟通过培养和提升学生有关未来社会的技能，塑造多样性和包容性的大学环境，以及确保高校师生的学术研究自由等基本权利，从而肩负起引领欧洲经济社会繁荣发展的重要使命。

①提高与未来社会发展相关的技能培养质量

首先，“欧洲大学”联盟有必要以系统和全面的方式改革欧洲高校中的教学与学术研究。具体来说，改善教学与研究工作的条件与环境，形成更富灵活性和有吸引力的高校职业岗位，通过伊拉斯谟＋计划和地平线欧洲计划，将新的创新学习和教学方法纳入高等教育的具体教育教学之中。其次，大学在防止技能不匹配和瓶颈方面可以发挥关键作用。这些技能不匹配和瓶颈可能会阻碍欧洲的整体发展，并且影响学习者成为创造性和批判性的思想家、问题解决者，以及积极和负责任的公民。基于此，在欧洲新出台的工业发展战略中明确了要在伊拉斯谟＋技能部门合作联盟的作用下，支持部分核心产业部门与高等教育机构之间建立合作关系，共同设计相关的课程，支持毕业生提高有关未来社会所需的技能。同时，欧盟委员会于 2021 年提出了一项“关于欧洲终身学习和就业能力微证书方法的理事会建议”提案，关注具有吸引力和可持续的职业，促进高等教育在有关专业再培训、技能提升等终身学习方面的内容发展，以满足社会和劳动力市场中新兴技能的发展需求。再次，优秀的教育、研究和创新环境是发展高水平技能和创造突破性知识并且将其转化为实际应用的推动因素。在这一方面，大学之间以及与工业生态系统之间的合作是互利的，高等教育部门除了个人发展目的外，应促进“欧洲大学”联盟与职业卓越中心之间更多的协同作用，支持工业和商业部门的技能发展，使学习者能够有更多机会从培训中受益，接触初创企业，并且作为社区变革的参与者参与其中，以更积极的态度在社会中发挥作用。最后，为了发展卓越的高等教育，还需要支持高校开展教学创新，为学习者提供多元的学习空间。例如，支持“欧洲大学”联盟与创业部门开展密切合作，在高等教育机构内开发创业孵化器，以帮助学生为成为未来的企业家做准备。生活实验室的创建被推广为这一方面发展的一个很好的例子，它说明了如何更好地通过综合性的、跨学科的方式培训学生应对各种社会挑战，以及如何支持学生在批判性思维、创造力、创业技能方面发展。同时，从 2023 年起，欧洲将支持企业中的杰出创业者、领军人物到高校中参与人才培养的过程，激励年轻人在创新、创业方面的能力发展，并且与他们一起提出新的想法和解决方案。

②塑造多样性和包容性的大学环境

与世界其他地区相比，欧洲拥有高度包容性和多样性的高等教育发展环境。然而，处境不利或受歧视的群体（例如少数民族、有移徙背景的人或残疾人、来自贫困家庭的人、低学历背景家庭的子女）在学生、学术人员和研究人员中所占比例仍然不足。尽管他们接受高等教育的机会增加，但高等教育系统仍然呈现出高度分层的状态。第一代学生、具有移民或少数民族背景的学生在欧盟接受高等教育的机会较少。然而，在高等教育中，性别差距持续存在。虽然在学士和硕士阶段，女性学生和女性毕业生的人数超过男性，在博士阶段几乎性别平衡，但不同研究领域仍存在很大的性别差异。例如，在 STEM 领域，女性占学士和硕士学生的三分之一，占博士候选人的 37%。在欧盟，担任正教授职位或同等职位的女性比例处于 26%的低水平。因此，还需要更多的制度革新，使大学成为真正机会平等的地方。

欧盟委员会将与各成员国以及利益相关部门组织共同合作，完成以下任务：第一，制定欧洲多元化和包容性框架，包括性别差距、确定大学面临的挑战和解决方案，以及公共当局的必要支持；第二，通过一份路线图解决女性在 STEM 领域代表性不足的问题；第三，为面临风险的研究人员提供支持，并且为大学提供指导原则，以促进其融入。除此之外，欧盟还将呼吁各成员国，鼓励大学在《罗马公约》的基础上，通过促进多样性和包容性的具体措施，包括自愿的量化包容性目标和包容性的性别平等计划，实施机构变革；制定国家资助计划，增加难民和寻求庇护者接受高等教育的机会，包括为难民学生提供资助等支持。

③保护和强化欧洲民主价值观

欧盟还致力于促进大学成为一个能够为了言论、思想、学习、研究和学术自由而自由发展的地方。学术自由和大学自治的理念始于中世纪的欧洲大学，并且随着欧洲高等教育的历史发展逐渐成为欧洲大学的精神根基。在此基础上，欧洲大学得以为欧洲社会培养一批批拥有宽容、平等、多样性、开放性及批判性思维的优秀人才，促进欧洲社会的凝聚力和民主化发展。确保高等教育机构的学术自由也是欧盟层面制定的所有高等教育政策以及博洛尼亚进程的核心，这是创建欧洲教育区和欧洲研究区的基本先决条件。然而，这种基本的学术价值观却不一定能够有效实现。近些年来，欧洲高等教育机构的自主权参差不齐，欧洲各国大学的学术自由正在以不同的形式和原因受到威胁。欧盟及其成员国正在通过其所制定的相关政策和项目支持对这一问题展开积极的解决，培育和捍卫这些基本价值观。

在促进民主价值观方面，欧盟委员会将与各成员国及利益相关部门组织共同合作，致力于完成以下任务：第一，推出并监督新的《伊拉斯谟高等教育宪章》和新的《伊拉斯谟学生宪章》，整合学术自由和学术诚信；第二，创造新的机会，开展有关价值观和民主的学术交流，作为伊拉斯谟+计划中让·莫内高等教育行动的一部分；第三，根据

《罗马公约》，在 2024 年提出保护基本学术价值观的指导原则[①]，根据《波恩宣言》制定保护欧洲学术自由和科学研究自由的行动计划；第四，为实施关于外国干涉研究和创新的指导方针提供支持。除此之外，欧盟还呼吁各成员国在欧洲高等教育部门的多样性、加强和尊重大学在各个方面的自主权，以及促进和保护学术自由与诚信等方面积极提出并实施相关举措。

（3）使大学成为欧洲社会绿色转型和数字化变革的参与者

面对欧洲社会在绿色转型和数字化变革方面的发展期许，欧洲各国大学在合作交流的过程中，积极探索与此相关的人才培养方案，为更多欧洲青年人和终身学习者提供数字化、绿色转型的技能发展机会，并且通过研究、创新，提出解决数字化、绿色转型问题的有效方案。

一方面，大学是推动形成绿色转型和可持续社会的关键参与者。大学通过开展相关深入研究以寻找解决方案，与相关行业领域合作，在实现气候中和、扭转生物多样性的丧失局面，以及通过社区宣传提高广大公众的环保意识与素养等方面发挥着重要作用。此外，大学中所产出的相关研究和创新的优秀成果可以为与环境相关的政策、措施的提出奠定坚实的基础。基于此，欧盟委员会提出了关于环境可持续性学习的建议书和终身学习与就业能力的微证书提案。这些提案的推出将有助于动员欧盟各成员国支持高校成为绿色转型变革的推动者。

另一方面，大学在培养一批能够应对未来数字化转型挑战的人才方面发挥着关键的作用。人工智能、网络安全、云计算、微电子学等数字领域的专业教育在当前显得至关重要。随着数字技术渗透到经济的各个部门，所有学生，例如那些学习医学、工商管理和农业的学生，也必须学会在他们的专业领域中使用数字技术。在接下来的十年里，

---

① See "EHEA 2020 Rome Ministerial Conference," EHEA, November 19, 2020, accessed September 11, 2022, http://www.ehea.info/page-ministerial-conference-rome-2020.

欧盟将使“互联大学”（Connected Universities）的发展愿景逐步成为现实，而数字手段的更广泛使用将不得不依赖新的和值得信赖的技术和平台。为此，欧洲将重视发展高校中完备的数字化基础设施作为基础，提高各国在数字化方面共同的资源开放标准，使大学能够更好地保护和控制其数据，促进合作的有效推进，以更加现代化的方式满足当前及未来高等教育领域中的教学和研究的需求。当然，数字解决方案不能也不应该完全取代传统的教育活动。在未来高等教育数字化发展中，应基于混合式的发展理念，促进高等教育教学与研究在物理环境和数字工具之间取得良好的平衡。高校通过适度开发教育技术，并且利用不断增长的欧洲教育技术行业的潜力来促进改革。目前，欧盟委员会已经与各成员国就数字教育和技能问题开展了结构化对话，共同商定使数字教育和培训有效、具有包容性的关键因素。

（4）使大学成为加强欧盟全球角色的驱动力

随着欧洲高等教育一体化发展的不断推进，欧洲高等教育逐渐由重视欧洲维度向重视世界维度的方向迈进。这就意味着，欧洲高等教育比以往任何时候都更需要与世界其他地区国家加强联系与合作。欧洲的大学秉持互利互惠的合作理念，在协助世界其他伙伴国家改革其高等教育体系，促进高校学生、教职员工、相关人员的流动和发展方面发挥了至关重要的领导和促进作用。同时，也促进了这些国家的高校在创新和研究方面的发展，为这些国家参与高等教育合作提供了丰富的经验和战略思路。可以说，欧洲已经成为高等教育合作领域的领跑者。这对于提升欧洲高等教育的良好声誉、吸引更多来自世界各地的优秀人才、传播欧洲价值观，以及与伙伴国家建立和巩固合作关系等方面产生了深远的影响；对于支持欧洲外交和安全政策、国际协议和多边行动等方面发挥着积极的作用，成为增强欧洲国际影响力的重要软实力。基于这一发展成效，欧盟旨在继续扩大欧洲高校的国际合作范围和深度，支持和促进伙伴国家的高等教育发展，提高欧洲高等教育在教学、研究、创新方面的吸引力，促进欧盟在跨境合作的质量保证、认证许可方面的发展，形成一个更具开放性、竞争力和包容性的欧洲高等教育形象。基于此，欧盟委员会将与利益攸关方和成员国密切合作，致力于促进以下三个方面的举措实施：第一，促进欧洲与世界其他地区之间的流动性。欧盟呼吁各成员国组织相关程序，以便及时向第三方国家学生发放签证，确保学生能够顺利、按时参与在欧盟的相关项目活动。第二，支持世界领先大学联盟通过伊拉斯谟世界联合硕士呼吁开发和实施硕士课程，以应对全球挑战。第三，通过欧洲学术认可中心网络①和欧盟透明度工具（欧洲资格框架、欧洲学习数字证书），支持透明和公平地承认第三方国家参与项目活动的资格，包括难民群体的参与资格。

8. “欧洲大学”联盟的评估与治理

欧盟委员会通过欧洲教育区和欧洲研究区所开展的相关统计调查，系统了解和评估了“欧洲大学”联盟的实际开展情况。这将使欧盟委员会和各成员国以及利益攸关方能够就项目取得的进展，以及具体发展问题展开深入、有效的合作对话。

欧盟委员会提出，2023 年将建立一个欧洲高等教育部门观察站（European Higher Education Sector Observatory），作为“欧洲大学”联盟的组成部分，以便为所取得的进展提供证据支持。该观察站将精简和升级现有的欧洲数据统计工具，进一步优化决策者、学生和研究人员的数据收集、使用及共享工作。观察站能够比较、分析和展示欧洲各国高等教育部门在各个领域的表现，通过利用现有数据工具之间的协同作用，确保重点突出和目的驱动的监测，消除潜在的重叠，减少高等教育机构的数据收集负担。观察站每年会以欧洲高等教育部门

---

① 该网络是一个涵盖欧洲信息中心网络和欧洲联盟国家学术认可信息中心的联合网络。

记分牌的形式，将整个“欧洲大学”联盟项目中有关包容性、价值观、质量与相关性、流动性、绿色和数字技能、就业能力、跨国合作、技术转让等关键优先事项的具体进展进行详细的展示和说明。此外，该观察站还以适当和灵活的方式促进欧洲教育区、欧洲研究区、欧洲高等教育区之间的协同作用。例如，邀请各国高校在欧洲教育区、欧洲研究区和欧洲高等教育区内开展更加密切的合作；促进与欧盟以外的合作伙伴的国际合作，共同为联合国可持续发展目标的达成作出积极贡献。

二、高校合作项目的开展情况

伊拉斯谟+计划中关于高等教育组织机构间的合作项目在整体上呈现出较好的发展趋势，各具体项目在参与度、参与特征两个方面表现出不同的合作发展情况。

（一）合作项目的机构参与度

从伊拉斯谟计划升级为伊拉斯谟+计划以来，有关高等教育机构合作的各类项目，整体上呈现出良好的年度发展趋势。欧洲各地区国家的高等教育机构在各类合作项目中的参与情况、资金投入度等方面存在着较为显著的地区差异性。

1. 战略伙伴关系项目参与情况

战略伙伴关系项目自 2014 年实施以来，一直受到欧洲各国高等教育机构的欢迎，到 2020 年累积资助并支持了 1678 个伙伴项目的开展。2020 年，战略伙伴关系项目共开展了 419 个高等教育项目活动，比 2019 年增长了 16%，达到自战略伙伴关系项目开展以来的最高参与度（见图 6-2-1）。伙伴关系规模因具体项目的情况而大小各异，平均每个具体的项目约有 6 个合作伙伴构成。

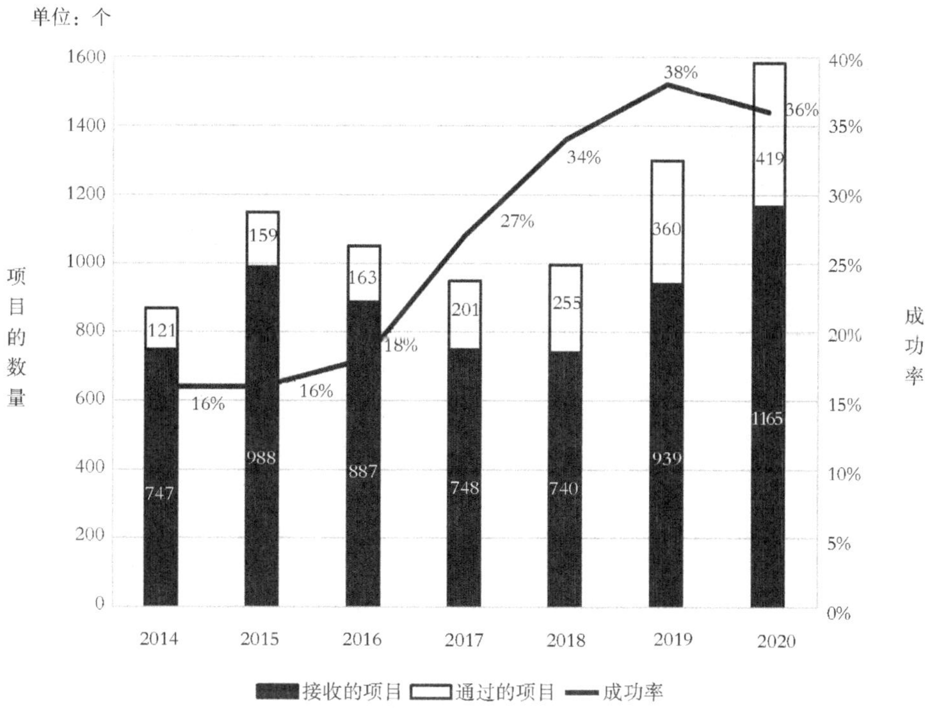

图 6-2-1　2014—2020 年战略伙伴关系项目中开展的与高等教育相关的项目数量情况①

从各国的参与情况看，参与和支持合作项目的国家数量逐年增长，并且各国所参与的具体项目数量也持续增长。2020 年，比利时、捷克、德国、丹麦等 16 个国家②为超过 10 个高等教育合作项目提供资金支持。相比 2019 年的 12 个国家，新增了比利时、爱沙尼亚、希腊以及芬兰这 4 个国家，说明越来越多的欧洲国家将以更积极的态度参与和支持战略伙伴关系项目中的具体合作项目。而英国、德国、西班牙、法国及波兰等国自项目开展以来，其资助项目数量始终在 10 个以上，保持

① European Commission, *Erasmus + Annual Report 2020* (Luxembourg: Publications Office of the European Union, 2020), p. 57.

② 16 个国家分别是：比利时、捷克、丹麦、德国、爱沙尼亚、希腊、西班牙、芬兰、法国、意大利、荷兰、波兰、葡萄牙、罗马尼亚、英国以及土耳其。

着较高的项目参与度。

同时，从欧洲各国参与项目情况（见图 6-2-2）来看，参与战略伙伴关系项目最为积极的国家是西班牙，其次分别是德国、英国、波兰及法国等国，这些国家往往也是参与伊拉斯谟＋计划中其他项目最为活跃的国家。从年度发展趋势来看，各国开展项目数量也呈现逐年增长的态势。

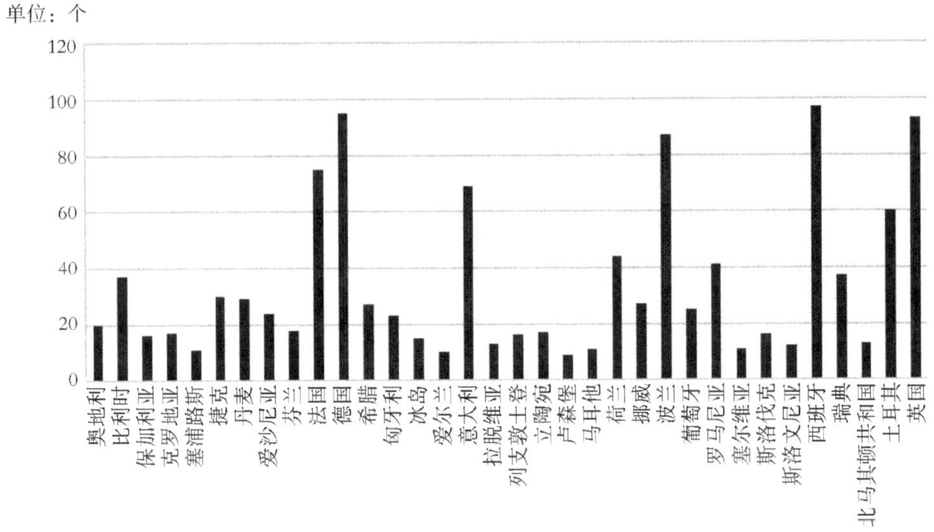

图 6-2-2　2015—2019 年欧洲各国参与战略伙伴关系项目的总体情况①

组织机构数量与资金年平均拨款情况自 2014 年战略伙伴关系项目开展以来，均呈现逐年增长的态势。其中，参与该项目的组织机构数量由 2014 年的 1046 个发展到 2020 年的 2427 个，尤其在 2017 年到 2019 年的项目增长速度最快，这或许与越来越多的欧洲国家参与并支持更多项目活动的开展有着密切联系。资金年平均投入度也由 2014 年

① 基于 2015—2019 年《伊拉斯谟＋计划年度报告》（“Erasmus＋ Programme Annual Report”）调查结果整理而来。

的 2730 万欧元提升到 2020 年的 2980 万欧元，虽然相较 2019 年的 2990 万欧元稍有下降，但整体上仍然保持在较高的财政投入水平。尤其是在近几年全球经济波动、欧洲地区财政拨款紧缺的情况下，能够保持这一财政投入力度，在一定程度上说明该项目对于促进欧洲各国高等教育机构合作发展的重要影响性。

2. 知识联盟项目参与情况

知识联盟作为一种结构化的合作伙伴关系，旨在将企业与高等教育机构联系在一起，生产、创造、共享知识信息，为高校提供新的课程，培养具有创造力、就业能力和创业精神的优秀毕业生。这些毕业生也会在日后加入这些企业、部门的知识创造中，从而持续提升欧洲的知识创新能力。从已有的调查数据（见表 6-2-1）可以看出，知识联盟项目从 2014 年作为伊拉斯谟＋计划中的重要发展项目，在项目开展数量上呈现逐年增长的良好发展趋势。由 2014 年所开展的 10 个项目发展到 2020 年的 32 个项目。由于参与申请的项目数量持续增加，知识联盟也逐步增加了每年开展的项目数量，其通过率由刚开始的低于 5%逐步扩展到 15%。参与项目的组织机构数量也由最初的 116 个发展到 2020 年的 343 个，这在一定程度上说明该项目的开展获得了较好的发展结果，吸引了更多国家的组织机构参与到项目活动之中。此外，随着知识联盟项目规模的持续扩大和参与机构数量的逐年增加，欧盟对于该项目的资金投入总额也在逐年提高，由 2014 年的 840 万欧元，一直增加到 2020 年的 3110 万欧元。

表 6-2-1 知识联盟项目的年度开展情况①

年份	开展项目数量	项目通过率	资金投入（百万欧元）	组织机构数量
2014 年	10	4%	8.4	116

① 基于 2014—2020 年《伊拉斯谟＋计划年度报告》（“Erasmus＋ Programme Annual Report”）调查结果整理而来。

续表

年份	开展项目数量	项目通过率	资金投入(百万欧元)	组织机构数量
2015 年	10	5%	8.9	110
2016 年	20	11%	17.9	216
2017 年	22	13%	20.6	240
2018 年	31	19%	28.8	330
2019 年	33	17%	29.9	336
2020 年	32	15%	31.1	343

同时，欧洲各国参与知识联盟项目的情况也不尽相同。从历年的项目参与情况（见图 6-2-3）来看，参与知识联盟项目最为积极的国家

单位：个

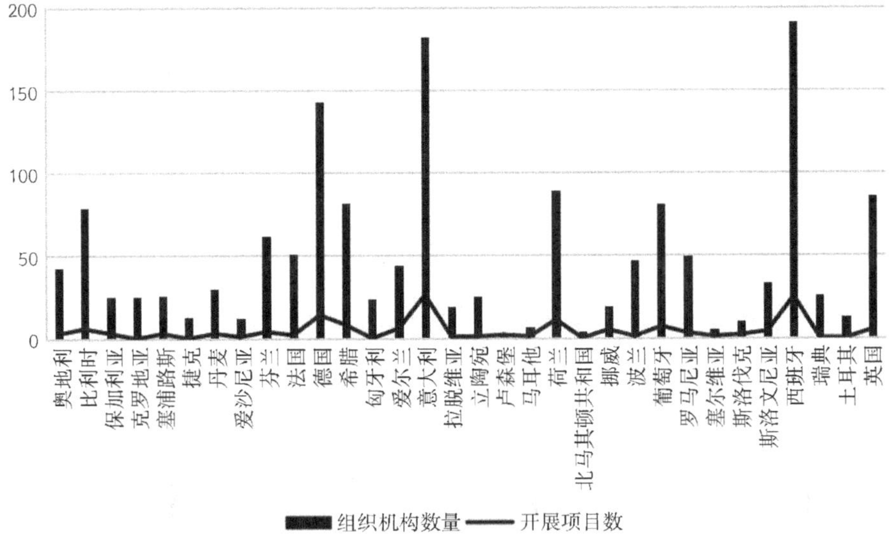

图 6-2-3　2015—2020 年知识联盟项目中各国累计开展项目数量与组织机构参与情况①

① 基于 2015—2020 年《伊拉斯谟+计划年度报告》（“Erasmus+ Programme Annual Report”）调查结果整理而来。

是西班牙，其次分别是意大利、德国、荷兰、英国、比利时等国。这些国家在知识联盟具体项目活动中的参与积极性较高，在历年的知识联盟项目开展中表现得也较为活跃。同样，这些国家每年参与该项目的组织机构数量也相较欧洲其他地区国家要多，并且组织机构数量的增长幅度随年度发展而逐步升高。

从各国历年的资金投入情况来看，西班牙、意大利在项目中的资金投入力度最大，均超过了 2000 万欧元的总额，其次是德国、荷兰、希腊、葡萄牙等国家，其也保持在500 万欧元以上的投入水平。各国在项目上的资金投入度与其参与项目的活跃度和组织机构的参与数量大致呈正相关的趋势。

3. 高等教育能力建设项目参与情况

高等教育能力建设项目在项目开展数量上一直表现出持续增长的态势（见表 6-2-2），由 2015 年的 140 个发展到 2020 年的 165 个，而 2019 年、2020 年这两年的增长速度最快。在这些高等教育能力建设项目活动中，主要以开展联合项目为重点，而少数则为结构项目，在 2020 年推出的 165 个项目中，联合项目多达 143 个，结构项目仅有 22 个。参与该项目的组织机构数量大体上也随项目发展的年度趋势而逐年增加，2020 年共有 1858 个高等教育组织机构参与到该合作项目中。此外，财政投入发展也同样可观，由 2015 年的 12 000 万欧元增长到 2020 年的 14 870 万欧元。

表 6-2-2　高等教育能力建设项目的年度开展情况①

年份	项目数量	联合项目	结构项目	资金投入（百万欧元）	组织机构数量
2015 年	140	122	18	120	1698
2016 年	147	121	26	131	1913

① 基于 2015—2020 年《伊拉斯谟+计划年度报告》（“Erasmus+ Programme Annual Report”）调查结果整理而来。

续表

年份	项目数量	联合项目	结构项目	资金投入(百万欧元)	组织机构数量
2017 年	149	134	15	131.1	1649
2018 年	147	—	—	132.9	1686
2019 年	163	142	21	145.3	1738
2020 年	165	143	22	148.7	1858

4. “欧洲大学”联盟项目参与情况

“欧洲大学”联盟自开展以来，已经发展了 41 个大学联盟，为欧洲其他高等教育机构之间开展系统性合作积累了良好的经验。在 2019 年公布的第一期“欧洲大学”联盟调查报告中，有来自欧洲各国的 114 个高等教育组织机构参与了“欧洲大学”联盟项目，有 17 个“欧洲大学”联盟被最终选中，共获得 8500 万欧元的资金支持（见表 6-2-3）。从 2019 年各国的参与情况来看，在 17 个项目中，来自法国的项目有 6 个，因而法国是“欧洲大学”联盟项目开展数量最多的国家，其次是德国、西班牙，都开展 3 个项目，荷兰开展 2 个项目，而比利时、匈牙利及斯洛文尼亚都开展 1 个项目。① 各参与国在项目资金投入额上与上述开展项目数量的比例相似，法国投入资金力度最大，共投入 2946 万欧元。2020 年“欧洲大学”联盟发展相较 2019 年在参与度上有了更大的提高，有 24 个大学联盟被选中。这些项目除了来自欧盟成员国之外，绝大多数的高等教育机构（165 所）是来自 5 个非欧盟国家，机构参与数量较 2019 年增加了 60 所。与此同时，“欧洲大学”联盟项目的资金投入力度也随之加大，达到 11 900 万欧元之多。每个“欧洲大学”联盟均可从伊拉斯谟＋计划中获得 500 万欧元，从地平线欧洲计划中获得 200 万欧元的资金支持。从各国参与情况来看，2020 年开展的 24 个项

① See European Commission, *Statistical Annex Erasmus + Annual Report 2019* (Luxembourg: Publications Office of the European Union, 2020), p. 74.

目中，来自德国的项目最多，共开展 5 个项目，其次是法国，共开展 4 个项目，荷兰和葡萄牙都开展 3 个项目，西班牙和奥地利都开展 2 个项目，而比利时、意大利、挪威、波兰、斯洛伐克等国均开展 1 个项目。① 总的来说，德国、法国、荷兰、葡萄牙等国在“欧洲大学”联盟中始终保持着较高的参与热情和支持力度。

表 6-2-3 “欧洲大学”联盟项目的年度开展情况②

年份	开展项目数量	高等教育机构参与数量	资金投入（欧元）
2019 年	17	114	0.85 亿
2020 年	24	174	1.19 亿

（二）高等教育机构参与合作项目的特征

在各合作项目中，欧洲各高等教育机构所选择的合作伙伴类型、项目具体开展形式，以及参与的项目主题等方面表现出某些共有的特征。

1. 高等教育机构参与战略伙伴关系项目的特征

在参与 2020 年战略伙伴关系项目的 2427 个组织机构中，约有 70%是高等教育机构，其余则为企业、中小学校、科研院所、协会、相关公共部门。③ 高校仍然是各国开展战略伙伴关系项目中最核心的组织机构。大多数的合作项目涉及高校师生的流动活动，并且随着项目活动的持续开展和对参与者发展需求的不断完善，项目开展形式也日趋多样。例如，将线上与实地流动相结合的混合学生流动项目逐渐作

① See European Commission, *Erasmus ＋Annual Report 2020*（Luxembourg: Publications Office of the European Union, 2020）, p. 82.

② 基于 2019 年、2020 年《伊拉斯谟＋计划年度报告》（“Erasmus＋ Programme Annual Report”）中的调查数据整理而来。

③ See European Commission, *Erasmus ＋Annual Report 2020*（Luxembourg: Publications Office of the European Union, 2020）, p. 57.

为各国组织机构间开展合作项目的优选，自项目开展的前 3 年里，高等教育领域的战略伙伴关系项目支持了 6000 多名高校学生尝试参与这类将线上与实地流动相结合的富有创新性的流动形式。在 2017 年，有 65%的战略伙伴关系项目都纳入了此类流动活动，混合流动的参与者数量比 2016 年显著增加了 48%。① 到 2020 年，混合流动项目已保持在 70%以上的占比，在战略伙伴关系项目中发挥着积极的作用（见图 6-2-4）。

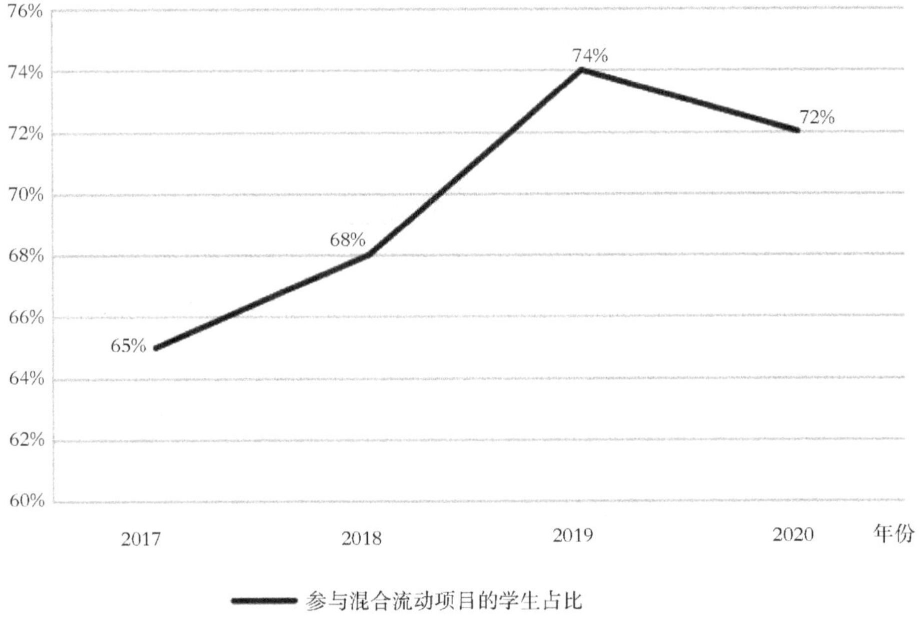

图 6-2-4 战略伙伴关系项目中参与混合流动项目的学生年度占比②

---

① See European Commission, *Erasmus ＋Annual Report 2017* (Luxembourg: Publications Office of the European Union, 2018), p. 45.

② 基于 2017—2020 年《伊拉斯谟＋计划年度报告》（“Erasmus＋ Programme Annual Report”）调查结果整理而来。

自 2014 年战略伙伴关系项目开展以来，战略伙伴关系项目中各国高等教育机构之间开展的合作项目议题，随该项目的发展呈现出日渐多样化的发展趋势。在 2014 年、2015 年战略伙伴关系项目刚刚开展之时，主要围绕着提高高校学生就业能力、提升高校教学内容与劳动力市场的相关性、顺应欧盟数字化转型发展战略、在高等教育领域大规模实施信息通信技术等主题开展组织机构合作。从 2016 年开始，战略伙伴关系项目逐渐重视并加强了高等教育领域中教学和学习方面的项目活动，从 2016 年开展的 148 项与提升教学质量相关的合作项目到 2019 年、2020 年以新的创新课程与教学方法为主题的机构合作项目。可以看出，战略伙伴关系项目发展逐渐深入各国高等教育质量与创新提升上来，通过组织机构跨部门、跨领域、跨国家的合作，提升欧洲高等教育一体化发展的整体质量与影响力。此外，不容忽视的是，高校与企业开展合作交流也成为近几年战略伙伴关系项目中的又一重要主题，这不仅体现出项目合作群体的多元化发展趋势，同时也反映了欧洲高等教育发展的开放性特征。

2. 高等教育机构参与知识联盟项目的特征

知识联盟项目不仅对伊拉斯谟＋计划的项目成员国开放，同时也鼓励和支持来自世界其他地区的伙伴国家参与到联盟的具体活动开展之中。从整体上看（见图 6-2-5），各国每年度的项目参与情况主要以欧盟地区的项目成果为主要参与群体，参与数量大体呈年度增长趋势。总的来说，知识联盟项目成员国的参与情况较为稳定，这也反映出该项目对于这些国家有着持续、向好的发展影响和吸引力。伙伴国家虽然占项目参与国家的整体比例较小，但仍然大体表现出逐年增加的发展趋势。其中，美国、瑞士等国家的年度参与率较高，大多伙伴国家所呈现的参与情况变动较大。可见，知识联盟项目对于伙伴国家的持续吸引力尚为不足，尤其是在 2020 年全球新冠疫情发生后，由于出境限制、经济发展波动等多方影响，参与该项目的伙伴国家数量明显减少。

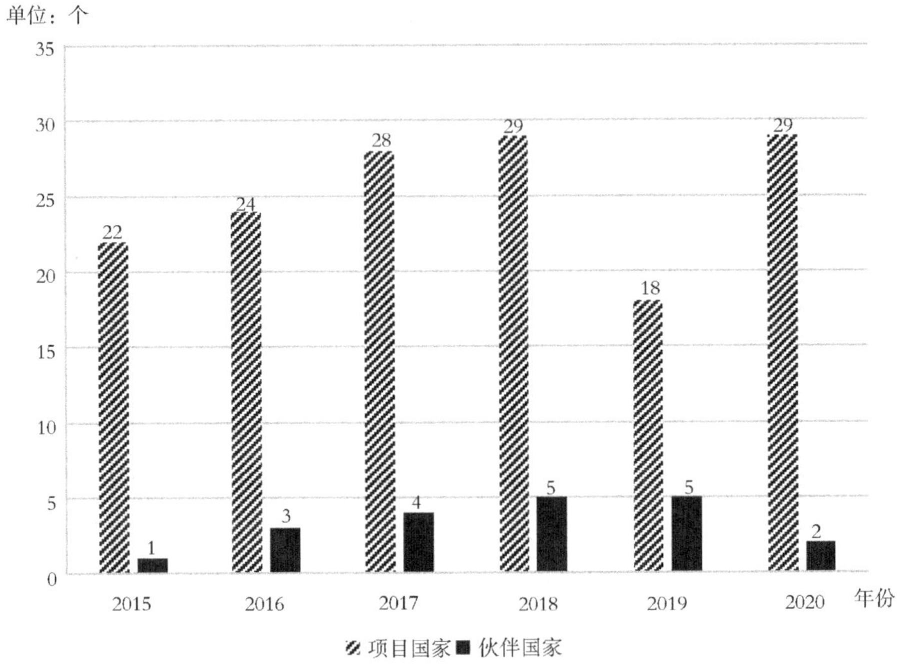

图 6-2-5 2015—2020 年知识联盟项目国家与伙伴国家的年度参与情况①

知识联盟项目在具体的项目合作开展上，并不是局限于某一个单一的发展领域，而是促进高校与企业在多学科、多部门之间开展合作活动，例如该项目近几年更侧重在社会创新、人工智能、绿色创业等多学科和领域的校企合作。这种多领域的合作，对于激发颠覆性创新、解决新兴领域发展问题或是实现欧盟优先发展事项中的目标发挥了积极的作用。此外，由于知识联盟项目还旨在培养高校毕业生拥有更具竞争力的创新精神、创业能力，以及发展的灵活性等素养和能力，因而在具体的知识联盟项目开展过程中，通过创新和整合各类教学方法和形式，来提升欧洲未来年轻人的就业潜力与创造活力。例如，由德

① 基于 2015—2020 年《伊拉斯谟+计划年度报告》（“Erasmus+ Programme Annual Report”）调查结果整理而来。

国维斯玛应用技术大学主持开展的高校工程学专业的双轨制改革，旨在帮助保加利亚、罗马尼亚及克罗地亚等新的项目成员国的工程学高校毕业生提高就业能力。知识联盟项目通过加强这些国家的高校与商业界在人才供需反馈上的合作，尝试共同开发和实施了三种类型的双轨制教育方案，从而为这些国家的工程学专业建立了学习实践一体化的双轨教育培养体系，进而改善了工程学毕业生以往缺乏行业相关知识技能的发展问题。

3. 高等教育机构参与高等教育能力建设项目的特征

由于高等教育能力建设项目主要帮助和支持伙伴国家更好地发展和促进其高等教育系统的质量提升，因此伙伴国家成为高等教育能力建设项目重要的参与群体。2019 年报告显示，有超过三分之一的项目申请来自伙伴国家，申请数量最多的是伊朗、伊拉克、也门等国，其次是亚洲地区国家。这些地区国家的项目参与度大幅提升，在很大程度上得益于伊拉斯谟＋计划近几年对这些国家开展高等教育合作意向的支持和宣传。在 2020 年的调查报告中，由伙伴国家申请开展合作的项目中，参与最多的国家是约旦，其次是巴勒斯坦、阿塞拜疆和阿尔巴尼亚。[①] 在这些伙伴国家中，许多处于欠发达地区的高等教育机构不仅作为项目的合作伙伴，同时还积极参与项目并承担合作协调员的角色，在项目中发挥着十分重要的作用。

在具体合作项目的主题内容上，课程的改革和现代化发展始终是高等教育能力建设项目合作发展中的核心议题，在 2019 年和 2020 年更是发展到接近一半的比例。其次是关于高等教育系统管理的现代化、高等教育与社会发展的关系等方面的议题。在有关课程改革的议题中，卫生和福利问题、工程学、环境保护等领域的议题比较受到项目伙伴

---

① See European Commission, *Erasmus ＋Annual Report 2020* (Luxembourg: Publications Office of the European Union, 2020), p. 63.

国家的关注和重视。例如在2020年的高等教育能力建设项目合作主题中，涉及卫生和福利问题的主题占24%，环境主题占19%，工程和教育主题占14%，农业主题占13%。[①] 由于新冠疫情的侵袭，从2019年以后，许多国家也将应对新冠疫情之后的教育与社会发展问题作为合作项目所要探讨和解决的重要议题，例如关于“数字化学习”“校企合作”以及“就业能力提升”等具体内容。可以看出，高等教育能力建设项目的议题一方面以课程发展为主要探讨领域，另一方面紧贴社会发展时事，根据社会和教育发展的需求，灵活组织和开展合作内容。此外，欧盟委员会也十分重视对开展项目进行持续、及时的监测与管理。除了对个别项目进行现场、线上的监测外，还定期组织开展集体会议，并且充分运用数字化工具，确保项目的有效推进和后续行动的顺利展开。

4. 高等教育机构参与“欧洲大学”联盟的特征

“欧洲大学”联盟作为促进欧洲地区高等教育机构之间开展长期合作的项目，在具体开展过程中，主要呈现出重视数字化转型、多样性发展、地区发展均衡性的发展特征。

首先，“欧洲大学”联盟在加强欧洲国家间高等教育合作联盟的同时，重视数字化转型在高等教育领域中的渗透。欧盟委员会对2019年开展的17个“欧洲大学”联盟的调查结果显示，有96%的高等教育机构认为，通过在高校间创建虚拟的“大学校园”、开展合作课程、推行微证书等举措，欧洲高校的数字化建设得到显著发展。有超过60%的“欧洲大学”联盟表示这些数字化举措有助于其应对新冠疫情所带来的发展困境。此后，“欧洲大学”联盟还将继续深化各高校、学生、教职人员之间的合作关系，充分将各国高校优质的教育资源、课程、基础

---

① See European Commission, *Erasmus + Annual Report 2020* (Luxembourg: Publications Office of the European Union, 2020), p. 63.

设施利用起来，造福更多的欧洲地区高校师生，促进欧洲高等教育的数字化转型和包容性发展。例如，在已推出的“欧洲大学”联盟中，先进技术高等教育网络联盟（Advanced Technology Higher Education Network Alliance）通过在欧洲7所高校中联合创建并实施虚拟教师、区块锚技术、微证书、无纸化办公等举措，优化了这些高校的数字化基础设施建设，提升了高校教师的数字化教学能力，为高校学生提供了更为丰富的数字化教育资源。该网络联盟对于提高欧洲高等教育数字化发展水平、实现一个更具包容性和更高质量的欧洲教育愿景发挥了积极的作用。

其次，参与“欧洲大学”联盟的高等教育机构类型多样。具体来说，不仅有综合类大学、顶尖研究型大学参与其中，应用类大学、技术大学、艺术学院也是“欧洲大学”联盟重要的参与对象。2019年的调查数据显示，参与“欧洲大学”联盟的35%的高等教育机构属于应用类大学、技术大学、艺术学院。

最后，“欧洲大学”联盟自推出以来，一直关注并重视欧洲各地区国家参与该项目的平衡性问题。在2019年开展的17个联盟项目中，有24个欧盟成员国参与其中，至少涵盖了四分之三的欧洲地区国家。2020年的发展情况与2019年大致相同，在参与“欧洲大学”联盟项目的280所高等教育机构中，不仅有来自欧洲中心地区的机构组织，位于偏远地区的机构也有机会参与其中。

第三节 高校合作项目的成效与影响

欧盟始终认为，欧洲各国之间形成高质量的高等教育合作关系对欧洲整体的社会和经济发展具有十分重要的推动作用。伊拉斯谟+计划中的各项目活动都十分重视和强调促进高等教育机构、企业、相关部门组织之间的合作。这些项目也都旨在提高欧洲高等教育的整体实力，提升学生的就业能力、教学人员的专业性、组织机构的创新与管理能力。同时，伴随计划的逐步开展而持续加大对合作项目的财政投入力度，欧盟鼓励和支持更多的地区国家参与到合作项目的开展之中。

高校组织机构之间的合作交流有利于推进欧盟层面战略发展任务的实施。从欧洲层面来说，它有望在促进欧洲教育和培训事业的系统性发展的同时，帮助欧洲各国更好地应对环境可持续化发展、数字化转型、经济增长、就业力增强、公民民主价值观及跨文化能力提升等多领域的问题与挑战。

一、战略伙伴关系项目的影响

伊拉斯谟＋计划通过在大学之间开展战略伙伴关系项目，在一定程度上提高了欧洲高等教育的质量、相关性、创新性及可及性。

（一）对于高等教育系统发展的影响

战略伙伴关系项目与欧盟的高等教育现代化议程（European Union Higher Education Modernisation Agenda）、教育开放交流（Communication on Opening up Education）中定义的发展目标高度相关，为实现欧洲教育区战略铺平了道路。

1. 有利于促进高等教育现代化发展

根据 2014—2016 年欧盟委员会对战略伙伴关系项目的调查分析可知，战略伙伴关系项目的开展议题与高等教育政策发展目标匹配度高度一致，战略伙伴关系能够很好地推进欧盟 2011 年高等教育现代化议程和 2013 年教育开放交流战略的大多数目标的实现，并且产生了较好的影响效果。在伊拉斯谟＋计划指南中，其要求战略伙伴关系项目应至少对 2011 年欧盟高等教育现代化议程中的一个优先事项采取战略行动，具体包括提高成果水平，提高高等教育发展质量和相关性，通过开展跨国流动和合作项目提升高等教育质量，建立知识联盟等举措。

此外，战略伙伴关系项目还应支持实现 2013 年教育开放交流战略的大多数发展目标。从调查报告结果来看，有 80%以上的参与战略伙伴关系项目的组织机构及国家当局认为，该项目较好地提升了高等教育机构的国际化水平，提高了高等教育课程的质量和相关性。同时，也证明该项目有利于促进高等教育机构在新的教学模式、教学方法中进行改革创新，以及促进高校毕业生就业力提升等。有超过 75%的人认为该项目促进了教育模式的改革创新，更有超过 88%的项目利益相关者认为，该项目推进了利用创新的教学和学习方法来促进新的授课模式的发展。①

2. 有利于提升高等教育的质量与相关性

战略伙伴关系项目通过促进跨学科、信息技术的有效整合，以及大力支持创新教学方法的发展与运用，在提高高等教育质量和相关性方面发挥了十分积极的作用。欧盟发布的战略伙伴关系项目在推动高等教育体系变革的有效性调查结果显示，有 84.5%参与项目的利益相关者认为，该项目能够对高等教育系统发展产生积极的价值。在关于信息通信技术运用方面，有接近 70%的参与机构表示，高等教育战略伙伴关系项目推进了信息通信技术在高等教育课程中的融合。有 46.5%的项目参与组织机构表示，在该项目合作过程中建立并完善了电子学习平台、在线协作平台、数据库等数字化学习资源，帮助高校实现了更大程度上的数字化转型发展。关于高等教育领域教学方法、教学模式等方面的创新与升级，有 52%的参与机构表示，该项目有利

① See European Commission, *Study on the Impact of Erasmus + Higher Education Partnerships and Knowledge Alliances at Local , National and European Levels on Key Higher Education Policy Priorities* (Luxembourg: Publications Office of the European Union, 2019), p. 20.

于在高等教育领域开展更广泛的教学方法革新。① “创新课程与教学方法，促进创新性知识成果的产出”同样也是该项目中非常受欢迎的合作议题。此外，研究还证实了战略伙伴关系项目开发的教学方法和学习方法十分重视多学科因素的介入价值。例如，近 67%的项目参与机构表示，参加作为战略伙伴关系项目的一部分而组织的强化学习课程，使学生和教师能够在不同国家和多学科小组中一起工作。②

3. 有助于促进高等教育领域的人员流动和跨境合作

战略伙伴关系项目除了支持和促进组织机构之间开展深入合作之外，还致力于推进高校师生的流动项目的顺利开展。在 2014—2016 年战略伙伴关系项目的具体合作议题中，国际合作、国际关系成为这一阶段项目发展中的重要内容。有 70%的国家当局和 88%的各国高校认为，该项目使其国家的高等教育系统更加国际化。战略伙伴关系项目有利于来自各国的高等教育组织机构之间共享优秀的创新教学方法和学习方法，帮助欠发达地区国家的高等教育系统获取更多发展经验与指导案例。同时，该项目在促进高校师生人员流动方面，提供了积极的发展支持。有 63.5%的项目参与机构认为，该项目有利于进一步改进并完善对教学和学习成果的验证方法，这对于减少高校师生参与流动学习遇到的障碍起到了十分重要的保障作用。此外，该项目还有助于加强各国高等教育机构与地方当局之间的联系。有超过 54%的参与机构表示，该项目对于这一方面的目标推进发挥了积极作用。然而，

---

① See European Commission, *Study on the Impact of Erasmus + Higher Education Partnerships and Knowledge Alliances at Local, National and European Levels on Key Higher Education Policy Priorities* (Luxembourg: Publications Office of the European Union, 2019), p. 23.

② See European Commission, *Study on the Impact of Erasmus + Higher Education Partnerships and Knowledge Alliances at Local, National and European Levels on Key Higher Education Policy Priorities* (Luxembourg: Publications Office of the European Union, 2019), p. 23.

各国高校对于这一方面的发展效果并不十分认同，调查显示，仅有35％的高校赞同战略伙伴关系项目有助于加强政策制定者对高等教育具体发展问题的认识与了解。①

4. 有助于促进高校与科研机构及企业等相关部门形成知识联盟

虽然战略伙伴关系项目并不以发展高校与其他组织机构之间的合作关系为主要任务，但基于现有的调查报告显示，该项目在促进各部门之间形成以高校为核心的知识联盟方面也发挥了积极的作用。2014—2016年欧盟委员会开展的项目发展调查结果显示，有58％的参与机构认为，该项目更好地促进了高等教育、科研机构及企业部门之间开展深度合作，形成知识联盟。② 这在一定程度上表明，该项目在开展过程中，通过促进高校与相关行业部门开展积极的磋商，加强了高校与企业合作伙伴之间基于解决具体议题的合作联系性，有助于提升跨部门之间的合作有效性。例如，在高等教育战略伙伴关系项目开展期间，有25％的高校商学院与相关企业部门深度合作，开展多项合作议题，促进高校专家与商业代表之间的紧密合作，尝试探索并解决学生的创业问题和就业能力与劳动力市场需求不匹配等问题。有超过84％的项目参与组织机构表示，该项目帮助机构与企业建立了有效的实践合作关系。

5. 有助于促进欧洲社会的包容性发展，提升公民的民主价值观

相较于其他影响因素，战略伙伴关系项目对促进欧洲社会包容性

① See European Commission, *Study on the Impact of Erasmus + Higher Education Partnerships and Knowledge Alliances at Local, National and European Levels on Key Higher Education Policy Priorities* (Luxembourg: Publications Office of the European Union, 2019), p. 25.

② See European Commission, *Study on the Impact of Erasmus + Higher Education Partnerships and Knowledge Alliances at Local, National and European Levels on Key Higher Education Policy Priorities* (Luxembourg: Publications Office of the European Union, 2019), p. 26.

发展，以及提升公民的民主价值观和维护基本权利方面的影响效果不大，但也起到了一定的促进作用。调查结果显示，有大约 61%的项目参与组织机构认为，该项目对于在高等教育领域提升社会包容性和非歧视性具有积极的作用，而各国的国家当局却仅有 37%的认同度。在有关能够提升民主价值观和满足基本权利方面的影响性这一问题上，有 56%的参与机构表示认同，而来自国家当局的认同度仅有 33%。[①] 可见，该项目关于这方面的影响效果相对较小，并且来自不同利益的相关群体对该项目的影响效果也有着不同的看法和认知上的出入。然而其他的研究报告也在证实该项目对促进社会包容和民主价值观的形成作出过积极的努力，并且重视残疾人、难民、移民、社会经济背景较差群体在项目活动中的参与性与发展需求。例如，儿童早期全纳教育项目——GO PRINCE 项目就是致力于将全纳教育相关的优秀知识、经验、实践案例分享到各国的高等教育机构之中，该项目为此推出了相关研究报告和案例手册，促进优秀经验的分享与传播。

（二）对于组织机构发展的影响

战略伙伴关系项目与欧洲各国高等教育机构的发展目标具有紧密的联系性。欧盟发布的相关调查结果显示，有近 87%的调查者认为，伊拉斯谟+计划下的战略伙伴关系项目与其组织机构的优先发展事项有较高的匹配度。[②] 也有 90%的项目协调机构和伙伴关系组织表示，该

---

① See European Commission, *Study on the Impact of Erasmus + Higher Education Partnerships and Knowledge Alliances at Local , National and European Levels on Key Higher Education Policy Priorities* (Luxembourg: Publications Office of the European Union, 2019), p. 27.

② See European Commission, *Study on the Impact of Erasmus + Higher Education Partnerships and Knowledge Alliances at Local , National and European Levels on Key Higher Education Policy Priorities* (Luxembourg: Publications Office of the European Union, 2019), p. 67.

项目的参与将有利于实现其组织机构或具体部门的战略发展目标。[①] 例如，参与该项目的组织机构在国际化方面的发展目标，同该项目中鼓励与伙伴关系组织开展国际学生流动、拓展他们的国际化发展视野、加强欧洲公民意识等方面发展举措相契合，充分满足和发展了高等教育机构的具体发展需求和期望。

与此同时，战略伙伴关系项目在促进发展成果对高等教育组织机构的可持续性影响方面，也显示出积极的作用。调查显示约有 88%的项目参与者表示，组织机构在该项目中所获得的发展成效会对组织机构产生持续性的影响。[②] 然而这种可持续的战略发展影响一方面与参与项目组织机构对项目效果的认知与重视有关，另一方面也得益于组织机构内部高级管理人员的积极参与和管理。例如，大约有 83%的调查者表示，他们机构的管理人员（如院长、董事会、校长、主任）已经或正在充分了解项目的进展与成果。同样，约有 61%的参与项目的组织机构认为，他们中的高级管理人员已经或正在积极地参与项目的推进与实施。此外，有超过 89%的项目参与机构认为，其组织机构能够采取措施确保项目的产出和成果对目标群体产生影响。另有 85%的机构表示，其能够确保整个组织对项目产出成果的认可。[③] 通过多种方式

---

① See European Commission, *Study on the Impact of Erasmus + Higher Education Partnerships and Knowledge Alliances at Local, National and European Levels on Key Higher Education Policy Priorities* (Luxembourg: Publications Office of the European Union, 2019), p. 66.

② See European Commission, *Study on the Impact of Erasmus + Higher Education Partnerships and Knowledge Alliances at Local, National and European Levels on Key Higher Education Policy Priorities* (Luxembourg: Publications Office of the European Union, 2019), p. 69.

③ See European Commission, *Study on the Impact of Erasmus + Higher Education Partnerships and Knowledge Alliances at Local, National and European Levels on Key Higher Education Policy Priorities* (Luxembourg: Publications Office of the European Union, 2019), p. 68.

促进项目成果的有效利用和转化，也是参与战略伙伴关系项目的组织机构所认为的又一重要发展要素。有 88%的被调查的参与组织机构表示，通过编写相关说明、用户指南、流程指导等材料，项目成果能够很容易被其他组织机构进行借鉴和利用。有 75%的受访者认为，该项目的产出成果目前可以通过电子书、项目网站等形式在网上获取。此外，也有约 65%的受访者表示，该项目的产出成果将要或已经被翻译成一种以上的欧洲语言来进行共享和传播。①

促进各国高等教育组织机构形成长期性的合作发展关系也是战略伙伴关系项目的重要发展目标之一。该项目的调查结果显示，参与项目的组织机构之间能够在项目完成后依然开展持续性的发展合作。有 91%的项目参与机构表示，在项目结束后会继续与其项目伙伴机构开展后期合作。同样，有 68%的参与机构表示，其组织在参与项目之后，实施了与该项目有重要关联性的其他合作项目。② 可见，战略伙伴关系项目对于促进高等教育组织机构之间建立和开展长期、可持续性的合作关系具有积极的影响效果。同时，相关研究也分析了影响各组织机构之间建立深层合作伙伴关系的影响因素。一方面，若高等教育组织机构之间具有类似的专业活动领域则更有可能结成可持续的伙伴关系。例如，在 2014—2016 年的伊拉斯谟学生网络和欧洲大学基金会所共同组织的高等教育学生流动活动中，海牙艺术大学、欧洲音乐学院、欧洲音乐协会在艺术教育领域开展长期性的合作伙伴关系，共同致力于

---

① See European Commission, *Study on the Impact of Erasmus + Higher Education Partnerships and Knowledge Alliances at Local , National and European Levels on Key Higher Education Policy Priorities* (Luxembourg: Publications Office of the European Union, 2019), p. 68.

② See European Commission, *Study on the Impact of Erasmus + Higher Education Partnerships and Knowledge Alliances at Local , National and European Levels on Key Higher Education Policy Priorities* (Luxembourg: Publications Office of the European Union, 2019), p. 69.

艺术教育的6个具体项目活动的开展。另一方面，在地域上相邻或相近的组织机构也容易建立和维持更紧密的合作关系。例如，奥地利的格拉茨大学和斯洛文尼亚的卢布尔雅那大学，立陶宛的维尔纽斯大学和爱沙尼亚的塔林理工大学，葡萄牙的波尔图理工大学和西班牙的维戈大学都在不同的具体项目活动中建立起长期性的合作伙伴关系。①

战略伙伴关系项目还有助于促进高等教育组织机构之间的知识转移与发展创新。调查显示，有88%的项目参与组织表示，其组织机构已经从其国际合作伙伴那里获得了知识与经验。另有84%的组织机构表示，通过参与该项目，其组织机构的创新能力获得了有效提高。在具体的知识获得与创新方面，有82%的参与组织认为，其组织采用了更多的创新教学方法。另有87%的组织表示，其组织采用了更多的创新方法来满足其目标群体的发展需求。这种合作对所有部门的参与组织都是互利的，不仅有利于高等教育领域组织机构的发展，对于企业、科研机构等外部相关部门的机构发展也具有积极的影响性。

（三）对于高校师生个人发展的影响

虽然战略伙伴关系项目以开展高等教育组织机构之间的创新成果产出与传播和共享为主要任务，但在具体的项目开展中，仍然会涉及各高校师生的学习、教学、培训活动。2014—2016年的战略伙伴关系项目的统计数据显示，有多达17 000名高校师生参与了强化学习项目，有5583名高校学生参加了混合流动活动，有3894名高校教师受益于参

① See European Commission, *Study on the Impact of Erasmus + Higher Education Partnerships and Knowledge Alliances at Local, National and European Levels on Key Higher Education Policy Priorities* (Luxembourg: Publications Office of the European Union, 2019), p. 70.

加短期联合员工培训活动。① 因而，该项目对于高校师生的个体发展的促进作用也不可避免地成为一个值得关注的影响要素。

对于高校学生而言，参与战略伙伴关系项目的一个最重要的好处便是能够提升个体的国际化发展水平。在有关战略伙伴关系项目的参与组织的调查中，有 67%的参与者表示能够与老师们一起，在多元的国家与学科背景的环境下学习与交流，是高校学生参与该项目中的具体活动的最大收获。② 许多接受访谈调查的高校学生，也证实了这一观点，认为该项目为他们在多国环境中开展学习和培训提供了机会，使他们能够体验多元化社会文化，提高个人的跨文化理解力。例如，在北欧粒子加速器项目（Nordic Particle Accelerator Project）中，参与该项目的组织机构为高校学生们组织了暑期学校，欧洲学生与第三方伙伴国家的学生对相关实验室和欧洲溅射源进行了考察访问，共同解决相关问题。从组织机构层面来说，有 82%的参与组织和 74%的国家当局也都认为，高校学生参与战略伙伴关系项目，有助于增强学生的社会参与意识、公民责任感，提高跨文化等能力。

除了发展个人相关的国际化能力外，提高个人的横向知识水平、技能、能力也成为高校学生参与战略伙伴关系项目的重要发展内容。例如，在培养未来工程师实践技能的虚拟和强化课程项目（Virtual and Intensive Course Developing Practical Skills of Future Engineers）中，参与项目活动的高校学生会与老师们共同探讨并解决相关的具体研究

① See European Commission, *Study on the Impact of Erasmus + Higher Education Partnerships and Knowledge Alliances at Local , National and European Levels on Key Higher Education Policy Priorities* (Luxembourg: Publications Office of the European Union, 2019), p. 113.

② See European Commission, *Study on the Impact of Erasmus + Higher Education Partnerships and Knowledge Alliances at Local , National and European Levels on Key Higher Education Policy Priorities* (Luxembourg: Publications Office of the European Union, 2019), p. 111.

问题，这对于促进学生在批判性思维能力、解决问题能力及团队合作能力等方面的发展有着积极的作用。此外，参与战略伙伴关系项目的高校学生，在就业前景和职业能力方面获得了一定提升。相关研究报告显示，高校学生在该项目中获得了与职业相关的跨国培训机会，提高了跨学科的学习能力，有助于其适应劳动力市场中的能力发展要求。例如，创新行动项目（Action Project for Innovation）中开设的有关创新管理的课程，旨在帮助学生熟悉和掌握制定地区创新管理的战略，而高校学生在项目活动中产生的创新想法将有机会被企业采纳和应用，在这个过程中，高校学生能够有效提升个人的就业能力。此外，也有不少高校通过运用翻转课堂的教学模式，支持学生在项目参与过程中，到企业进行实地考察，与职业领域中的专业人员进行交流、学习，促使学生能够更深入地理解和掌握所学知识，将理论更好地应用于实践中去。值得注意的是，战略伙伴关系项目还为学生的学习成果提供认可保障。相关调查报告显示，有72%的参与组织表示，参与流动活动的学生的学习成果获得了充分的认可。[①] 例如，放射性与核工程高等教育合作（Cooperation for Higher Education on Radiological and Nuclear Engineering）网络项目通过为学生提供辐射防护和放射生态学的混合学习课程，来提高学生的就业能力。学生在完成项目学习后，能够为其提供包括辐射防护在内的实习认证，该认证可以获得所在组织机构及国家当局的认可，以此来确保学生在项目活动中的所学知识和技能能够转化为实际的成果和资质。

战略伙伴关系项目对于高校教师的个人能力提升也发挥了积极的作用。与该项目对高校学生的发展影响相似，该项目不仅能够提升高

① See European Commission, *Study on the Impact of Erasmus + Higher Education Partnerships and Knowledge Alliances at Local, National and European Levels on Key Higher Education Policy Priorities* (Luxembourg: Publications Office of the European Union, 2019), p. 113.

校教师在多国家、多学科团队中工作的能力，同时对于教师自身的专业能力发展也有十分重要的促进作用。调查结果显示，有 61.2%的项目参与者认为，该项目能够帮助高校教职人员获得并共享与专业相关的能力、方法和实践。有 55.2%的项目参与者表示，该项目还有助于培训教学类的教师更好地运用项目开发的各类教学辅助工具。此外，还有约 37%的被调查的参与机构认为，其教职员工在项目参与过程中获得了机构无法提供给他们的特殊学习和教学条件，从而帮助他们更好地提升专业能力。①

总的来说，虽然战略伙伴关系项目活动的开展并不以高校师生个人的发展需求为核心内容，并且个人发展情况还受诸如个人的发展意愿、项目的发展目标、个人参与项目的活动情况等多种外部因素所限，但从整体上看，战略伙伴关系项目对于高校师生在个人层面的发展发挥了积极的作用。基于上述发展成效，伊拉斯谟＋计划将在欧盟和国家层面继续采取积极的发展举措，促进各方对高校机构合作的相关政策的理解与支持，充分发挥项目发展成果的积极作用，满足各国高等教育在跨国合作中的发展需求。同时，支持在战略伙伴关系项目中开展跨学科、跨部门的具体项目活动。

二、知识联盟项目的影响

与高校间开展合作不同，知识联盟主要将企业作为项目合作伙伴的目标群体，改善机构间跨部门的合作方式及效率，发挥企业在高等教育机构合作中的新的活力与影响力。与战略伙伴关系项目相类似，

① See European Commission, *Study on the Impact of Erasmus + Higher Education Partnerships and Knowledge Alliances at Local, National and European Levels on Key Higher Education Policy Priorities* (Luxembourg: Publications Office of the European Union, 2019), p. 114.

知识联盟项目也专注于高等教育机构开发创新的、多学科的教学和学习方法，以及各类课程，并且尝试整合各类创新研究。对于企业而言，参与知识联盟项目则更关注于这些项目能否为企业的当前及未来提供特定的发展需求。因此，企业会对所参与项目可能带来的产出及成果作出预期判断。同时，也更渴望与拥有最顶尖研究与创新能力的高校开展跨国、跨部门的合作。

（一）对高等教育系统层面的影响

首先，知识联盟项目较好地促进了欧洲高等教育优先事项的实现。知识联盟项目将提升欧洲的创新能力，以促进高等教育、商业领域及更广泛的社会领域的合作创新为发展目标，同时旨在促进高等教育和企业之间的合作成为欧洲各国高等教育领域更为普遍的发展特征。这些发展目标与 2011 年欧盟委员会对于欧盟高等教育现代化议程中的发展要求大致相似。该议程提出要提高未来高等教育的质量和相关性，促进高等教育的高质量成果产出，促进人员流动和跨境合作的质量提升，发挥“知识三角”的积极作用，并且改善企业公司的管理模式与资金渠道等。同时，知识联盟项目作为伊拉斯谟＋计划的重要组成部分，也较好地促进了该计划优先事项的实现。已有的调查数据显示，有 55％的项目参与者表示，知识联盟的发展目标与伊拉斯谟＋计划的优先发展事项具有紧密的相关性。[①] 这将有利于促进知识联盟项目为欧洲高等教育现代化发展和应对更大的发展挑战作出贡献。一方面，绝大多数项目参与者认同了知识联盟促进欧洲“知识三角”目标的实现。欧盟官方发布的知识联盟项目参与者调查结果显示，有超过 90％的项目参与者认为，知识联盟项目促进了欧洲以高校、科研院所及企业构

① See European Commission, *Study on the Impact of Erasmus + Higher Education Partnerships and Knowledge Alliances at Local , National and European Levels on Key Higher Education Policy Priorities* (Luxembourg: Publications Office of the European Union, 2019), p. 41.

成的“知识三角”的形成。另一方面，知识联盟项目在提升欧洲高等教育质量和革新具体教学模式、方法方面获得了普遍的认可。有 85%的参与者表示，该项目提高了欧洲应对高等教育系统发展挑战的能力；有 88%的参与者表示，该项目提高了高等教育课程的质量和相关性；有 79%的参与者认为，该项目有效地促进了在学习和培训中的新技术或教授方式的创新；还有 77%的参与者表示，该项目有利于教学模式的革新。此外，该项目促进组织机构间开展跨领域、跨国界、跨学科的合作，对于提升欧洲高校的国际化水平也发挥了积极的作用。有 72%的参与者认为，该项目提高了欧洲高等教育机构的国际化发展水平。[①] 然而，我们也要注意到，项目参与者普遍对于知识联盟在提升民主价值观和维护公民基本权利、促进高等教育系统的社会包容性和非歧视性方面，以及提升高等教育的成就水平等方面的目标实现的认同度相对较低。

其次，知识联盟有助于形成和提高“知识三角”的合作与创新力。构建“知识三角”是知识联盟项目的关键发展目标之一，有助于促进组织机构针对创新能力的提升开展长期性的合作。欧盟发布的相关调查数据显示，该项目在具体开展的过程中较好地实现了这一发展目标。有 80%的参与者表示，在知识联盟具体项目活动的开展中，组织机构与其合作伙伴建立了更高效的合作实践关系；有 77%的参与者认为，通过该项目能够与高等教育机构发展更好的合作关系；另外有 61%的参与者认为，该项目较好地促进了组织机构与企业建立富有成效的合

---

① See European Commission, *Study on the Impact of Erasmus + Higher Education Partnerships and Knowledge Alliances at Local, National and European Levels on Key Higher Education Policy Priorities* (Luxembourg: Publications Office of the European Union, 2019), p. 42.

作关系。[①] 除此之外，已有的调查和访谈结果表明，有超过 60%的知识联盟项目是建立在新的伙伴关系上而开展的，与以前的合作伙伴开展项目合作的比例仅占 15%。[②] 这在一定程度上体现出，知识联盟重在促进组织机构之间基于特定领域的发展目标而开展合作，同时也促进高校和企业在知识联盟项目中不断扩大已有的合作伙伴关系。已有的调查结果显示，有 91%的项目参与者表示，知识联盟项目有效地提高了高等教育、研究和商业部门之间的整合水平，促进了针对商业发展需求的更多知识交流活动的开展，实现了“知识三角”内部的有效整合。[③] 通过构建“知识三角”，知识联盟项目寻求高校、企业与科研机构等更广泛的社会经济范围内的创新力的提升。基于亚太经合组织的《奥斯陆手册》中对创新类型的划分，“知识三角”的创新可以包含产品、工艺、营销及组织四个方面的内容。而已有的调查结果显示，知识联盟较好地实现了“知识三角”在这几个方面的创新力的提升。有 71%的项目参与者表示，知识联盟项目提高了其所在机构在组织、服务及过程方面的创新。还有超过一半的参与者表示，知识联盟项目促进了组织机构为具有挑战性的问题，联合高校师生和相关从业人员共

---

① See European Commission, *Study on the Impact of Erasmus + Higher Education Partnerships and Knowledge Alliances at Local , National and European Levels on Key Higher Education Policy Priorities* (Luxembourg: Publications Office of the European Union, 2019), p. 43.

② See European Commission, *Study on the Impact of Erasmus + Higher Education Partnerships and Knowledge Alliances at Local , National and European Levels on Key Higher Education Policy Priorities* (Luxembourg: Publications Office of the European Union, 2019), p. 42.

③ See European Commission, *Study on the Impact of Erasmus + Higher Education Partnerships and Knowledge Alliances at Local , National and European Levels on Key Higher Education Policy Priorities* (Luxembourg: Publications Office of the European Union, 2019), p. 43.

同探讨解决方案，促进了产品的创新。①

再次，知识联盟项目提升了高等教育与创新知识相关的整体教育质量。提升高等教育课程的质量是知识联盟项目发展中的一个重要事项，它是实现欧洲高等教育现代化发展的重要内容，同样也是实现欧洲高等教育区建设的关键要素。最新的《欧洲高等教育区质量保障标准与准则》要求高等教育机构要建立以学生为中心的教学及评估原则，并且以此进行相应的课程开发与修订。知识联盟将提高欧洲高等教育质量的重点放在创新课程体系与教学方法上来，探索更加灵活的授课模式和课程体系，开发新的教学方法，注重学生的个性化发展需求，激发和培养创新能力，从而建立更为高效、更高质量的高等教育系统。在知识联盟的具体项目开展中，也较好地实现了这一方面的发展。欧盟官方的调查结果显示，有超过九成的项目参与者认为知识联盟较好地促进了高校网络内部的知识交流，巩固了“知识三角”的结构组成。有接近八成的项目参与者表示，知识联盟促进了高等教育领域教学方法的革新。还有接近七成的项目参与者认为，该项目促进了学习与教学成果的有效评估，以及信息通信技术在高等教育课程中的引进与融合。②

最后，知识联盟项目提升了欧洲高等教育应对经济挑战的能力。高等教育作为培养社会人力资本的核心领域，对于促进一个地区国家的经济发展起着关键的作用。欧盟十分重视发挥高等教育促进社会经

---

① See European Commission, *Study on the Impact of Erasmus + Higher Education Partnerships and Knowledge Alliances at Local , National and European Levels on Key Higher Education Policy Priorities* (Luxembourg: Publications Office of the European Union, 2019), p. 48.

② See European Commission, *Study on the Impact of Erasmus + Higher Education Partnerships and Knowledge Alliances at Local , National and European Levels on Key Higher Education Policy Priorities* (Luxembourg: Publications Office of the European Union, 2019), p. 44.

济发展的重要价值，通过改革高校课程设置和教学内容，提高高校毕业生的就业能力，加强高校教育与劳动力市场需求的匹配度，以此应对欧洲面临的宏观、普遍的经济发展问题与挑战。从已有的调查数据中可以看出，知识联盟项目正在为这一发展目标的实现而作出重要的贡献。有85%的项目参与者认为，知识联盟促进了欧洲的就业形势好转和经济增长，其中来自高等教育机构的参与者对这一看法的认同度高达90%，普遍高于来自企业或其他领域的参与者的认可度。此外，完成知识联盟项目活动的参与者对这一问题的认可度也相当高，达到88%。① 这在一定程度上说明，知识联盟所开展的绝大多数具体活动项目有助于提高高等教育应对社会宏观经济发展的问题与挑战的能力。

（二）对组织机构发展的影响

参与知识联盟项目对于高等教育机构和企业部门来说具有双向的推动力。一方面，高等教育机构旨在通过参与具体的项目活动，获得更好的发展声誉和外界认可，提高高校学生的就业能力，学习和交流优秀的发展经验；另一方面，企业更希望通过参与知识联盟项目，从高校的学术研究中获得更富创新性的想法，以此提升企业部门的创新力，同时加强企业与高校、科研等相关部门的合作关系，提高企业的跨领域、国际化水平。在具体的项目活动开展中，知识联盟较好地满足了各组织机构的发展需求，促进了高校与企业发展目标的实现。

首先，知识联盟项目有利于组织机构之间建立可持续性的合作关系。组织机构之间形成信任的合作关系是知识联盟开展机构间合作项目的重要理念。调查显示，组织机构在推进合作关系时，缺乏资金支

① See European Commission, *Study on the Impact of Erasmus + Higher Education Partnerships and Knowledge Alliances at Local, National and European Levels on Key Higher Education Policy Priorities* (Luxembourg: Publications Office of the European Union, 2019), p. 45.

持和共同的发展愿景是影响合作开展与效果的主要障碍①，知识联盟非常有效地改善了这些问题，并且优化了高等教育机构与商业部门的合作实践效果。例如，有46%的项目参与者表示，知识联盟项目为其所在的组织机构与项目合作伙伴建立了更有效的合作实践关系。其中，尤其是来自高等教育的组织机构对于知识联盟改善机构的跨部门合作的认同度达到48%。② 为了更好地促进高等教育机构与企业间开展长期、有效的合作，知识联盟项目为其提供了多样的合作机制。知识联盟项目的调查结果显示，有超过一半的项目参与者认为，在知识联盟的具体项目活动中，各组织机构通过共同开发具有挑战性的问题方案来开展合作；有36%的人表示，高等教育机构通过邀请企业员工参与高校的教学和研究来开展合作；有34%的人表示，企业通过在部门内部组织相关的继续教育活动来与高校开展合作。此外，有部分参与者表示，有的企业通过为高校学生提供实践场地和学习活动中心，将企业的人才需求与高校课程深度融合，从而提升企业对高校毕业生的能力认可与满意度。除了上述提到的这些合作方式外，知识联盟项目也积极促进高校与企业间开展基于企业员工或高校教师、学生的个人层面的创新发展与知识交流活动。

其次，知识联盟项目有利于增加组织机构的创新成果产出。知识联盟项目支持并促进高等教育机构实现各类成果产出，从近几年该项目活动的持续产出结果（见图6-3-1）来看，通常产出最多的项目成果

---

① See European Commission, *Study on the Impact of Erasmus + Higher Education Partnerships and Knowledge Alliances at Local , National and European Levels on Key Higher Education Policy Priorities* (Luxembourg: Publications Office of the European Union, 2019), p. 89.

② See European Commission, *Study on the Impact of Erasmus + Higher Education Partnerships and Knowledge Alliances at Local , National and European Levels on Key Higher Education Policy Priorities* (Luxembourg: Publications Office of the European Union, 2019), p. 90.

是新的教学方法或与教学、学习相关的材料。这一点在项目参与者的调查中也得到了相应证实，有超过一半的参与者认为，开发新的、富有创新的、多学科的教学与学习方法是机构参与知识联盟项目的主要目标。① 建立一个专业人员网络或虚拟社区是组织机构除了开发教学方法之外的又一主要项目产出，有67%的参与者认为知识联盟对于高校建立和形成这一专业人员网络有着积极的作用。同时，高校也旨在通过参与具体合作项目，增加自身在学术论文、著作等方面的学术成果产出，从而改善高校在成果产出方面的绩效指标。这一发展需求也同样在知识联盟项目里得到了较好的实现，有65%的参与者表示，参与知识联盟项目增加了高等教育机构在学术研究和文献分析方面的成果数量。此外，开发创新性的课程、创新课程开展方式也是参与知识联盟项目所获得的较多的成果产出。有65%的人表示，其所在组织机构在合作项目中制定了新的课程、教学大纲。也有45%的人表示，他们所在的组织机构还与合作伙伴共同制定了联合课程及学习模式，还有组织机构将数字化技术充分引入项目合作的产出结果中，开发了如慕课、网络研讨会等在线课程，建立了电子学习平台、在线协作平台、数据库等数字化合作发展平台。作为促进创新性发展的联盟项目，其同样也致力于提升高等教育组织机构与企业在项目产出成果中的创新性水平。参与知识联盟的组织机构产出的创新性成果情况的调查显示，参与知识联盟项目的组织机构在成果创新性方面获得了较好的发展。有54%的被调查者表示，其所在的组织机构所产出的成果对于在欧洲地区的整个行业来说是富有创新性的。有24%的被调查者认为，这些成果对所在国家而言具有较高的创新价值。还有12%的人表示，这些

① See European Commission, *Study on the Impact of Erasmus + Higher Education Partnerships and Knowledge Alliances at Local , National and European Levels on Key Higher Education Policy Priorities* (Luxembourg: Publications Office of the European Union, 2019), p. 93.

项目成果为其所在的组织机构带来了一定的创新力。①

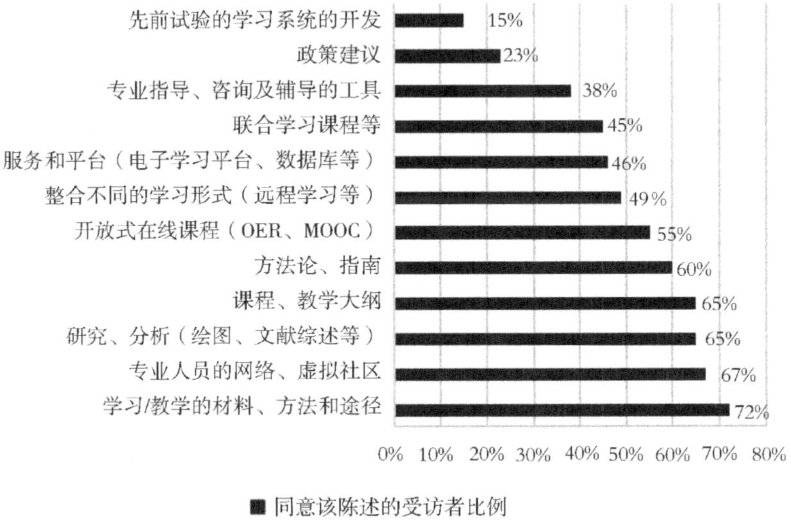

图 6-3-1　高等教育组织机构在知识联盟项目中的成果产出调查分析②

再次，知识联盟项目有助于组织机构营造现代化、充满活力的发展环境。欧盟发布的相关调查数据显示，有超过 50%的调查者认同，通过参与知识联盟项目，使所在的组织机构形成了一个更专业和现代

① See European Commission, *Study on the Impact of Erasmus + Higher Education Partnerships and Knowledge Alliances at Local, National and European Levels on Key Higher Education Policy Priorities* (Luxembourg: Publications Office of the European Union, 2019), p. 97.

② European Commission, *Study on the Impact of Erasmus + Higher Education Partnerships and Knowledge Alliances at Local, National and European Levels on Key Higher Education Policy Priorities* (Luxembourg: Publications Office of the European Union, 2019), p. 94.

的、更加富有活力的发展环境。① 一方面，这种环境的改善体现在高等教育机构与企业间能够开展更高效的合作。例如，有大约七成的参与者认为，所在高校在知识联盟项目中与企业开展了较好的合作；有接近八成的参与者们表示，所在的高等教育机构从其他部门领域、企业、其他国家的组织机构的合作中获得了创新知识成果，与项目伙伴的合作实践效率性更高。还有大约一半的项目参与者认为，通过参与知识联盟项目，组织机构与所在的国家及地区当局有了更紧密的合作。② 另一方面，组织机构的这种环境变化还表现在机构内部人员对于创新及工作心态的转变。例如，有超过一半的项目参与者表示，所在的组织机构中的工作人员拥有了更多的创业心态。也有研究表明，知识联盟项目使很多高校的教职人员拓宽了发展视野，眼光不再局限于“象牙塔”之中，而是获得了更多与行业相关的实际需求知识与良好的实践经验。③ 同时，我们也应该注意到，这种良好的发展环境还应包含组织机构对多样化群体的包容性和支持能力的提升。然而，目前知识联盟对于改善组织机构在这方面的发展情况，其效果并不理想。在已有的调查结果中，项目参与者对于组织机构容纳更多有特殊需要、来自弱

---

① See European Commission, *Study on the Impact of Erasmus + Higher Education Partnerships and Knowledge Alliances at Local, National and European Levels on Key Higher Education Policy Priorities* (Luxembourg: Publications Office of the European Union, 2019), p. 100.

② See European Commission, *Study on the Impact of Erasmus + Higher Education Partnerships and Knowledge Alliances at Local, National and European Levels on Key Higher Education Policy Priorities* (Luxembourg: Publications Office of the European Union, 2019), p. 100.

③ See European Commission, *Study on the Impact of Erasmus + Higher Education Partnerships and Knowledge Alliances at Local, National and European Levels on Key Higher Education Policy Priorities* (Luxembourg: Publications Office of the European Union, 2019), p. 98.

势背景的高校师生方面的认可程度不到三成①，这似乎也证实了这一潜存的发展问题。

最后，知识联盟项目有助于提高组织机构内部的管理能力与专业性。组织机构参与知识联盟项目不仅可以提高其跨机构合作的效率，同时还有利于促进组织机构获得欧盟或国际层面的专业能力提升。据调查，有78%的项目参与者在很大程度上认同这一观点。② 有研究表明，知识联盟项目之所以能够提高组织机构的专业化水平与项目管理能力，与以下几个方面的举措有关：一是知识联盟在项目开始前明确各组织机构的有关部门的角色与发展目标，同时重视在项目成员之间建立信任、理解的良好合作关系；二是灵活地组织会议开展形式，通过将议程可视化、安排合理的休息时间、合理设置会议室、创建合作规范指南等方式来确保组织机构间合作的有效性；三是在组织机构开展项目工作过程中充分运用信息通信技术，提升项目工作团队的工作效率；四是帮助组织机构提高项目执行过程的评估与检查质量。例如，面向商业世界的慕课项目，在项目开展之前和之后都对其相关课程进行了细致评估，为进一步优化和提升课程开发与设置的效果提供信息反馈与经验参考。

（三）对高校师生个人发展的影响

知识联盟项目与劳动力市场的发展需求密切联系，有助于提升高校学生在劳动力市场中的就业竞争力。同时，知识联盟也十分重视项

---

① See European Commission, *Study on the Impact of Erasmus + Higher Education Partnerships and Knowledge Alliances at Local, National and European Levels on Key Higher Education Policy Priorities* (Luxembourg: Publications Office of the European Union, 2019), p. 100.

② See European Commission, *Study on the Impact of Erasmus + Higher Education Partnerships and Knowledge Alliances at Local, National and European Levels on Key Higher Education Policy Priorities* (Luxembourg: Publications Office of the European Union, 2019), p. 98.

目参与者在横向能力，以及创新、创业方面的能力发展。软技能，也被称为横向技能，是一种与个人能力（如信心、纪律、自我管理）、社会能力（如团队合作、沟通、情商）等与态度和行为有关的能力。软技能或横向技能具有一定程度的无形性，这使得其更难以量化和发展。[①] 对于高校学生而言，发展软技能或是横向技能是提升自身在快速变化的社会和劳动力市场上的适应力的关键；对于高校教师来说，获得这些技能与能力的提升也有助于提高个人职业能力，与合作伙伴开展更深入的合作与交流。

对于高校学生而言，知识联盟项目促进了高校学生就业能力的提升与横向技能的发展。知识联盟项目通过支持大学与企业建立结构化的合作关系，有效帮助高校解决了技能和能力培养与劳动力市场需求不匹配的问题，确保高等教育能够为毕业生提供未来就业所需的关键技能与能力。随着社会经济的快速转型和行业的不断更迭，掌握必要的横向技能对于高校学生而言显得愈发重要。欧盟发布的知识联盟对高校学生个人能力发展的影响情况调查显示，有 83%的项目参与者表示，高校参与知识联盟项目活动，促进了学生在批判性思维、问题解决能力方面的提升；有接近 80%的人表示，知识联盟促进了学生沟通、演讲等人际交往能力的提升，以及在多学科团队中开展合作的能力的提升；还有超过 70%的人表示，知识联盟提升了高校学生的创新能力，对于学生在自律、学习内驱力、毅力等个人内部能力的提升上产生了积极的影响。与此同时，高校参与知识联盟项目使学生的硬技能[②]也获

---

① See European Commission, *Study on the Impact of Erasmus + Higher Education Partnerships and Knowledge Alliances at Local , National and European Levels on Key Higher Education Policy Priorities* (Luxembourg: Publications Office of the European Union, 2019), p. 116.

② 硬技能通常是特定于某项工作的技能，该技能与知识密切相关，容易观察、测量和训练。通常它们构成了一项工作的核心职业要求，例如使用某种编程语言来执行特定任务的能力等。

得了一定提升。例如，有 65%的人认为，组织机构参与知识联盟提高了高校学生在制定市场营销、商业计划等战略规划的技能，促进了具体管理技能的发展；有 63%的人表示，知识联盟提升了有关创业的相关技能；有 62%的人表示，自己的数字技能和 IT 素养获得了有效提升；还有 57%的人认为，参与知识联盟项目促进了个人在尊重多样性、跨文化理解、开放宽容等观念方面的转变。①

对于高校教职人员而言，知识联盟项目同样促进了他们在横向技能方面的发展与提升。具体来说，促进了高校教职人员与商业伙伴的互动，对企业、市场所需知识和技能的了解是知识联盟项目对教师影响最大的方面，这对于教师更好地为高校学生提供适切性的教学内容和发展指导发挥了积极的作用，间接性地促进了高校学生就业能力的提升。同时，知识联盟项目对于提升高校教职人员的创新能力与创业精神也有着积极的影响。有 80%的教职人员表示，自己与伙伴机构共同开发了新的项目观点；有超过 70%的教职人员认同知识联盟对于提升创新能力、创业技能方面的积极作用。此外，与高校学生的情况相似，知识联盟也在一定程度上发展了高校教职人员的硬技能。有 79%的人表示，参与知识联盟项目提高了其应用新的教学方法的能力；还有 67%的人认为，该项目促进了项目管理技能的发展。② 总的来说，知识联盟项目对于高校教职人员的发展影响主要集中于其在跨部门、跨领域中的合作能力的提升，同时对于其他横向技能与硬技能的发展也

---

① See European Commission, *Study on the Impact of Erasmus + Higher Education Partnerships and Knowledge Alliances at Local , National and European Levels on Key Higher Education Policy Priorities* (Luxembourg: Publications Office of the European Union, 2019), p. 118.

② See European Commission, *Study on the Impact of Erasmus + Higher Education Partnerships and Knowledge Alliances at Local , National and European Levels on Key Higher Education Policy Priorities* (Luxembourg: Publications Office of the European Union, 2019), p. 119.

起到了较好的促进作用。

三、高等教育能力建设项目的成效及影响

伊拉斯谟＋计划的高等教育能力建设项目支持合作伙伴国家的高等教育机构及其教育系统的现代化发展，提高高校学生的就业能力和高校自身的国际化发展水平。高等教育作为国家经济和社会发展的重要驱动力，促进高等教育能力建设在合作伙伴国家的开展，既对其高等教育质量提升发挥积极影响，同时也旨在对这些国家的整体发展产生长期的结构性影响，帮助这些国家更好地应对数字化转型发展、绿色发展、社会包容性发展等挑战。已有的调查报告显示，高等教育能力建设项目有效促进了项目参与国在高等教育领域的现代化改革，为高校教职人员提供了更多的发展机会，促进了高校学术服务的现代化和实验室的环境优化。

（一）为欧洲地区的数字化转型作出重要贡献

全球数字化的快速发展，正在影响和重塑着世界各国社会、劳动力市场以及生活的方方面面。欧盟委员会已经将数字化转型作为伊拉斯谟＋计划在 2019—2024 年的优先发展事项之一，促进欧洲地区实现数字化的快速转型和欧洲公民数字技能和能力的有效提升。在 2015—2020 年的高等教育能力建设项目开展期间，有 47％的具体项目活动支持参与项目的所有国家及地区开展数字化的学习、更新教学工具、创建高校的数字网络系统①，在最大程度上，实现高校教育教学的数字化水平和高校师生的数字化技能提升。例如，由亚美尼亚的埃里温国立大学所主持，在亚美尼亚、格鲁吉亚等国实施的“改变课堂：促进创

① See European Commission, *Erasmus ＋Capacity Building in the Field of Higher Education : at a Glance (2015-2020)* (Luxembourg: Publications Office of the European Union, 2022), p. 11.

新教学以增强东部伙伴关系国家的学生学习经验”项目，通过促进数字化技术与教学、研究的创新性整合，并且传播和共享良好的实践经验，提升伙伴国家的高校学生的学习和发展效果。同时，高等教育能力建设项目还通过促进教师和学生之间开展线上虚拟交流和互动，以及通过网络来扩展终身教育学习资源和平台等方式，加深欧盟与伙伴国家在高等教育领域中的机构合作和人员交流。

（二）促进高等教育在绿色发展中所发挥的积极作用

欧盟委员会基于当前环境可持续发展的背景，对欧洲高等教育领域提出了要关注生活多样性教育、加强环境保护意识、重视绿色能源研究等方面的发展要求。高等教育能力建设项目在具体开展过程中，也关注并采取了相应发展举措，促进高等教育对绿色发展目标的实现发挥关键作用。调查数据显示，约有一半的高等教育能力建设项目中包含有关环境发展的内容。[①] 在这些项目中，有的旨在发展与绿色能源相关的战略能力，提供满足未来社会绿色发展需要的相关课程；有的致力于创新相关教学模式，促使高校学生和教职人员以及科研工作者能够对于节省资源、减少能源排放、选择环保的生活方式等理念产生变革性影响。此外，还有的项目通过设置和转换相关资格证书及教育培训课程，满足社会对相关专业人员的需求。例如，由柬埔寨主持的“提高绿色能力，促进柬埔寨可持续发展”项目，就是通过在法国、柬埔寨等国的大学之间开展机构合作，来改革相关专业的课程设置，为柬埔寨劳动力市场培养符合绿色发展要求的训练有素的技术人员。

（三）促进伙伴国家高等教育发展的包容性和多样性

伴随着联合国教科文组织发布的 2030 年可持续发展议程中对包括高等教育在内的包容性和平等发展要求的提出，欧盟对于伊拉斯谟＋

---

① See European Commission, *Erasmus ＋Capacity Building in the Field of Higher Education : at a Glance (2015-2020)* (Luxembourg: Publications Office of the European Union, 2022), p. 13.

计划中的高等教育包容性发展更加重视。同时，基于欧盟国家高等教育的发展特征，形成高等教育包容性和多样性的发展理念。高等教育能力建设项目对于实现这一发展理念发挥了重要作用。调查结果显示，有22%的高等教育能力建设项目有助于促进高等教育以及社会发展的包容性与公平性，帮助更多处境不利的高校学生获得更多的发展机会和更好的发展体验。[①] 例如，在拉丁美洲地区开展的"社区大学交流合作中心"项目，旨在降低哥伦比亚、秘鲁、尼加拉瓜及智利等国学生的辍学率，减少教育中一切形式的歧视与边缘化的行为，并且为高等教育机构提供一种可创新和效仿的支持工具，更好地为处境不利的学生提供多方位的发展支持。在印度尼西亚开展的"确保印尼大学中残疾学生的教育机会和质量"项目，是由西班牙发起的旨在高校中提升管理者、教师、行政人员满足残疾学生教育需求方面的能力，通过建立现代化的残疾学生支持中心，并且配备相关辅助设备，从而最大限度地帮助高校中的残疾学生获得更好的教育体验。

（四）有利于提高学生的就业能力

面对当今世界经济形势变动和劳动力市场的激烈竞争，降低失业率、提高毕业生的就业能力已经成为欧盟在《欧洲2020战略》中的重要优先发展事项之一，同时也是欧洲博洛尼亚进程中的重要发展目标。大学一直以来被视为开展传统教学和基础研究的场所，其忽略了对于创新、就业能力的开发和重视，导致高校培养的毕业生难以适应劳动力市场的环境和实际发展需求，很难获得与自己专业发展和个人预期相一致的工作。在这种背景下，欧洲通过探索加强高校与企业间的合作与联系，来实现提升高校毕业生就业率这一发展愿景。高等教育能力建设项目正是基于欧盟的这一发展战略和思想，在支持和鼓励高等

---

① See European Commission, *Erasmus + Capacity Building in the Field of Higher Education: at a Glance (2015-2020)* (Luxembourg: Publications Office of the European Union, 2022), p. 15.

教育机构积极地与企业及民间社会组织开展合作方面发挥了积极作用。调查结果显示，有69%的高等教育能力建设项目开展了有关高校与企业及公共部门的合作活动，支持对高校相关课程的改革，以满足现代就业市场的发展需求，从而解决了大学与企业间因缺乏结构化的合作关系而造成就业匹配度低的问题。[①] 例如，在伊拉克开展的“为伊拉克考古学和文化遗产专业学生的就业和创业提供新途径”项目中，意大利的博洛尼亚大学旨在帮助伊拉克的大学、公共部门及企业之间建立新的合作关系，解决高校学生在就业能力发展方面的问题，提升毕业生的横向技能。此外，加强大学与企业间的合作关系，不仅对于学生个人就业发挥了积极作用，同时还有助于在教育、科研和商业间形成紧密的“知识三角”，促进将高校的研究与创新成果落地于实际的教学工作或是商业产品、社会服务中去，从而有效拉动地区社会和经济的多方面发展。

（五）有利于推进高等教育的国际化发展

对于当今时代的高等教育而言，提升国际化发展水平已经成为巩固高校国际竞争力的重要因素之一。虽然各个国家的高等教育都将发展国际化作为重要的战略发展任务，但在实际的开展过程中，由于外语开设课程较少、高校师生语言能力薄弱、外部资金支持不足、交流项目受限、相关部门管理不善等诸类原因，国际化发展目标往往难以获得较好的实现。高等教育能力建设项目作为支持和促进各国高等教育机构开展跨国、跨领域的合作项目，必然对推进高校的国际化发展方面负有重要的责任。在过去的项目开展情况中，高等教育能力建设项目为许多国家的高校提供了具体指导方针、系统的过程监测和必要的相关协议与程序支持，提高了这些部门在管理与服务方面的工作效

---

① See European Commission, *Erasmus + Capacity Building in the Field of Higher Education: at a Glance (2015-2020)* (Luxembourg: Publications Office of the European Union, 2022), p. 17.

率。同时，高等教育能力建设项目通过建立欧盟地区高校与伙伴关系国家高校之间的合作，在一定程度上也提高了欧盟高校在世界范围内的知名度和影响力。

四、"欧洲大学"联盟的影响

由于"欧洲大学"联盟的开展时间相对较短，我们难以在短时间内观察到该项目对欧洲高等教育一体化发展所产生的显著性成效和影响。但基于其所开展的第一批17个"欧洲大学"联盟的具体发展情况，可以帮助我们更好地了解和分析该项目的未来发展趋势和可能的积极作用。

首先，"欧洲大学"联盟项目有利于促进欧盟高等教育的数字化发展。由于近几年受到新冠疫情的影响，"欧洲大学"联盟自开展就要面临和解决这一全球性问题所带来的发展挑战。调查结果显示，有超过60%的高等教育机构表示，其作为"欧洲大学"联盟的重要参与机构，能够很好地应对和解决因疫情而产生的挑战与问题。① 例如，在"欧洲大学"联盟中，许多高校通过创建虚拟的"大学校园"，开设联合、混合课程与教学单元，以及支持微证书在高校中的获得与认可等方式，在短时间内提高了高校的数字化发展水平，从而更好地应对诸如疫情这类不确定风险给高等教育发展带来的挑战。

其次，"欧洲大学"联盟促进了高等教育的多样化发展。"欧洲大学"联盟自开展以来，支持和鼓励不同类型的高等教育机构参与到该项目中去，在第一批"欧洲大学"联盟中，不仅有研究型大学、综合类大学的参与，应用科学大学、技术大学、艺术类院校也成为该项目

---

① See "24 New European Universities Reinforce the European Education Area," European Commission, July 9, 2020, accessed September 11, 2022, https://ec.europa.eu/commission/presscorner/detail/en/ip_20_1264.

中十分活跃的参与机构。从地区分布来看，在所有参与的大约280所高等教育机构中，不仅有来自发达地区、中心城市的高校，欧洲欠发达的、偏远地区的高校也成为该项目的重要参与对象。此外，这些高等教育机构所涵盖的学科领域也十分广泛、多元。有的大学联盟中几乎涉及了所有学科，而有的则是专注于某个领域的发展，如健康、数字化、人工智能、艺术等。例如，由拉德堡德大学组织的“欧洲大脑与技术大学——神经技术委员会”联盟，通过将8所大学、近100个社会合作伙伴机构联合起来，开展跨领域、跨国合作，发挥各领域人才的作用，以此解决神经科学方面的发展难题，并且培养多元文化、语言、学科背景的神经科学未来人才。① 该联盟就是基于一个学科领域为合作中心，充分利用和发挥多学科、多背景、多文化等因素的积极作用，促进欧洲高等教育一体化发展，有效保障多样性的发展优势与价值。

最后，“欧洲大学”联盟项目有利于巩固欧洲公民的身份意识。欧洲高等教育一体化建设是欧盟开展区域一体化发展战略中的重要组成部分，也是巩固和发展欧洲地区公民形成共同的欧洲价值观念和对欧洲身份认同的关键要素。“欧洲大学”联盟作为欧洲教育区建设、高等教育一体化发展的重要任务，在促进高校间形成深入的合作伙伴关系的同时，也肩负着增强高校师生欧洲身份意识的使命。在2019年开展的“面向欧洲未来的年轻大学”联盟（Young Universities for the Future of Europe）中，强调在世界中的欧洲身份与责任、公民的福祉、数字化社会、可持续性发展这四个方面成为该联盟的重点合作领域。该联盟将致力于加强未来几代欧洲公民的社会责任感，提升全球发展力及终身学习的能力，增强欧洲身份意识，为有效形成一个更具凝聚力、包容性的欧洲社会作出积极贡献。

---

① See European Commission, *Erasmus + Annual Report 2020* (Luxembourg: Publications Office of the European Union, 2020), p. 68.

第七章 让·莫内行动计划

1989年，欧洲委员会发起了让·莫内行动，以促进和支持欧洲一体化领域的学术研究。“让·莫内”这一名称是采用了欧洲煤钢共同体高级机构的首任主席让·莫内的名字，在纪念让·莫内对促进欧洲地区一体化方面作出的杰出贡献的同时，彰显该行动的终极价值追求。如今，该共同体也已经发展成为一个拥有27个成员国的欧盟。

让·莫内行动是伊拉斯谟+计划中的一个重要组成部分，该行动主要由欧洲教育和文化执行局负责实施，包括在高等教育领域、中小学教育领域、政策协商方面促进欧盟一体化发展的战略推进与经验传播。高等教育是让·莫内行动中的重点关注领域之一，主要支持欧盟在全球研究领域的教学与研究工作的开展。

最初，让·莫内行动只面向在欧盟成员国工作的学者，但随着行动的逐步发展，来自世界其他地区的伙伴国学者也陆续参与到该行动之中。现如今，让·莫内行动构成了一个全球网络，连接着来自世界各地的研究人员、政策制定者、学习者和公民，在世界90多个国家的大学里提供着相关的教学课程。在过去的30年里，有近5000个项目为欧洲一体化研究领域作出了贡献，促进了教学与研究的卓越发展以及有关欧洲地区发展的对话和讨论。

在欧洲一体化理念受到民粹主义和质疑反对的挑战之际，伊拉斯谟+计划所开展的让·莫内行动有助于产生和传播有关欧盟组织的知识信息，促进决策者和学术界之间开展关于欧盟的相关政策的辩论，使学校能够交流经验，共同推进欧盟发展的各项活动。除此之外，对于社会大众而言，该行动还有利于增进欧洲社会公民对欧盟的兴趣和参与度，从而塑造更为积极的欧洲公民身份。

第一节　让·莫内行动的愿景与目标

高等教育领域的让·莫内行动旨在全球领域开展和支持欧盟层面的卓越教学与研究工作，强调通过教学和研究，促进欧盟层面的欧洲公民身份的形成和价值观的认同，提升欧盟在世界中的影响力。让·莫内行动还努力作为面向第三方国家的公共外交载体，促进欧盟价值观的影响度及其所计划的目标与内容的实现，从而在欧洲和世界范围内为思考欧洲的未来作出重要贡献。

让·莫内行动在“教学与研究”方面的具体目标有五个：第一，促进欧盟在全球研究领域的卓越教学和研究；第二，促进学术界与社会之间，包括地方和州一级的决策者、管理者、民间社会团体、利益相关者等开展对话与合作；第三，促进新的知识和见解的产生，更好地支持欧盟的决策，并且提升欧盟在欧洲和全世界中的影响力；第四，向更广泛的社会公众（学术界、专业领域之外的）传播欧盟的相关知识与信息，从而使公众能够更好地了解和认可欧盟；第五，增进欧盟与世界其他伙伴国家的关系，彰显并提升欧盟的价值观和影响力。[①]

第二节　让·莫内行动的具体举措与发展现状

自 1989 年启动以来，让·莫内行动每年支持全球 1000 多所大学和

---

① See “Jean Monnet Actions in the Field of Higher Education,” European Commission, accessed September 11, 2022, https://erasmus-plus.ec.europa.eu/programme-guide/part-b/jean-monnet-actions/higher-education.

5000 多个欧洲一体化研究项目的开展，为大约 30 万名高校学生提供了欧洲研究的相关课程。活跃于世界各地的数百名让·莫内学者逐渐成为当前欧盟机构与各国政府部门的专业智库。从 21 世纪开始，让·莫内行动已经逐渐扩展到世界范围，对世界上任何官方认可的高等教育机构开放，包括对欧盟了解非常有限的国家。现如今，让·莫内行动已经在 90 多个国家开展实施，这些活动成为欧盟在世界各地重要的公共外交工具。

一、让·莫内行动的具体举措

“教学与研究”项目是让·莫内行动中关于高等教育领域的主要内容，也是让·莫内行动的核心部分。其主要涉及模块（Modules）、教席（Chairs）及卓越中心（Centres of Excellence）三个方面的具体活动。

（一）模块

让·莫内行动中的模块项目是高等教育机构提供的有关欧盟研究领域的短期教学计划或课程，这些课程的开设旨在促进高校学生对欧盟的相关知识与信息获得深入了解，同时支持并鼓励参与项目的高校开展和传播与此相关的学术研究活动。每个模块每学年至少有 40 个小时的教学时间，教学时间包括小组讲座、研讨会、辅导课，以及这些课程所包含的远程在线的学习时间，模块将持续开展为期 3 年的教学活动。模块可能集中于欧洲研究中的一个特定学科，或者是多学科的形式，因此在实际的教学或研究活动中可能需要几位教授和专家的共同合作。这些课程也可以根据具体需要，采取短期专业课或暑期课程的形式。

（二）教席

教席是为大学教授提供为期 3 年的专门从事欧盟研究的相关教学职

位。该职位要求教授在致力于欧盟研究的相关教学与研究工作的同时，还要承担起积极推广欧盟研究的重要责任，指导和鼓励更多年轻教师和研究人员致力于欧盟领域的研究与教学工作。每个让·莫内教席仅由一位教授担任，每学年至少提供 90 个小时的相关教学活动。该职位也可以获得来自团队的支持，例如通过提供额外的教学时间等方式确保该项目中相关活动的顺利开展。

（三）卓越中心

让·莫内卓越中心项目是提升欧盟学科能力和知识水平的焦点。该项目将高级专家聚集在一起，充分发挥其专业知识和能力，建立和发展欧洲研究中各个学科和资源之间的协同作用的跨学科网络，开展为期 3 年的联合跨国活动，创造有关欧盟的高质量的学术成果。同时，该项目还确保对社会公民的开放性。让·莫内卓越中心在联系和接触非欧盟研究领域的学生、政策制定者、公务员、有组织的民间社会和广大公众方面发挥着重要作用。①

让·莫内行动的开展基于欧盟提供的针对性资金支持做保障，该行动遵循一次性资助模式，涵盖行动中人员成本费、差旅费、生活费、设备成本，以及有关信息传播、出版、翻译等其他费用的支出。欧盟为每个项目都设置了最高资助金额，例如，让·莫内模块 3 万欧元，让·莫内教席 5 万欧元，让·莫内卓越中心 10 万欧元。另外，针对不同地区国家、教学时间的长短，让·莫内行动所提供的资助金额也有相应的差异。例如，让·莫内模块中，保加利亚、罗马尼亚、北马其顿共和国及列支敦士登等国家，在 3 年的项目时间内，每年开展 120—150 小时的教学时间，则每年可获得 1.15 万欧元的资金支持。而相同的教学时间里，爱尔兰、法国及芬兰等国可获得每年 2.6 万欧元的财政

① See "Jean Monnet Actions in the Field of Higher Education," European Commission, accessed September 11, 2022, https://erasmus-plus.ec.europa.eu/programme-guide/part-b/jean-monnet-actions/higher-education.

拨款。欧盟通过这种资助模式，将资金支持的重点聚焦于项目的产出与可衡量的项目质量、发展水平上，确保投入资金获得充分而高效的利用。

二、让·莫内行动的发展现状

从 20 世纪 90 年代到 2018 年，让·莫内行动已经在 90 多个国家、1000 所大学中开展，每年有将近 30 万名高校学生和 9000 名高校教师参与到该行动的具体项目活动之中，推进了欧洲一体化在高等教育领域中的深入发展。

（一）让·莫内行动的参与情况

让·莫内行动自推出以来，在欧洲各国高等教育领域获得了较高的关注度。通过对近几年该行动的参与人数和参与者国家分布的具体分析，可以更好地了解具体项目活动在欧洲各地区的参与情况和发展倾向。

1. 参与让·莫内行动的具体人数

从近几年让·莫内行动各项目的年度参与人数（见图 7-2-1）来看，有关高等教育的模块、教席及卓越中心等各项目大体上表现出参与人数逐年增长的发展趋势。其中，让·莫内模块项目的参与人数整体占比最大，并且年度增长速度较快，由 2016 年的 8 万多人增长到 2020 年的接近 12 万人。参与教席项目的人数在 2019 年迎来了小高峰，并且超过了模块的参与人数，有超过 8 万人选择参与了该项目活动。相对而言，参与卓越中心的人员数量整体占比较小，且增长幅度并不显著，参与人数基本维持在 4 万多人。

2. 让·莫内行动的参与者的国家分布情况

让·莫内行动不同于以往大多数的相关项目那样对参与者的国家存在限制，其对世界上所有国家及官方认可的高等教育机构开放，这使

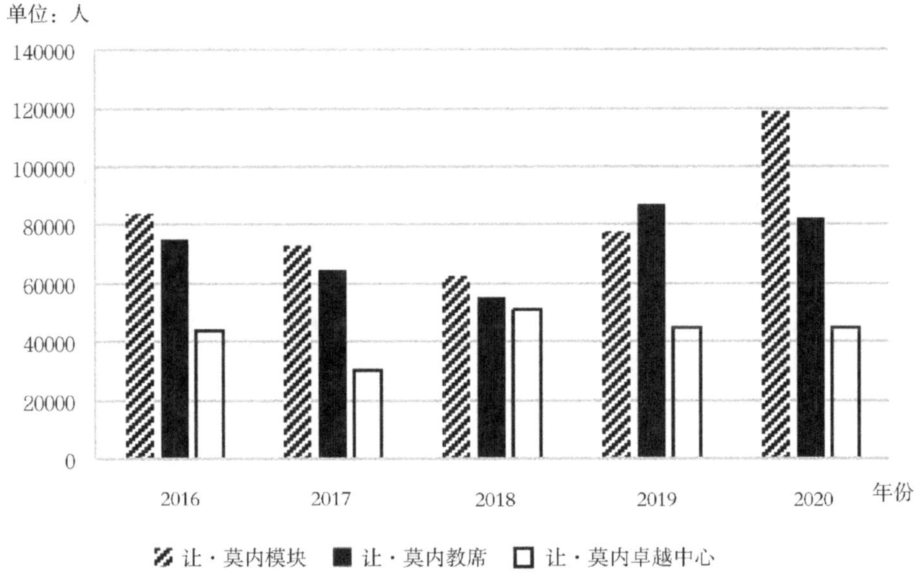

图 7-2-1 让·莫内行动中各具体项目的年度参与人数①

得那些对欧盟了解较少的地区国家也有机会参与到该项目中来。欧盟通过这种宽松的参与条件限制，尽可能扩大关于欧盟的教学和研究的活动范围和人员参与的广泛性。

从近几年的让·莫内行动发展情况（见图 7-2-2）看，欧洲各国参与该项目的热情逐渐提升。由 2017 年的 1177 个项目申请增长到 2020 年的 1462 个，被选定的项目申请也由 2017 年的 238 个增长到 2020 年的 362 个。同时，与前一年相比，2020 年收到的项目申请增加了约 10%，被选定的项目申请也增加了约 27%，让·莫内项目发展规模呈现出逐年扩大的趋势。

① 基于 2016—2020 年《伊拉斯谟+计划年度报告》（"Erasmus+ Programme Annual Report"）调查结果整理而来。

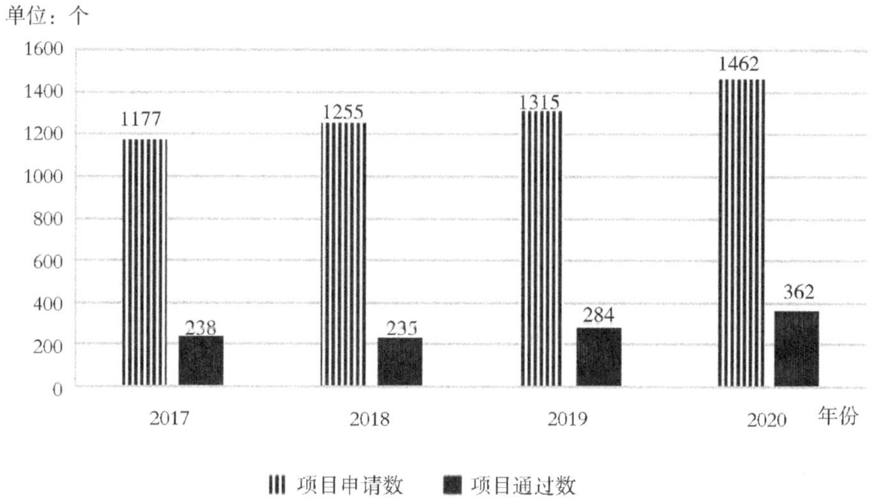

图 7-2-2　2017—2020 年让·莫内行动年度项目申请与通过情况①

在所资助的项目机构中，欧盟成员国仍然是让·莫内行动最重要的受益群体。1990 年至 2018 年的项目统计显示，来自欧盟成员国的项目数量接近 3500 个，而来自非欧盟的国家所开展的项目数量仅有 1000 个左右②，来自欧盟成员国的项目数量是其他国家的 3.5 倍。从具体国家的项目参与情况（见图 7-2-3）看，参与项目数量最多的国家是意大利，自项目开展至今已经参与了大约 600 个具体项目活动，其次是西班牙、英国、法国、波兰及德国，这些国家累积参与项目的数量均超过 200 个。这些国家同样也是参与伊拉斯谟＋计划中其他有关欧盟高等教育一体化相关项目的主要参与国。

---

① 基于 2017—2020 年《伊拉斯谟＋计划年度报告》（"Erasmus＋ Programme Annual Report"）调查结果整理而来。

② See European Commission, *Jean Monnet Activities: 30 Years of Excellence in EU Studies* (Luxembourg: Publications Office of the European Union, 2019), p. 7.

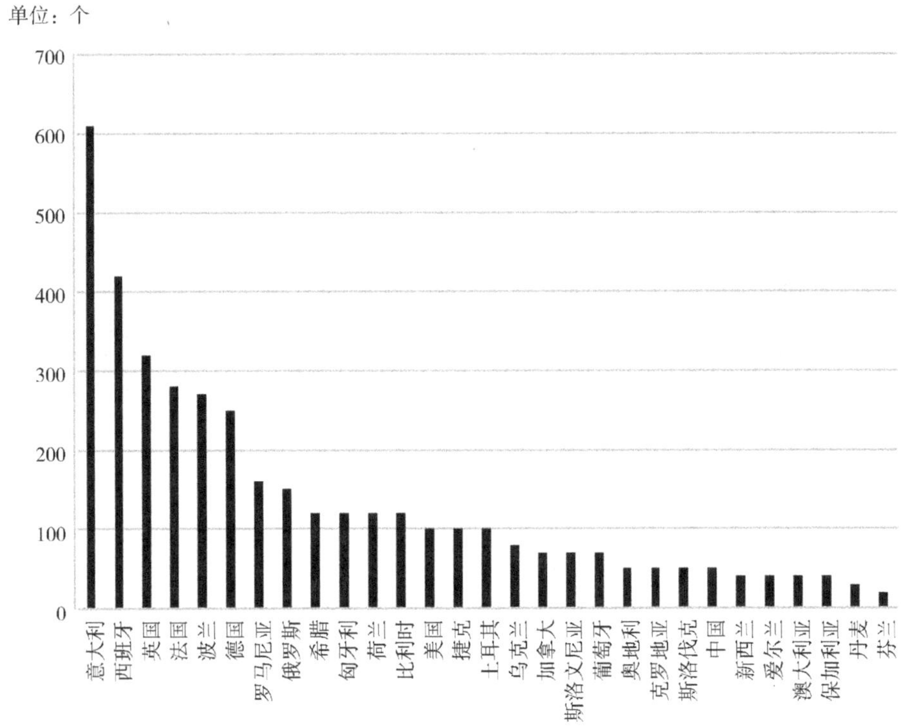

图 7-2-3 1990—2018 年各国累计参与让·莫内行动的具体项目数量情况（仅显示参与项目超过 20 个以上的国家）①

随着让·莫内行动的持续推进，越来越多的非欧盟成员国家也参与到项目活动中，2017 年有大约 64%的项目申请来自非欧盟国家，这在一定程度上说明该项目在国际领域的吸引力。为此，欧盟在项目开展中设立了对外行动的优先目标国。从近几年欧盟在该项目中开展对外行动的情况来看，主要以澳大利亚、中国、加拿大、印度、印度尼西亚、日本及新西兰等国家作为优先的合作对象国。同时，参与该项目的非欧盟成员国家呈现出逐年增加的发展态势。例如，在 2020 年选

① European Commission, *Jean Monnet Activities : 30 Years of Excellence in EU Studies* (Luxembourg: Publications Office of the European Union, 2019), p. 7.

定的 362 个项目中，有 56%的项目来自伊拉斯谟+计划成员国，有 44%的项目来自伙伴国家。在这些参与项目的伙伴国里，来自东部伙伴关系的国家①（参与了 53 个项目）最多，其次是其他工业化国家②（参与了 41 个项目）和俄罗斯（参与了 23 个项目）。③

（二）让·莫内行动的拨款情况

已有的调查数据（见图 7-2-4）显示，欧盟所提供的大部分项目拨

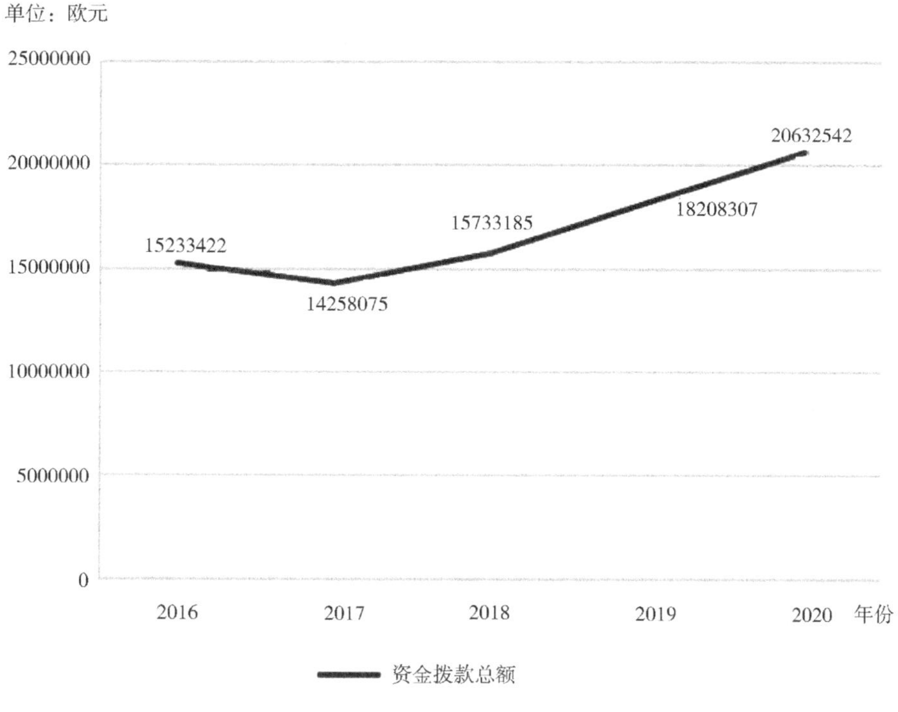

图 7-2-4　2016—2020 年让·莫内行动年度资金拨款情况④

---

① 东部伙伴关系国家即与欧盟东部毗邻的国家或地区，如亚美尼亚、阿塞拜疆等。

② 其他工业化国家包括安道尔公国、摩纳哥公国、圣马力诺共和国、梵蒂冈城国等。

③ See European Commission, *Erasmus + Annual Report 2020* (Luxembourg: Publications Office of the European Union, 2020), p. 104.

④ 基于 2016—2020 年《伊拉斯谟+计划年度报告》（"Erasmus+ Programme Annual Report"）调查结果整理而来。

拨款，实际用于与让·莫内行动的主要目标相一致的欧盟相关教学和研究活动中。最近的项目拨款也同样显示出这一整体发展趋势，欧盟提供的拨款总额从 2017 年的约 1426 万欧元增加到 2020 年的约 2063 万欧元。从具体项目活动资助情况看，在伊拉斯谟＋计划内，获得拨款份额最大的项目是让·莫内模块（46%），其次是让·莫内教席（18%）和卓越中心（6%）。

2007 年到 2016 年，让·莫内行动共有大约 1900 个项目获得了资助与批准，并且欧盟对于项目的资助数量逐年增长，在 2011 年达到一个小高峰，共资助 218 个具体项目活动，2016 年共资助了 270 个项目①（见图 7-2-5）。从地区国家的分布情况看，来自欧洲地区国家开展的项目

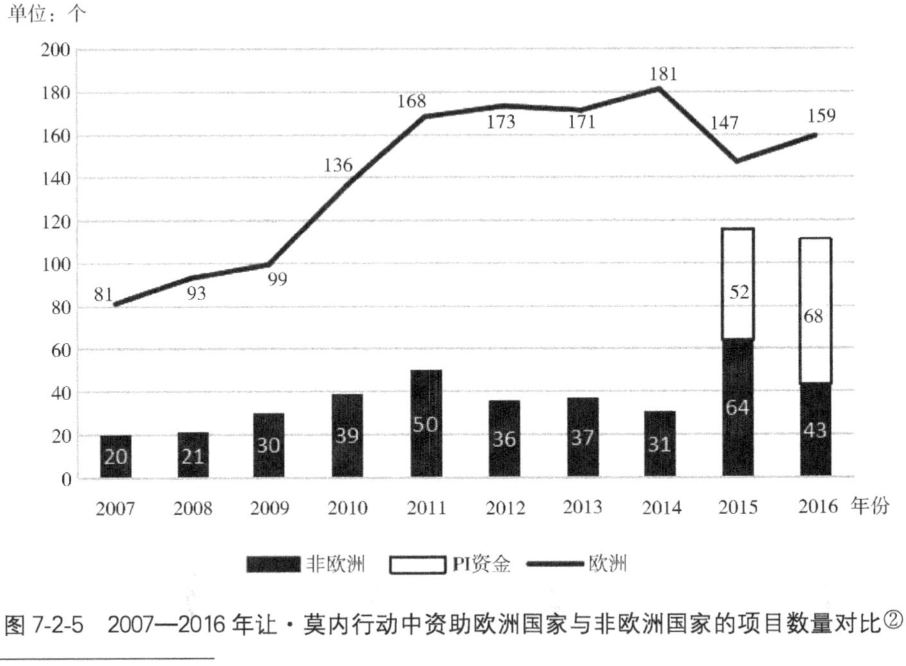

图 7-2-5　2007—2016 年让·莫内行动中资助欧洲国家与非欧洲国家的项目数量对比②

① 270 个项目包括非欧洲国家项目（43 个）、PI 资金支持项目（68 个）、欧洲国家项目（159 个）。

② European Commission, *Combined Evaluation of Erasmus + and Predecessor Programmes: Final Report—Jean Monnet Programme Evaluation (Third Volume)* (Luxembourg: Publications Office of the European Union, 2017), p. 20.

数量占所有项目总量的主要比重，来自非欧洲地区的国家虽然整体发展比例小于欧洲地区国家，但自 2015 年以来，其所受资助项目的数量获得大幅增加，这一情况也与欧盟将伙伴关系工具（Partnership Instrument，PI）资金纳入该项目以及预算的增加有紧密的关系。这也从侧面反映了，让·莫内行动逐渐关注并重视项目的对外行动力度，促进让·莫内行动在教学与研究方面获得更广泛的参与。

（三）让·莫内行动的主要开展议题

由于促进欧盟研究的卓越发展始终是让·莫内行动的核心任务，因而在每年开展的具体项目活动中，都围绕这一发展主题探讨和解决具体的研究问题。例如，在 2017 年的项目活动中，有关移民和难民危机、经济危机、民粹主义兴起、公民角色定位、脱欧议程等问题成为欧洲高校和相关组织机构以及国家部门等共同关注的重要发展议题。在 2018 年的项目活动中，其所涉及的研究主题范围有所扩充，不仅包含上述与欧盟一体化进程密切相关的经典议题，还关注就业、医疗保健、能源、交通、气候等相关问题的解决，进一步深化了欧盟研究在高等教育各学科中的融合与参与度。2019 年 5 月，欧盟委员会在佛罗伦萨举行了一场关于欧盟研究的活动，并且在同年的 3 月和 9 月，分别召开了两次研讨会。① 这些活动更集中于探讨与欧盟研究相关的主题，提高研究的深度和适切性，为日后的项目开展提供更多思路与经验。

（四）让·莫内行动的参与特征

教学与研究是让·莫内行动中的重要组成部分，同时也是该行动有关高等教育领域中的主要内容。从已有的项目开展情况看，让·莫内教学活动呈现出参与群体类型多元、对具体活动的资助情况发展较好等特点；在有关研究方面的活动则是呈现研究时间充沛、研究成果

① See European Commission, *Erasmus + Annual Report 2019* (Luxembourg: Publications Office of the European Union, 2020), p. 102.

丰富、研究主题多元等发展特征。

1. 让·莫内教学类项目的参与特征

关于欧盟研究的教学项目是让·莫内行动的核心发展活动。为此，伊拉斯谟计划设立了让·莫内模块、让·莫内教席和让·莫内卓越中心三个相关的项目活动。

一方面，让·莫内教学活动的参与者群体较为多元。相关调查数据显示，在获得让·莫内行动资助的学生群体中，大约有40%的学生是本科生，40%的学生是硕士生，10%的学生是博士生，以及10%是其他学历水平的学生。[①] 除了学者、学生这类普遍性人群外（占75%）[②]，从事专业领域的人员如律师，以及地方或国家层面的政策制定者也是项目的重要参与群体。此外，越来越多的社会公众也逐渐成为教学类项目的参与群体之一。

另一方面，让·莫内对参与教学活动的参与者提供资金支持能够较好地促进有关欧盟的具体教学开展。首先，从具体的教学时间（见图7-2-6）来看，获得让·莫内资助的人比没有获得资助的人在教学上花费了更多的时间。大约有34%的项目资助受益者在76%—100%的教学时间中传播了欧盟相关内容，相较而言，大部分没有获得项目资助的人在教学中开展有关欧盟相关内容的时间仅占1%—25%。这与项目要求获得资助的受益人每年完成固定的教学小时数和具体教学目标有着紧密的关系。

---

① See European Commission, *Combined Evaluation of Erasmus + and Predecessor Programmes: Final Report—Jean Monnet Programme Evaluation (Third Volume)* (Luxembourg: Publications Office of the European Union, 2017), p. 32.

② See European Commission, *Combined Evaluation of Erasmus + and Predecessor Programmes: Final Report—Jean Monnet Programme Evaluation (Third Volume)* (Luxembourg: Publications Office of the European Union, 2017), p. 34.

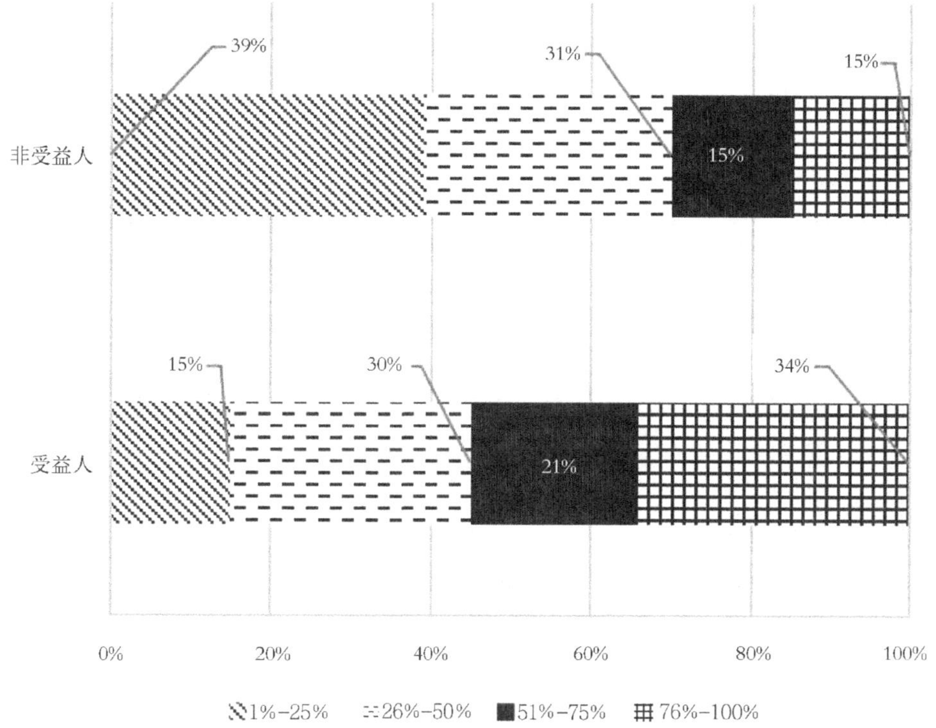

图 7-2-6　让·莫内行动中受益人和非受益人教授欧盟有关内容的具体时间占比①

其次，对于这些教学时间的安排能否达到让·莫内的具体活动目标，有超过 90%的项目受益人表示能够达到，仅有 8%的人认为各种项目所规定的最低教学时间难以达到项目发展目标。② 这说明伊拉斯谟+计划在规划让·莫内教学项目方面具有一定的科学性和合理性。

---

① European Commission, *Combined Evaluation of Erasmus + and Predecessor Programmes : Final Report—Jean Monnet Programme Evaluation (Third Volume)* (Luxembourg: Publications Office of the European Union, 2017), p. 33.

② See European Commission, *Combined Evaluation of Erasmus + and Predecessor Programmes : Final Report—Jean Monnet Programme Evaluation (Third Volume)* (Luxembourg: Publications Office of the European Union, 2017), p. 33.

最后，让·莫内的资助对于维持和发展有关欧盟的教学和研究至关重要。从已有的调查结果（见图 7-2-7）可以看出，项目受益人和非受益人对学生人数的增加或减少，以及主要针对欧盟的课程的教学时间的看法存在很大差异。有 58%的受益人认为，有关欧盟的教学时间及学生人数随项目的年度开展而逐渐增加，并且高于非受益人 18%的发展比例。

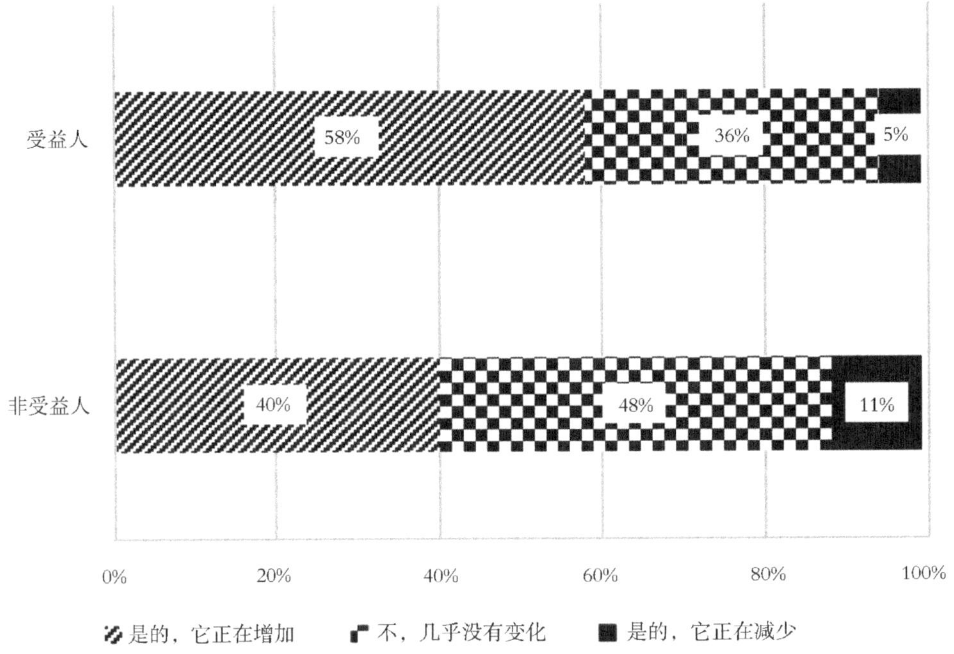

图 7-2-7　学生人数或教学时间随让·莫内教学类项目开展的变化情况①

2. 让·莫内研究活动的参与特征

除了教学之外，让·莫内的模块、教席和卓越中心还主要关注欧

① European Commission, *Combined Evaluation of Erasmus + and Predecessor Programmes: Final Report—Jean Monnet Programme Evaluation (Third Volume)* (Luxembourg: Publications Office of the European Union, 2017), p. 35.

盟研究。尽管该项目没有对论文或其他科研产出的数量作硬性规定，但对于促进欧盟研究方面依然得到了很大的支持与提升。

让·莫内拨款不仅促进更多受益人投入更多的教学时间开展欧盟相关内容，同时还支持其开展更高比例的关于欧盟事务的研究。已有的调查数据显示，获得让·莫内资金支持的受益人和非受益人之间花在欧盟研究上的时间存在显著差异。约有 43%的受益人将超过 75%的研究时间花在了关于欧盟的研究上，而在非受益人中，这一比例明显较低，只有约 23%。此外，只有 9%的受益者在关于欧盟的研究上花费的时间不到其研究时间的 25%，而非受益者的这一比例为 24%。①

让·莫内项目资助还促使受益者积极地发表文章或出版书籍。已有调查数据显示，有超过 60%的让·莫内受益人在参与项目活动的过程中发表了文章或出版了书籍。在每个资助项目中，平均能够产出 2 本著作和 7 篇论文。② 此外，也有很多被调查的学者、教授、研究人员表示，让·莫内项目应将更多的资金集中投入与欧盟研究相关的活动之中，因为这对于提升欧盟研究的学术成果质量和效果十分有益。这种观点也在一定程度上加深了资金拨款在研究和教学之间投入比重的拉扯关系。

让·莫内行动在有关教学与研究方面的项目活动的成果表现形式上，主要呈现出多元化的发展特征。已有的调查结果显示，教学是主要的成果产出，其中有 81%的项目受益人是通过教授专业课程的形式呈现的，有 51%的受益人则是通过教授普通课程的形式而呈现的。其

---

① See European Commission, *Combined Evaluation of Erasmus + and Predecessor Programmes: Final Report—Jean Monnet Programme Evaluation (Third Volume)* (Luxembourg: Publications Office of the European Union, 2017), p. 35.

② See European Commission, *Combined Evaluation of Erasmus + and Predecessor Programmes: Final Report—Jean Monnet Programme Evaluation (Third Volume)* (Luxembourg: Publications Office of the European Union, 2017), p. 35.

次是举办会议和研讨会，参与者通过这两种形式开展活动的占比分别达到 67%和 63%。发表论文和出版著作也成为教学与研究方面较为重要的成果表现形式，对于参与项目的受益人而言，有 61%的人发表了相关论文，有 58%的人出版了学术专著，还有 55%的人出版了教材。①此外，在不同国家的学术机构间开展合作、在欧洲地区或国家层面进行信息共享，以及与非学术组织机构开展必要的合作等途径也是教学与研究方面的成果产出中不可忽视的重要存在方式。

第三节　让·莫内行动的成效与影响

对于高等教育领域而言，让·莫内行动重视开展欧盟层面的高校教学与研究，促进欧洲高校学生形成积极的欧洲公民意识和价值观，提升高校在巩固欧盟一体化建设中的重要性。从近几年该行动的具体开展结果来看，让·莫内行动较好地实现了其所提出的发展目标。对于高校学生而言，让·莫内行动加强了高校学生对欧盟的深层理解，提升了欧洲高校学生的身份认同感；对于高等教育机构而言，让·莫内行动对其在对外声誉、课程开发、合作等方面也彰显了积极的作用。

一、让·莫内行动加深了高校学生对欧盟的理解

基于欧洲以往开展的关于社会各类群体对欧盟的了解情况调查，欧盟也对参与让·莫内行动的相关人员进行了同样的调查分析。所获得的调查结果显示，参与让·莫内行动的学生比其他高校学生对于欧盟有着更多的认识和了解。其中，在让·莫内行动中学习过至少一门

① See European Commission, *Combined Evaluation of Erasmus + and Predecessor Programmes: Final Report—Jean Monnet Programme Evaluation (Third Volume)* (Luxembourg: Publications Office of the European Union, 2017), p. 36.

有关欧盟课程的学生能够对欧盟运作方式有所了解的占比达到86%，而获得让·莫内资金支持的受益者对欧盟有着更为深入的了解和更坚实的信念，他们对欧盟的整体了解占到所有受益人的96%。[①] 不容忽视的是，在许多受益人中，不乏有一些属于欧盟研究的专家群体，因而在这一占比上会更高于其他类型的人群。

从有关欧盟的具体研究主题来看，参与让·莫内项目的人，尤其是获得该项目资金支持的受益人，对欧盟各具体研究主题都获得了较好的认识与理解。我们基于国际公民与公民教育研究（International Civic and Citizenship Education Study）提供的对于欧洲不同类型人员对欧元、欧盟的机构、欧盟的法律和政策、关于欧盟的事实等的主观了解情况的调查（见图7-3-1）可以看出，对这些方面具有深入了解的人群是让·莫内项目受益人，他们中的大多数人能够对每个主题有必要的认识与理解。相较之下，在让·莫内项目中至少学习过一门关于欧盟的课程的学生对这几个主题的了解比例略低于让·莫内项目的受益人，其他没有参与让·莫内项目的学生群体对于这些主题的了解程度比例较低。这说明，让·莫内项目对于提升参与者对欧盟相关主题的认识与了解方面发挥了积极的作用。例如，在2014年9月至2017年8月，由克罗地亚的萨格勒布大学主持开展的有关“西巴尔干半岛的欧洲化”模块项目，通过一系列跨学科的方式帮助高校学生提高对西巴尔干地区的经济、政治、法律、制度及社会等全方位的了解与认识，并且通过开展辩论会、研讨会、主题研究等活动形式，促进学生与相关领域专家、社会公众的交流，从而深化对克罗地亚欧洲化进程的理解与认同。然而也需要注意到，让·莫内项目受益人对于欧盟法律和相关政策的了解比例在所有主题中相对较低，需要在未来项目发展过

---

① See European Commission, *Combined Evaluation of Erasmus + and Predecessor Programmes: Final Report—Jean Monnet Programme Evaluation (Third Volume)* (Luxembourg: Publications Office of the European Union, 2017), p. 37.

程中，提供更为通俗易懂、易于接受的方式，加强对这一方面知识的普及与传播。

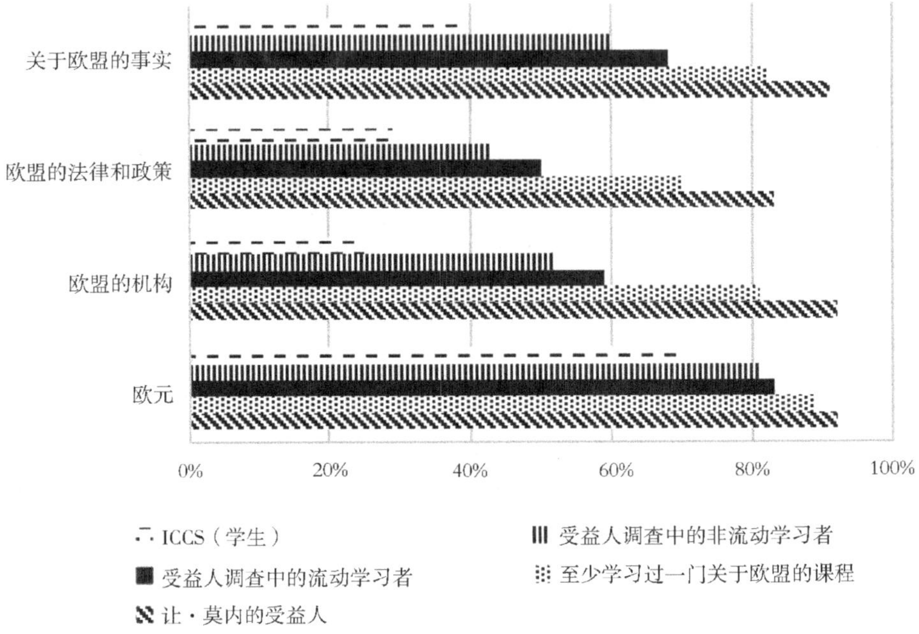

图 7-3-1 不同群体对于欧盟相关知识的具体了解情况①

二、让·莫内行动对组织机构在声誉、课程开发、合作等方面发挥了积极作用

首先，参与让·莫内项目提高了组织机构的声誉与吸引力。已有调查数据显示，几乎所有的项目参与者（比例高达 99%）都认为，该项目对于提升组织机构的外部声誉有着良好的效果。此外，该项目提

---

① European Commission, *Combined Evaluation of Erasmus + and Predecessor Programmes: Final Report—Jean Monnet Programme Evaluation (Third Volume)* (Luxembourg: Publications Office of the European Union, 2017), p. 38.

高了组织机构对优秀学生的吸引力。有84%的参与者十分认同该项目对改善和提升组织机构优秀学生的吸引力方面所作出的较大贡献。其次，让·莫内项目有利于促进高校相关课程的设计与革新。有91%的项目参与者表示，该项目对于在开展与欧盟相关的课程设计中支持将良好的经验做法和新的欧盟主题纳入具体教学计划等方面发挥了积极的作用。也有90%的项目参与者认为，该项目有助于开发新的课程。最后，让·莫内项目增进了各组织机构间的合作关系。有87%的参与者表示，让·莫内项目促进了项目参与国与其他伙伴国家之间的合作。还有83%的参与者认为，该项目也有助于推动各国内部学术机构之间开展深入的合作交流。① 然而，让·莫内项目对于高校在欧盟研究方面的影响并未达到预期效果。有超过50%的参与者认为，该项目并未促使高校因进一步开展欧盟相关研究而开设额外的职位。也有超过40%的参与者认为，该项目没有为组织机构带来更多有关欧盟研究和教学的额外资金支持。②

总的来说，关于高等教育领域的教学与研究是欧盟在让·莫内项目中投入资金支持最大、最核心的发展部分，同样也是各国高等教育组织机构及参与者群体参与最活跃的领域。从当前的发展情况看，该项目为促进高校学生及组织机构的发展产生了较好的影响，对于伊拉斯谟+计划中的优先发展目标的实现发挥了积极的作用。但让·莫内项目对于进一步扩大和提升有关欧盟研究的相关资金拨款与支持力度，激发各国优秀研究者在欧盟研究方面的最大成果产出方面，依然面临许多发展困难，成为该项目日后进行优化和完善的重要议题。

---

① See European Commission, *Combined Evaluation of Erasmus + and Predecessor Programmes: Final Report—Jean Monnet Programme Evaluation (Third Volume)* (Luxembourg: Publications Office of the European Union, 2017), p. 40.

② See European Commission, *Combined Evaluation of Erasmus + and Predecessor Programmes: Final Report—Jean Monnet Programme Evaluation (Third Volume)* (Luxembourg: Publications Office of the European Union, 2017), p. 40.

第八章　欧盟高等教育一体化
——挑战及未来

欧盟高等教育一体化发展在欧洲一体化的大背景下获得持续地推进，欧洲各国在一体化进程中，突破原有民族国家的发展限制，在诸如伊拉斯谟计划等在欧盟层面开展的跨国合作项目中提升了高等教育的质量和国际化发展水平，促进了高校之间在人员、机构、平台资源等方面的交流与合作。然而，随着近些年国际形势的变化、全球发展问题的堆叠，欧盟在高等教育一体化的推进中面临着重重挑战。曾经以经济全球化为核心的“地球村”格局正在悄然发生蜕变，取而代之的是一股正在崛起的逆全球化潮流。由于全球新冠疫情、地区间贸易冲突、民粹主义思潮的涌现，许多西方国家相较以往采取了更为谨慎和保守的对外发展政策。此外，欧洲与其他国家之间的关系也在发生微妙的变化。跨大西洋关系危机的显现，使得欧美在安全、经济、贸易等领域产生了越来越多的分歧与矛盾，损害了欧美长期以来建立起的相互信任的联盟关系，这也使欧洲开始重新思考关于应对国际问题的思路。随着中国、印度等非西方世界国家在国际上的影响力正在逐渐增强，世界格局形式呈现出复杂多样的发展势态。与此同时，欧盟内部也正在上演多重危机，内部文化与族群冲突并未因欧洲一体化的进程而得到消解和缓和，欧盟各成员国之间仍然存在着极为紧迫的大国与小国、债权国与债务国、大众与精英的力量抗衡。此外，民粹主义在欧洲国家间的渗透和蔓延，将民族主义情绪带入对外政策和关系发展中，无疑是引发欧盟内部一体化裂痕的沉重一击。英国脱欧事件从本质上说明了欧盟 60 多年来所倡导和坚持的一体化发展的“脆弱性”。民族国家仍然是地区发展和利益争夺中的核心单位。“如果你相信自己是个世界公民，那你就不属于任何地方。你不理解‘公民身份’这个词的意思。”[①] 英国前任首相特蕾莎·玛丽·梅（Theresa Mary May）在 2016 年 10 月 5 日保守党大会上的这句发言，刚好影射了这一残酷的现实。

在内部困境与外部竞争加持的形势下，一体化仍然是欧洲绝大多数国家所坚信的最优发展战略。如果说欧盟在其前期发展中致力于不断向东推进，持续扩大和发展成员国的战略倾向性的话，那么基于如今国际形势的复杂多样性，欧盟开始对成员国的准入持更加小心、谨慎的态度，而且更加强调对欧盟已有的一体化发展局势进行不断深化，提高欧盟机构在各成员国中的影响力和权威性，减少欧盟内部的矛盾与冲突，巩固一体化的发展秩序。这一战略转变也将深刻地影响高等教育一体化的发展路径，增强高校师生的欧洲价值观和身份认同感，重视高等教育的地区发展均衡性，坚持高等教育包容性与多样化发展理念，加快各国高等教育的数字化转型，以及提高欧洲高等教育的国际竞争力等策略将成为今后欧盟高等教育一体化发展战略中的重要内容。

第一节　欧盟高等教育一体化发展的成果与经验

伊拉斯谟计划通过开展一系列跨国项目来支持和推进欧盟高等教

---

① Theresa May, “Theresa May’s Conference Speech in Full,” The Telegraph, October 5, 2016, accessed September 10, 2022, https://www.telegraph.co.uk/news/2016/10/05/theresa-mays-conference-speech-in-full/.

育一体化的发展进程。目前，计划所开展的各类项目活动取得了较好的发展成果，不仅提升了欧洲高等教育的国际竞争力，还刺激了欧洲国家间的资金流动，增强了各地区国家之间的交流与融合。基于计划开展所取得的良好成效，欧盟在发挥区域性师生流动的发展优势、注重区域内部流动发展的均衡性，以及增强流动弱势国家的发展机遇等方面的发展经验对于其他地区国家在开展区域性高等教育合作上有一定的借鉴和参考价值。

一、伊拉斯谟计划下的项目发展有效推进了欧盟高等教育一体化战略进程

基于欧洲区域一体化的整合需要和应对国际环境的强大竞争压力，欧盟亟待通过教育、政治、经济、社会文化等方面加强地区间的合作，从而实现欧洲人共同体的利益诉求与发展。近几年伊拉斯谟计划的有效开展及其发展规模的不断扩大，促进了欧洲区域高等教育国际化水平的提升，并且为欧洲各地区间高等教育质量提升、经济上的资金流动、文化上的交流融合提供了一个良好的平台，有利于欧盟整体战略的有效推进。

（一）提升了欧洲高等教育的国际竞争力

尽管伊拉斯谟计划的影响性评估因国家、机构规模、被调查者的专业等不同而存在差异，但该计划通过确保欧洲各国家高校学生在流动项目中获得文凭认可，支持欧洲各国在该计划中的积极参与，很大程度上提升了欧洲高校学生的国际流动参与度，提高了欧洲高校学生的专业发展水平和国际就业能力。2016 年《伊拉斯谟＋计划年度报告》

显示，高校学生对流动经历的满意度高达 95%[①]，这足以显示出伊拉斯谟流动项目对高校学生个人发展的有效性。同时在全球化的背景下，开展伊拉斯谟计划也有利于提高各国高校整体国际化发展水平，从而提升欧洲高等教育国际竞争力，使国际学生流动过程更具价值和意义。

（二）刺激了欧洲国家间的资金流动

对于参与伊拉斯谟计划的国家而言，支持本国师生参与伊拉斯谟流动项目所投入的公共资金是一种机会成本，国家在承担这部分经费投入的同时，需要相应缩减本国的其他资金储蓄。因此，欧洲各国在该项目上的投入力度一方面受该国经济发展水平制约，另一方面也与国家对高校师生参与跨国流动项目的成本与收益的价值估量有紧密的联系。

虽然欧洲各国因经济发展水平在伊拉斯谟计划的资金投入量上存在很大差异，然而从整体上看伊拉斯谟流动项目各参与国在历年有关高校师生流动的总体运行资金方面保持着逐年增长的发展趋势，这足以说明该流动项目的长期发展获得了各参与国的认可和支持。同时，由于投入到跨国流动项目的资金在国家间具有流动性的特征，这在一定程度上也刺激了欧洲各国之间在高等教育国际化的经济收益上的交流合作。

（三）增进了欧洲各地区间的交流与融合

伊拉斯谟计划的开展，将欧洲各地区的高校师生流动起来，驱使各国师生在参与流动项目的过程中，获得了学习使用欧洲他国语种、理解欧洲他国人文及风俗面貌的机会，而这种流动势必在各国师生间建立起多元的人际关系网络，增进欧洲国家间青年知识分子的交流与合作，有利于欧洲地区的文化融合。这种和谐氛围不仅有利于推进欧

---

① See European Commission, *Erasmus + Annual Report 2016* (Luxembourg: Publications Office of the European Union, 2017), p. 19.

洲在教育领域的深入合作，对于欧洲各国间的政治、经济、外交等多方面的交流发展，欧盟的稳定繁荣也将产生深远的影响。

二、欧盟高等教育一体化发展的经验

欧洲地区以区域形式开展的伊拉斯谟高校师生流动项目[①]，一定意义上体现了当今世界高等教育国际化发展形式的多样性和面临的主要发展问题，并且带给我们以区域形式发展跨国师生流动的优势性和适切性、追求流动教育机会公平与流动效益均衡的必要性，以及弱势国家在国际教育流动中的发展前景和机遇等方面的经验。这对于包括我国在内的许多谋求以区域形式开展高等教育国际化战略的国家来说，在发展模式和路径上提供了一定的启示。

（一）发挥区域性师生流动的发展优势

提高高等教育流动性和国际化水平并不是各国参与高等教育国际化发展的终极目标，而是用以提高各国高校教学、科研及服务质量的一种方式，并且以此作为提高国家国际竞争力的重要因素之一。在国际流动市场的竞争中，区域性联盟发展表现得更具竞争性。正如 18 世纪大卫·休谟（David Hume）所言，没有人可以强大到单凭一己之力就能统治所有人。[②] 欧洲各国基于以往的合作发展经验，更清楚地意识到区域联盟在高等教育国际化发展中的重要优势。正如该流动项目的开发者琼斯对欧洲各参与国所言："如果我们不基于过去 40 年中精心打造的欧洲多边伙伴关系的框架，我们在全球中的一系列伙伴关系就不可能通过新的双边努力再次建立起来。如果我们不能继续长期地在欧盟层面开展如共同外交、经济投资等软实力方面的合作，这显然将对

---

① 将伊拉斯谟高校学生流动项目和伊拉斯谟高校教职人员流动项目合在一起称作伊拉斯谟高校师生流动项目。

② 参见约瑟夫·奈《论权力》，王吉美译，中信出版社，2015，第 33 页。

我们在知识、外交、经济及文化发展等方面非常不利。”[①] 一体化在西方比东方有更强劲的动力。[②] 区域联盟的流动方式，使国家在高等教育国际化进程中更具竞争性和发展力。

（二）注重区域内部流动发展的均衡性

高等教育国际化有着远远大于国家内部高等教育发展的复杂性，其功用也超出高等教育领域，与一国甚至是一个地区的政治、经济、文化等多领域的发展需求紧密相关。当高校师生的教育交流跨越国域疆界时，国家间在流动过程中的发展利益就会引发比较和竞争，继而产生差异和不均衡。正如各国间的权力竞争，无论怎样衡量权力，国家间均等的权力分配都是相对罕见的。更多时候，不均衡的增长意味着一些国家将会崛起，其他一些国家将会衰落。[③] 可以说，以国家为单位的利益所需仍旧是世界竞争的主要形式。基于此，欧盟所开展的伊拉斯谟计划在追求欧洲整体发展利益的同时，最大限度地协调各国流动发展需求，确保伊拉斯谟计划的质量与公平性。

1. 追求欧洲整体发展是流动项目存在的根本价值

从目前整个国际发展形势来看，国家或地区的竞争实力因信息化时代的到来，不再以单一的军事实力或经济实力作为衡量的主导因素，对发展资源的占有，以及有效开发利用和转化的能力显得更为重要和关键。欧洲各国在面对区域之外那些占有庞大领土及资源和先进技术的国际竞争者们，很难通过单打独斗争得一丝喘息之机。以区域联盟的形式，集结各国力量和资源，并且最大限度地开发、利用和转化这

---

① Hywel Ceri Jones,“Thirty Years of ERASMUS by Dr Hywel Ceri Jones,”Wales for Europe,June 29,2017,accessed June 29,2017,https://www.walesforeurope.org/articles/29-06-2017/.

② 参见贝娅特·科勒-科赫、托马斯·康策尔曼、米歇勒·克诺特《欧洲一体化与欧盟治理》，顾俊礼等译，中国社会科学出版社，2004，第 24 页。

③ 参见约瑟夫·奈《论权力》，王吉美译，中信出版社，2015，第 175 页。

些资源用于欧洲地区的整体实力提升，是欧洲多数国家能与世界他国并肩抗衡的主要战略。欧洲地区高校师生的跨国流动将各国资源有机地整合起来，并且为资源的开发、利用及转化提供了良好的合作空间。因而可以说，欧洲开展的高校师生跨国流动，其发展目标远不止于高等教育国际化和提高高校人才质量。通过人才的有效流动，在经济、文化及意识形态等多层面协调和发展欧洲共同利益，从而促进欧洲整体的国际实力提升是其共同的参与初衷。

对于欧洲当前的社会发展情况而言，难以满足劳动力市场的人才需求仍然是阻碍欧洲区域经济发展的重要因素。欧洲各国尚需加强高等教育与劳动力市场的匹配度，将人才培养与产业发展需求相关联，提高欧洲劳动力市场的活力，降低优秀人才的外流风险。基于此，欧盟希望建立起一种“人力流动的文化”，这种文化不仅代表欧盟各国人力资源的交流，而且包括各种吸引其他地区优秀人才加入的优惠政策。① 欧盟通过推动欧洲各国的高校师生在高校、企业等领域的流动，增强欧洲地区劳动力市场的灵活性和开放性。伊拉斯谟计划的推行在一定程度上优化并解决了欧洲地区劳动力市场发展、人才资源的最大化利用以及知识产业的转化与升级等问题。

对于欧盟来说，在联合各国发展资源和力量、提升欧洲地区国际竞争力的战略中，增强超民族国家意识的欧洲维度、凝聚欧洲公民的区域共识至关重要。随着欧洲地区经济危机的爆发和大量移民的涌入，许多极右翼思想和势力开始在欧洲不断涌现，他们打着种族主义、国家利益的旗号，通过暴力冲突等极端方式排斥外来移民者，并且宣扬种族单一性、国家主义至上等思想意识。这使得欧盟对加强欧洲维度和欧洲公民身份意识有着十分迫切的需求，而文化合作是构筑具有共

① 参见顾颖、董联党等《欧洲一体化进程中的区域经济发展》，中国社会科学出版社，2008，第239页。

同价值的欧洲的根本，也是欧洲委员会的特殊作用所在。① 在文化合作中，教育又是所有文化合作活动中的关键因素。因为正是通过教育，公民才能够认识到欧洲认同与公民身份的价值。文化和教育政策有助于实现社会团结、跨文化理解、创造就业，因而在欧洲地缘政治背景下发挥着重要的作用。② 2017 年 9 月 17 日欧盟各成员国领导人在哥德堡举办的峰会上提交的《通过教育与文化加强欧洲身份认同》报告，也证实了目前开展的伊拉斯谟 + 计划在欧洲流动发展方面所具有的这些潜在贡献力。

简单来说，利用区域人员流动项目来促进欧洲各国间的协调与合作、推动欧洲整体实力发展是欧盟开发和不断升级伊拉斯谟计划的根本价值所在。

2. 协调各国流动利益所需是推动项目开展的必要价值

欧洲区域内跨国师生流动项目的开展，一方面是欧洲整个区域在国际舞台上的竞争和发展所需，另一方面更是欧洲内部各地区或国家间利益的共需或各自战略需要。欧洲地区分布着大大小小的国家，在国际流动中统一国家共识、协调利益冲突显得十分艰难。

(1) 欧洲“共同体”意识与民族国家主义之间的发展冲突

从教育本身来说，其作为形成一个民族或国家身份认知的主要方式，具有很强的政治性特征，一直是各民族国家所独立捍卫的发展领域。开展国家间教育层面的流动合作，对于各参与国来说，本身具有很强的敏感性，这也是为何伊拉斯谟计划在开发初期难以达成共识的

---

① See Louise Terrilloon-Mackay, *Ten Years of Cultural Cooperation in Europe 1989-1999: An Outside View* (Strasbourg: Council for Cultural Cooperation, Council of Europe, 2001), p. 10.

② See Louise Terrilloon-Mackay, *Ten Years of Cultural Cooperation in Europe 1989-1999: An Outside View* (Strasbourg: Council for Cultural Cooperation, Council of Europe, 2001), p. 10.

根源所在。同时，各国在国际组织竞争的背后，是各国国家实力的博弈，而归根到底是人才的竞争。当增强欧洲共同身份意识的区域流动项目摆在欧洲各国面前时，该项目对本民族国家的意识形态及发展利益的影响性是欧洲各国所要考量的首要因素。欧洲公民意识的增强是否成为该国人才流失的诱因，也会作为各参与国在项目发展中需要审慎考虑的方面。

(2) 国家间在流动利益获得上存在竞争性和不均衡性

国际师生流动除了会对各国公民意识形态产生影响外，在流动效益获得方面，因不同国家发展水平的差异造成利益获得份额的不平等及人才流失等问题同样会导致欧洲国家间的流动利益冲突，不利于欧盟对区域整体流动利益的推进。

基于联合国统计司对世界各国发展水平的划分，欧盟成员国基本都已位列发达国家的水平，但从欧洲区域角度来说，区域内部的发展水平十分迥异。在 2016 年欧洲地区 GDP 排名中，位于前十位的国家多来自西欧及北欧地区①，南欧地区内部国家经济发达水平差距最为显著，并且南欧与东欧地区一样落后于西欧、北欧地区国家。同时，综合性的发展水平评测标准——人类发展指数（Human Development Index，HDI）也同样显示了欧洲地区内国家间的这一大致发展差距。②在欧洲区域内开展的教育流动，任何国家都希望在自己的优势领域操

---

① 排名依次是：德国、英国、法国、意大利、西班牙、荷兰、瑞典、波兰、比利时、奥地利、丹麦、爱尔兰、芬兰、葡萄牙、希腊、捷克、罗马尼亚、匈牙利、斯洛伐克、卢森堡、保加利亚、克罗地亚、斯洛文尼亚、立陶宛、拉脱维亚、爱沙尼亚、塞浦路斯、马耳他。

② 参考联合国统计司所发布的 1990—2015 年度 HDI 世界排名，欧洲地区国家的排名依次是：挪威、瑞士、德国、荷兰、丹麦、爱尔兰、冰岛、瑞典、列支敦士登、英国、卢森堡、法国、比利时、芬兰、奥地利、斯洛文尼亚、意大利、西班牙、捷克、希腊、爱沙尼亚、塞浦路斯、北马其顿共和国、波兰、立陶宛、斯洛伐克、匈牙利、拉脱维亚、克罗地亚、罗马尼亚。

纵相互依赖关系并且避免在自己相对弱势的领域被他国操纵。① 然而，这种地区差异性的存在使各参与国在伊拉斯谟流动项目中很难获得平等性的发展。基于本书对该流动项目发展结果的分析，发展水平更高的国家在流动过程中更占据流动资源优势，流动效益的吸引力更强，而弱势国家难以在国际流动中“施展拳脚”，甚至受限于其所制定的游戏规则。

（3）欧盟在协调国家间利益中的软弱性问题

若单从各国基于本国利益考量的角度发展流动，必然会造成流动差异及过程不均衡等问题的出现，以欧盟这一区域组织为核心开展跨国流动项目就是为了能够在保障各国流动利益的同时，更好地协调这种国家间的利益冲突及不均衡。利益平衡是欧盟制定所有政策的初衷②，然而欧盟这一流动项目的核心中介者却有其自身的权力短板和发展弊病。从其本质属性来看，欧盟是一个超国家性质的组织，既有国际组织的属性，又有某些邦联甚至联邦的特征。其各种制度的作用本质上都是通过协调行动促进成员国之间的稳定与合作，不断增加共同利益，最终实现其共同目标。③ 可以说，欧盟模式的根本就是国家间有效妥协模式。④ 这种组织模式能够快速有效地调动欧洲各成员国的共同利益追求，使其获得在经济、文化、教育等各领域上的最大效益。但同时，在处理成员国之间的国家利益矛盾和不平衡问题时，协商、妥协的调和方式更显无力和软弱。在伊拉斯谟计划中，各参与国间的流

---

①　参见约瑟夫·奈《论权力》，王吉美译，中信出版社，2015，第 72 页。

②　参见张静《欧盟区域援助与成员国经济发展——以爱尔兰为案例的研究》，博士学位论文，华东师范大学，2007，第 120 页。

③　参见吴志成、李客循《欧盟治理与制度创新》，《马克思主义与现实》2004 年第 6 期。

④　参见张静《欧盟区域援助与成员国经济发展——以爱尔兰为案例的研究》，博士学位论文，华东师范大学，2007，第 125 页。

动发展差异和收益不平衡问题在欧盟以辅助性政策协调的情况下收效甚微也是一个很好的例证。此外，欧洲联合的程度也面临着重大限制。尽管欧洲一体化进程已经走过了 60 年，但各国的国家认同仍然强于共同的欧洲认同，对各自国家利益的追求尽管程度比以往有所减弱，但仍然重要。①

3. 促进师生流动机会的公平性是项目开展的基本价值

对于伊拉斯谟计划来说，欧盟在推进具体流动项目的过程中存在两难境地。一方面，人力资本流动本身具有经济发展的规律法则——弱肉强食、适者生存，这势必在国际流动过程中对不同发展水平的参与国具有筛选性和淘汰性的发展特点；另一方面，作为高等教育国际化的一部分，伊拉斯谟高校师生流动项目又必然考虑到教育作为国家权力范畴以及教育本身性质的特殊性，需要顾及发展中的均衡性、公平性等原则。因而，对于该项目如何保障各国教育流动在促进经济效益的同时，又符合教育发展的内在要求，是最为艰难的问题。

从伊拉斯谟计划的发展过程来看，欧盟一直致力于推行在教育流动上的更大参与性和发展平等性，然而这种努力更多的是来自专业层面的横向扩充。例如自 2014 年以来，伊拉斯谟＋被设计为具有系统性框架的计划，它从大学之间的交流发展起来。这个“＋”号表示，其现在也为职业教育和继续教育等很少参与国际合作的人提供跨国流动的机会。② 对于参与国间的机会参与问题和流动发展性问题虽一直有所关注，但收效远不及横向发展的效果大。

不容置疑的是，地区间流动发展的不均衡性问题仍然需要通过欧盟组织来进行协商和解决。只有这样，欧盟才能借以区域流动发展形

---

① 参见约瑟夫·奈《论权力》，王吉美译，中信出版社，2015，第 184 页。

② See Hywel Ceri Jones,“Thirty Years of ERASMUS by Dr Hywel Ceri Jones,”Wales for Europe, June 29, 2017, accessed June 29, 2017, https://www.walesforeurope.org/articles/29-06-2017/.

势使欧洲各成员国获得在国际流动发展效益中的最大公约数，才能更有效地推进其一体化战略的发展进程。

（三）增加流动弱势国家的发展机遇

正如权力资源并不总是能转化为权力结果一样，拥有丰富流动资源和吸引力的国家未必能够在流动过程中获得最大利益份额。小国可以形成更强的权力转化能力。资源的不对称有时可以通过关注与意志的反向不对称得到弥补。① 当弱势国家和优势国家在师生流动项目中达成协议，并且获得双方共同收益的一部分时，对于弱势国家而言，允许优势国家师生及相关机构来本国发展，虽流入数量不多，但通过流动许可依然可以促进相关国家人才对本国的关注，并且获得优势国家的教育资源和技术成果。同时，大量弱势国家师生的向外流动，虽然使优势国家在流动短期内能够从弱势国家获得大量的人才流入以及其所附带的经济资本，但随着时间的推移，优势国家在不经意间也将流动资源转移到了弱势国家的手中，在为其培养大量优秀人才的同时，也传播和扩展了弱势国家的语言文化等软实力。这些软实力的潜在资本可以使得流动弱势国家在未来的流动发展中提高本国的教育流动吸引力，并且在区域流动的共同利益中分得更大的一杯羹。

第二节　欧盟高等教育一体化面临的挑战

近几年，伴随着全球疫情大流行的侵袭和国际形势的不稳定性因素增加，欧盟在开展高等教育一体化方面面临着许多困难与挑战。

---

① 参见约瑟夫·奈《论权力》，王吉美译，中信出版社，2015，第 73 页。

一、新冠疫情对欧洲高等教育跨国流动的阻碍

2020年全球新冠疫情的暴发，对世界各国的教育系统都造成了巨大的冲击。疫情波及190多个国家及地区，有超过2.2亿的高校学生面临教育中断的艰难境地。疫情使得全世界94%的学生在学校教育方面受到阻碍。[①] 对于跨国流动的师生而言，疫情的发生使得他们因个人经济收入减少、学校关停、考试延期、旅行受阻、身心健康情况受到威胁等多方因素而极大地影响了参与高校跨国流动项目的积极性。欧洲国际教育协会进行的一项调查显示，有超过三分之二（73%）的受访者表示，学生出境流动受到疫情的影响，而有43%的受访者报告显示，入境流动同样受到疫情的影响。由“伊拉斯谟学生网络”发布的报告也分析了疫情对欧洲学生参与流动项目的影响：有25%的学生流动被迫取消；有近40%的学生遭遇了流动阻碍（如回国交通、住宿和基本需求得不到满足）；意大利和亚洲学生经历过基于国籍的歧视；有50%的交换生已经转向在线课程，34%的交换生已经转向部分在线课程或部分推迟课程。[②] 由此产生的破坏可能会抵消数十年来教育国际化发展取得的进步，并且加剧业已存在的矛盾。[③] 各国高等教育在跨国合作和人员流动方面发展受阻，教育教学陷入质量危机与公平挑战。由于不同国家及地区在技术、财政支持等因素上的发展水平不同，来自不同地区的高校师生将在跨国流动和资金支持等方面存在显著差距，不利

---

① See United Nations, *Policy Brief: Education During COVID-19 and Beyond* (New York: United Nations, 2020), p. 2.

② 参见徐小洲、阚阅《跨入新全球化——新时期我国教育对外开放的挑战与对策》，《教育研究》2021年第1期。

③ 参见徐小洲、阚阅《跨入新全球化——新时期我国教育对外开放的挑战与对策》，《教育研究》2021年第1期。

于欧洲推进高校跨国合作的公平性发展。

相比而言，欧洲在应对疫情所造成的高等教育发展影响方面也显示出积极的态度和较快的处置效率。国际大学协会（International Association of Universities）的调查数据显示，欧洲地区有53%的高等教育机构获得了来自政府及相关部门的帮助与支持，亚洲、太平洋及美洲地区的数据结果虽然与欧洲地区类似，但仍低于欧洲整体水平，而非洲在这一方面仅占31%。①

此外，新冠疫情还造成了全球范围内高校毕业生的就业危机，欧盟面临着各成员国的经济、劳动力市场及社会各方面的发展压力。在劳动力市场供需失衡、高校人才培养与劳动力市场需求缺乏匹配度、各国就业岗位紧缺的情况下，高校毕业生跨国就业的机会减少，跨国就业的效果也随之减弱。这也在一定程度上影响了高校学生选择参与跨国教育学习、实习、职业培训的意愿和态度。

二、国家间的政治博弈引发高校跨国合作危机

随着国家间地缘政治的博弈，贸易和军事冲突不断加剧，单边主义、民族主义、排外主义等势力在全球各地区蔓延，这对各国高校开展教育合作与交流事业提出了巨大挑战。亚洲开发银行在《2020年亚洲发展展望》中警告，这种地缘政治紧张局势将带来不利风险。② 在这一国际背景下，欧盟深陷多重危机，欧盟高等教育区建设和高等教育一体化的发展愿景在近几年的国际局势变化中也面临着发展困境与阻

---

① See Giorgio Marinoni, Hilligje van't Land and Trine Jensen, *The Impact of COVID-19 on Higher Education Around the World: IAU Global Survey Report* (Paris: International Association of Universities, 2020), p. 20.

② See Asian Development Bank, *Asian Development Outlook 2020: What Drives Innovation in Asian?* (Metro Manila: Asia Development Bank, 2020), p. 26.

滞。对于欧盟成员国之间的高等教育合作而言，英国的脱欧抉择使得欧洲在推进一体化建设方面蒙上一层不确定性，这一举动甚至激化了欧盟内部的摩擦与分歧，对于欧盟倡导的团结精神、欧洲共同价值观的塑造产生了极大的挑战。这种影响不仅不利于欧洲高等教育领域开展跨国交流合作项目，阻碍伊拉斯谟＋计划在英国高校中的开展，同时还将极大地破坏欧洲高等教育区的建设，使欧洲推进多年高等教育一体化进程进入倒退阶段。国际秩序的变化也严重削弱了欧盟在高等教育领域促进与世界其他国家建立合作伙伴关系的信心和动力。

此外，基于当前的国际局势变动，高等教育领域的跨国流动与合作在趋于减少的同时，其合作动向也将会发生显著变化。有学者推测，美国作为首选留学目的地的地位可能会下降。在可预见的将来，英语国家在全球高等教育中将继续保持较强吸引力，与此同时东亚国家将会冉冉升起。①

三、数字化在高等教育跨国合作中的适应性问题

受疫情和国际局势的发展影响，欧盟对高等教育一体化发展模式的革新速度加快，其强调探索对教育形态、流动方式、教学理念等多方位的创新与变革。其中，大规模数字化技术在高校教学与教师培训活动中的广泛应用，催生了在线教学、混合式教学等更为多样和灵活的教学与培训形式。大力促进数字技能在高校教育教学中的应用，深化各国高校的数字化转型成为当前应对教育环境变化的核心任务。然而，数字化技术在短期内的广泛应用也对欧洲高等教育合作交流的具体教学质量和合作效率提出了挑战。在“欧洲教育媒体”的调查结果

① 参见徐小洲、阚阅《跨入新全球化——新时期我国教育对外开放的挑战与对策》，《教育研究》2021 年第 1 期。

中，国际学生对在线课程学习经历的满意度的平均分仅为 2.9 分（满分 5 分）。[①] 绝大多数的学生认为，当前的线上课程在确保自我学习专注力、与同学交流互动的机会、教师的线上教学能力、网络设备的可用性等多方面仍难以满足学生自身的发展需要，数字化技能在高等教育领域中的融合度尚需提升。

四、流动过程存在地区发展公平性问题

伊拉斯谟计划在开展具体的流动项目时，积极探索和总结有效促进更多欧洲高校学生参与流动的辅助性策略，以期从最大程度上减少流动阻碍和问题。然而，在实际的流动过程中，由于参与者自身背景及其来源国的经济、文化资本、教育方面的发展水平的差异，使得不同国家或地区的高校学生在参与流动项目时所面临的阻碍因素及程度不同，这在一定程度上影响了处境不利的高校学生的流动参与的公平性和国际化发展水平。

（一）流动参与机会的不平等性

从流动参与者层面来说，虽然伊拉斯谟计划设立了许多流动支持与辅助机制，来促进更多的学生参与到流动之中，然而参与者自身背景因素和对流动经历的认知仍然是决定其最终能否获得流动参与资格的关键因素。一方面，经济因素是阻碍参与者平等参与流动项目的首要因素。跨国流动经历本身就是一种高投资的教育项目，在参与者自身经济水平有限的情况下，如果不能确定项目本身或来源国相关机构为其提供充足的流动资金支持，那么参与流动的可能性就会大大降低。另一方面，学生家庭背景的差异也会影响其选择参与跨国流动项目的

① 参见徐小洲、阚阅《跨入新全球化——新时期我国教育对外开放的挑战与对策》，《教育研究》2021 年第 1 期。

积极性。更多的非学术型家庭背景的学生在流动项目参与上会面临来自家庭支持、信息获取、流动期待等方面的问题。同时，我们往往会发现，存在流动资金问题的学生其家庭背景为非学术型的比例也十分高，这更说明了学生自身背景因素的重要性。

从参与者来源国层面来说，地区或国家的发展力也会成为限制或促进高校学生获得流动参与机会的重要因素。一方面，地区或国家的社会经济发展水平会直接影响其在流动项目中的资金投入度和经济支持力度。对于项目参与国来说，支持本国学生参与伊拉斯谟计划所投入的公共资金是一种机会成本，国家在承担这部分经费投入的同时，需要相应缩减本国的其他资金储蓄。因此，欧洲各国在伊拉斯谟计划上的投入力度很大程度上受该国经济发展水平制约。基于目前世界银行所提供的近十年来欧洲地区 GDP 发展排行情况，经济发展水平排在欧洲前十位的国家分别是德国、英国、法国、意大利、西班牙、土耳其、荷兰、瑞典、波兰、比利时，而排在后五位的国家则是冰岛、塞浦路斯、北马其顿共和国、马耳他和列支敦士登。可以看出，欧洲区域内经济发达地区仍旧集中在西欧、北欧，而欠发达地区则以东欧、南欧为主。因而欧洲西北部地区国家有较为充裕的国家资金储蓄作为支持，能够在伊拉斯谟计划上投入大量的经费，支持一定比例的学生获得参与机会，使得该地区的学生成为伊拉斯谟流动项目的主要参与群体。然而在发展较为落后的东欧、南欧部分国家，社会经济发展水平作为参与流动项目的关键因素带给东欧及南欧绝大多数国家更多的是一种限制和约束。这些地区的国家在伊拉斯谟计划资金投入力度上会明显低于西欧、北欧地区国家，这在一定程度上阻碍了相当数量的学生拥有参与流动项目的机会，造成这些地区的学生获取跨国流动机会的竞争性远远大于西欧和北欧地区学生。简而言之，地区社会经济发展水平的差异导致了学生在流动参与机会上的不平等。

另一方面，地区或国家在文化资本占有上的差距也会对高校师生的流动参与机会产生差异。西欧、北欧地区由于社会福利优越、经济发达，能够为学生在其学习、教学期间提供更多元的跨国流动的机会和途径。因而，与欧洲其他地区相比，这些地区的师生将跨国流动看作一种丰富和拓展自我发展经历的过程，参与交流项目的原因更集中于体验国外生活和结交朋友，属于“消费式”的项目参与心态。相对来说，东欧、南欧国家基于所处的紧迫社会就业形势和经济发展压力，师生所拥有的跨国流动机会较少。因而，他们更多地将参与流动视为一种投资方式。这些地区的师生参与交流项目是为了拓宽自身的职业前景，以及提升他们的外语能力等其他软技能，他们对流动项目抱有最多样的发展目标和较高的发展期待。可见，其流动目的的选择更倾向于对未来生存的考量。除此之外，英语、德语、法语、意大利语等欧洲主要语言区的国家，其师生在区域跨国流动项目上有更便利的参与优势。而如斯洛文尼亚、克罗地亚、塞尔维亚、罗马尼亚、立陶宛等部分东欧及南欧国家，其国家官方通用语言并非欧洲主要使用语言，并且在伊拉斯谟计划中尚未对这些小语种提供学习支持。这就使得该地区学生的流动参与难度大于其他国家参与者，并且该地区的流动吸引力也会随之受到影响。

（二）流动收益存在地区偏向性

由于国际师生流动不仅具有教育层面的发展属性，其所具有的投资性和消费性也成为吸引各国参与伊拉斯谟＋计划的重要因素。地区跨国流动吸引力的大小，会直接影响到参与国流动收益的多少。

一方面，地区良好的社会经济发展背景和丰富的文化资本占有量，会成为吸引高校师生流入的重要因素之一。伊拉斯谟计划表明了，无论在欧洲地区内部的流动还是涉及区域外其他国家间的流动，具有较好的经济发展背景的西欧、北欧地区国家都会成为流动参与者偏向选择的发展目的地，而东欧、南欧地区国家在接受师生数量上都远远少于前者。这在一定程度上导致东欧、南欧地区国家的跨国流动参与度，以及其所产生的相关投资收益要明显低于西欧、北欧地区国家。

另一方面，参与国自身的高等教育发展水平及国际声誉与其在跨国流动中的国际吸引力和流动收益的获得分量有着十分紧密的联系。基于全球高等教育研究机构夸夸雷利·西蒙兹（Quacquarelli Symonds）所发布的最新的世界大学排名，欧洲地区高校在前一百位排名中所占据的比重非常可观，但所入围的高等教育机构在欧洲地区的分布却有着十分突出的地区偏向性。在欧洲地区排名前一百位的高校中，无一例外地来自西欧和北欧地区国家，东欧和南欧地区国家的高校很可惜未能入榜。同时，西欧地区国家的高校占比高达70%[①]，也就是说，欧洲高等教育最为发达的国家多集中在欧洲西部。这也解释了，在伊拉斯谟高校师生流动项目中，多数国家的参与者将西欧和北欧地区国家作为其跨国交流的目的地。这一偏向性，对于南欧和东欧的各国高校来说，无疑是其缺乏足够的流动吸引力的重要原因之一，尤其对于国际化流动而言，提升国内高校的国际声誉和教育质量显得尤为关键和紧迫。

因此，西欧、北欧地区国家凭借本地区发达的社会经济和高等教育质量优势能够在跨国师生流动中占据更大的“主动权”，更具地区吸引力和竞争力。跨国流动不仅能够凭借国外学生的大量流入而获得更大份额的直接经济收益，其本身作为一个重要的知识产业也在很大程度上为其带来了人才扩充、科研成果转化，以及教育相关产业化发展的最大利润。

总的来说，伊拉斯谟计划虽然促进了欧洲地区教育质量、就业力的提高及欧洲维度的战略目标的实现，但流动参与过程仍然存在着许多不公平性问题。从国家层面看，伊拉斯谟+计划近几年的发展虽然

---

① See “QS World University Rankings 2020,” Quacquarelli Symonds, accessed February 10, 2023, https://www.topuniversities.com/university-rankings/world-university-rankings/2020.

较之前的流动战略在参与范围及国际化水平上有了很大的突破和拓展，然而目前的调查结果显示，该计划的流动热度区依然集中在欧洲大陆领域内，尤其是以西欧和北欧为中心的地区国家间的流动，该地区同时也是世界其他国家在该项目计划下的流动热度地区。从参与群体看，欧洲各国高校师生参与伊拉斯谟＋计划的积极性一直处于增长态势，然而这一计划也仅仅使全欧洲 3.7％的青年人有机会参与到相关流动发展中，更多年轻人仍然需要机会和途径参与进来。① 在有关弱势群体的流动参与机会这一问题上，伊拉斯谟＋计划目前通过提供补助金及完善相关辅助机制的方法，努力支持有特殊需要的学生参与交流。在过去几年里，有特殊需要的学生参与项目的数量虽然有所增长，但这类学生的项目参与度依旧偏低。今后伊拉斯谟＋计划还会更加关注处境不利群体的流动参与机会，并且计划于 2025 年使该群体的流动参与性提高两倍。② 此外，伊拉斯谟＋计划的开展情况也表明，欧洲区域流动项目的开展，不仅需要来自欧盟层面的领导与支持，更需要联合欧洲各国在资金、政策等方面的共同开发和投资，从而保障流动项目运行的顺畅性。

第三节 欧盟高等教育一体化的未来走向

面对复杂多变的国际发展环境，继续推进高等教育一体化战略将始终是欧盟提升欧洲高等教育发展水平和欧洲国际影响力的重要任务。跨国人员流动与机构合作也仍然是促进欧洲高等教育一体化发展的主要路径。为了在应对上述发展挑战的同时，更好地实现 2025 年建立开

---

① See European Commission, *Strengthening European Identity Through Education and Culture*(Luxembourg: Publications Office of the European Union, 2017), p. 5.

② See European Commission, *Strengthening European Identity Through Education and Culture*(Luxembourg: Publications Office of the European Union, 2017), p. 5.

放且充满活力的欧洲教育区的发展愿景，欧盟委员会在 2020 年 9 月出台了《欧洲教育区 2025 行动计划》（“Achieving the European Education Area by 2025”）。在该行动计划中，明确了欧洲教育区的六大实现要素，即教育质量、包容与性别平等、绿色和数字化转型、教师与培训人员、高等教育、地缘政治。[①] 基于此，伊拉斯谟＋计划设置了未来优先发展事项，在开展高等教育组织机构合作的过程中，旨在实现欧洲高等教育的一体化战略目标。

伊拉斯谟＋计划的优先发展事项具体包括以下几个方面。

一是促进高等教育跨国流动的包容性和多样性。伊拉斯谟＋计划将支持促进社会包容性的项目，旨在帮助更多的残疾人、移民背景者、偏远地区群体、经济困难者等获得参与伊拉斯谟＋计划的机会。[②]

二是加快促进高等教育的数字化转型。伊拉斯谟＋计划将支持在教育、培训、青年、体育领域有目的地使用数字技术进行教学、学习和评估，包括发展数字教学法，提高教师使用数字工具的技能水平，例如对无障碍和辅助技术、数字教育内容的创建与使用。此外，伊拉斯谟＋计划还旨在通过发展所有人的数字技能和能力，以更好地满足处境不利群体的教育需求，实现欧洲更大范围的教育机会平等与公平。[③]

三是提升高校毕业生的就业能力。为了战略性地解决因技能差距而产生的高校毕业生就业能力与劳动力市场需求匹配度不高的问题，

---

① 参见姜丽娟、刘义兵《“欧洲教育区”背景下欧盟教师教育政策的新动向及其启示》，《全球教育展望》2021 年第 5 期。

② See “Partnerships for Cooperation,” European Commission, accessed September 11, 2022, https://erasmus-plus.ec.europa.eu/programme-guide/part-b/key-action-2/partnerships-cooperation.

③ See “Partnerships for Cooperation,” European Commission, accessed September 11, 2022, https://erasmus-plus.ec.europa.eu/programme-guide/part-b/key-action-2/partnerships-cooperation.

并且最大限度地提高高校学生的学习效果，伊拉斯谟＋计划将在未来支持开展更多相关活动，促进高校与就业市场之间的沟通与合作。例如，重视计划参与者在项目活动中软技能（如适应性、文化理解、批判性思维、解决问题、沟通技能等）的提升，为高校学生提供更多的实习、培训等短期流动的机会，丰富其就业经历，培养其创业精神。

四是巩固欧洲的共同的价值观，提升公民的社会参与度。伊拉斯谟＋计划将支持欧洲高校师生在公民道德、跨文化能力、批判性思维、媒体素养方面的发展，还将优先考虑通过正式或非正式学习活动为欧洲更广泛的人群提供参与民主社会生活、提高公民参与机会的项目。目前而言，伊拉斯谟计划的发展重点还将放在提高对欧盟背景的认识和理解上，特别是关于欧盟共同价值观、统一与多样性原则、文化认同等方面。① 伊拉斯谟＋计划在具体项目活动的推进中，将培养欧洲身份认同和形成共同的价值观念作为核心发展任务，致力于发挥其在解决欧洲民主、人权、尊重及团结问题上的积极作用。伊拉斯谟＋计划还将考虑建立一个世界范围的网络校友平台，用于积累和分享参与该计划项目的经验，为更多想要参与的高校师生提供详细的信息参考。

五是提高欧洲高等教育的国际影响力。虽然受当前国际形势和新冠疫情的影响，伊拉斯谟＋计划在开展跨国合作，尤其是与欧盟以外的世界其他地区国家的合作方面面临很大的挑战，但欧盟始终坚信并重视在国际交流合作中，维持并推进与伙伴国家高等教育机构的合作关系，提高欧盟以外的高校师生及相关人员的项目参与度，将伊拉斯谟＋计划由欧洲维度逐步推进到国际维度。伊拉斯谟＋计划在未来将更加重视有关高等教育项目活动的国际化战略，通过增加这些项目活动的预算、提高网络建设力度及人员支持力度，来最大限度地保持合

① See "Partnerships for Cooperation," European Commission, accessed September 11, 2022, https://erasmus-plus.ec.europa.eu/programme-guide/part-b/key-action-2/partnerships-cooperation.

作进展与效率。同时，伊拉斯谟＋计划还将致力于支持发展中国家的高等教育能力建设，为其提供可持续的、创新的战略方案与指导。对于欧洲地区的环境变化和英国脱欧所致的一系列发展问题，伊拉斯谟＋计划也将竭尽全力支持和确保英国在该计划中的持续参与，减少因脱欧所带来的流动发展阻碍。

此外，伊拉斯谟＋计划也将继续遵循其优先发展事项，在高等教育合作领域中支持解决气候变化、绿色能源发展问题，以及移民等各项欧洲社会问题，通过具体项目活动培养高校师生对相关问题的观念意识并指导其具体行动，从而提升伊拉斯谟＋计划的附加值。

参考文献

一、中文文献

（一）著作类

［1］加亚尔，德尚，等. 欧洲史［M］. 蔡鸿滨，桂裕芳，译. 海口：海南出版社，2000.

［2］陈学飞. 高等教育国际化：跨世纪的大趋势［M］. 福州：福建教育出版社，2002.

［3］陈玉刚. 国家与超国家：欧洲一体化理论比较研究［M］. 上海：上海人民出版社，2001.

［4］多伊奇. 国际关系分析［M］. 周启朋，郑启荣，李坚强，等译. 北京：世界知识出版社，1992.

［5］顾颖，董联党，等. 欧洲一体化进程中的区域经济发展［M］. 北京：中国社会科学出版社，2008.

［6］郭华榕，徐天新. 欧洲的分与合［M］. 北京：京华出版社，1999.

［7］汉密尔顿. 希腊方式：通向西方文明的源流［M］. 徐齐平，译. 杭州：浙江人民出版社，1988.

［8］亨廷顿. 我们是谁？美国国家特性面临的挑战［M］. 程克雄，译. 北京：新华出版社，2005.

［9］阚阅．多样与统一：欧洲高等教育一体化研究［M］．杭州：浙江大学出版社，2016.

［10］科勒-科赫，康策尔曼，克诺特．欧洲一体化与欧盟治理［M］．顾俊礼，潘琪昌，周弘，等译．北京：中国社会科学出版社，2004.

［11］梅萨罗维克，佩斯特尔．人类处于转折点：给罗马俱乐部的第二个报告［M］．梅艳，译．北京：生活·读书·新知三联书店，1987.

［12］奈．论权力［M］．王吉美，译．北京：中信出版社．2015.

［13］奈特．激流中的高等教育：国际化变革与发展［M］．刘东风，陈巧云，译．北京：北京大学出版社，2011.

［14］王坚．欧盟完全手册［M］．北京：中央编译出版社，2010.

［15］维纳，迪兹．欧洲一体化理论［M］．朱立群，等译．北京：世界知识出版社，2009.

［16］周弘．欧盟是怎样的力量：兼论欧洲一体化对世界多极化的影响［M］．北京：社会科学文献出版社，2008.

［17］朱贵昌．多层治理理论与欧洲一体化［M］．济南：山东大学出版社，2009.

（二）期刊类

［1］阿特巴赫，姜川，陈廷柱．全球化与国际化［J］．高等教育研究，2010，31（2）：12-18.

［2］蔡宗模，毛亚庆．高等教育全球化：逻辑与内涵［J］．高等教育研究，2013，34（7）：10-17.

［3］陈国栋．全球化对高等教育的影响与应对策略［J］．高教探索，2006（2）：40-42.

［4］郭苏星．从教育思想看伊拉斯谟世界计划的实施价值［J］．内蒙古师范大学学报（教育科学版），2014，27（1）：4-6.

［5］李大为. 欧盟“新伊拉斯谟”计划述评［J］. 现代教育论丛，2014（6）：47-53.

［6］李大为. 欧盟“新伊拉斯谟计划”及其成人教育［J］. 成人教育，2015，35（1）：88-91.

［7］李盛兵，邬英英. “伊拉斯谟世界计划”研究生跨国联合课程探析［J］. 比较教育研究，2011，33（7）：36-39.

［8］李素琴，胡丽娜. 从“伊拉斯谟项目”到“伊拉斯谟世界项目”：欧盟高等教育的国际化发展［J］. 比较教育研究，2010，32（4）：36-40.

［9］李素琴，胡丽娜. “伊拉斯谟世界项目”第一期实施中存在的问题及改进建议［J］. 河北农业大学学报（农林教育版），2010，12（1）：36-39.

［10］李英. “伊拉斯谟＋”计划：欧盟高等教育政策新进展［J］. 高等教育研究，2014，35（12）：89-94.

［11］刘爱玲，褚欣维. 博洛尼亚进程20年：欧盟高等教育一体化过程、经验与趋势［J］. 首都师范大学学报（社会科学版），2019（3）：160-170.

［12］刘海滨. “欧洲大学”倡议及其对“一带一路”高等教育合作发展的启示［J］. 重庆高教研究，2020，8（6）：58-68.

［13］钱诚. 欧盟“伊拉斯谟＋”计划对我国成人教育发展的启示［J］. 中国成人教育，2015（8）：123-125.

［14］孙华，蒲欣. 欧洲联盟“新伊拉斯谟计划”及其对我国高等教育的启示［J］. 当代教育科学，2015（21）：43-47.

［15］孙珂，王宏方. 伊拉斯谟计划影响的有限性及原因分析［J］. 科技信息（学术研究），2008（19）：19-21＋23.

［16］覃丽君. 伊拉斯谟教师流动项目的概况、特色及启示［J］. 比较教育研究，2013，35（4）：95-100.

［17］谭敏．从欧盟“伊拉斯谟世界计划”看研究生跨国交流与合作［J］．学位与研究生教育，2009（12）：64-67.

［18］王超．欧洲高等教育区一体化与多元化并存的合理性、实质及其启示［J］．外国教育研究，2008（2）：41-45.

［19］魏航．欧盟“伊拉斯谟-曼德斯计划”评析［J］．外国教育研究，2011，38（12）：63-66.

［20］吴志成，李客循．欧盟治理与制度创新［J］．马克思主义与现实，2004（6）：53-58.

［21］徐小洲，阚阅．跨入新全球化：新时期我国教育对外开放的挑战与对策［J］．教育研究，2021，42（1）：129-137.

［22］杨德广．经济全球化与教育国际化［J］．上海交通大学学报（哲学社会科学版），2001（4）：3-8.

［23］俞可．欧盟高等教育的自我救赎［J］．复旦教育论坛，2015（1）：92-99.

（三）学位论文类

［1］方守江．中国学生国际流动：驱动力及风险防范［D］．上海：华东师范大学，2010.

［2］季艳艳．欧盟伊拉斯谟计划（ERASMUS）的发展及成效研究［D］．上海：上海师范大学，2011.

［3］金如意．博洛尼亚进程研究［D］．杭州：浙江师范大学，2009.

［4］魏航．欧盟高等教育合作交流政策研究［D］．长春：东北师范大学，2011.

［5］张静．欧盟区域援助与成员国经济发展——以爱尔兰为案例的研究［D］．上海：华东师范大学，2007.

二、外文文献

(一) 著作类

[1] Asian Development Bank. Asian development outlook 2020: what drives innovation in Asian? [M]. Metro Manila: Asia Development Bank, 2020.

[2] ENDERS J, DE BOER H F, WESTERHEIJDEN D F. Reform of higher education in Europe[M]. Rotterdam: Sense Publishers, 2011.

[3] European Commision. Erasmus: facts, figures & trends: the European Union support for student and staff exchanges and university cooperation in 2013-2014[M]. Luxembourg: Publications Office of the European Union, 2015.

[4] European Commission. The history of European cooperation in education and training: Europe in the making—an example [M]. Luxembourg: Office for Official Publications of the European Communities, 2006.

[5] HAAS E B. The uniting of Europe: political, social, and economic forces, 1950-1957[M]. London: Stanford University Press, 1958.

[6] PALAYRET, J M. A university for Europe: prehistory of the European university institute in Florence (1948-1976) [M]. Rome: Presidency of the Council of Ministers, Department of Information and Publishing, 1996.

[7] PÉREZ-ENCINAS A. Consolidating Erasmus mobility in Spain during the economic crisis[M]//JONES E, COELEN R, BEELEN J, et al. Global and local internationalization. Rotterdam: Sense Publisher, 2016: 163-166.

（二）期刊类

[1] AYDIN S. "I am not the same after my ERASMUS": a qualitative research[J]. Qualitative report, 2012, 17(55): 1-23.

[2] DEAKIN H. The drivers to Erasmus work placement mobility for UK students[J]. Children's geographies, 2014, 12(1): 25-39.

[3] DELORS J. Education for tomorrow[J]. The UNESCO courier, 1996, (4): 6-10.

[4] European Commission. On legal pathways to protection in the EU: promoting resettlement, humanitarian admission and other complementary pathways[J]. EU official journal, 2020, (9): 13-22.

[5] FOMBONA J, RODRIGUEZ C, PASCUAL-SEVILLANO M A. The motivational factor of Erasmus students at the university[J]. International education studies, 2013, 6(4): 1-9.

[6] FORTUIJN J D. Internationalising learning and teaching: a European experience[J]. Journal of geography in higher education, 2002, 26(3): 263-273.

[7] HASRATI M, TAVAKOLI P. Globalisation and MATESOL programmes in the UK[J]. Higher education, 2015, 69(4): 547-565.

[8] HEGGS D A, MERCER J M, DURNIAT K. ERASMUS partners in conversation: psychology at the university of Wroclaw and university of Wales institute, Cardiff[J]. Psychology teaching review, 2011, 17(2): 38-46.

[9] HOAREAU C. Financing EU student mobility: a proposed credit union scheme for Europe[J]. Center for studies in higher education. 2010, 17(10): 1-23.

[10] JACOBONE V, MORO G. Evaluating the impact of the Erasmus programme: skills and European identity[J]. Assessment & evaluation

in higher education,2015,40(2):309-328.

[11] JUKNYTĖ-PETREIKIENĖ I, PUKELIS K. Quality assessment of internationalised studies: experience of Socrates/Erasmus programme participants[J]. The quality of higher education,2007,4:74-101.

[12] KUHN T. Why educational exchange programmes miss their mark: cross-border mobility, education and European identity[J]. Journal of common market studies,2012,50(6):994-1010.

[13] LESJAK M, JUVAN E, INESON E M, et al. Erasmus student motivation: why and where to go? [J]. Higher education,2015,70(5): 845-865.

[14] MAIWORM F, TEICHLER U. Erasmus student mobility programs 1991-92 in the view of the local directors[J]. European education, 1998,30(3):27-55.

[15] MATIĆ I, JELAKOVIĆ A. Challenges and perspectives in nurse education: Erasmus+ EU programme[J]. Cardiologia Croatica, 2016,11(10/11):585.

[16] MERCER J. Experiencing ERASMUS: reflections on integrating Polish psychology students onto a year of a degree in the UK[J]. Psychology teaching review,2011,17(1):13-22.

[17] MESSER D, WOLTER S C. Are student exchange programs worth it? [J]. Higher education,2007,54(5):647-663.

[18] MITCHELL K. Rethinking the "Erasmus effect" on European identity[J]. Journal of common market studies,2015,53(2):330-348.

[19] NEUMANN M L, KNUST S L. Perceptions of cultural differences between Turkish and German societies: personal observations of two German Erasmus students at Karabük university[J]. Journal of history culture and art research,2013,2(4):203-212.

[20] PIMENTEL-BOTAS P C，HUISMAN J. A bourdieusian analysis of the participation of Polish students in the ERASMUS programme: cultural and social capital perspectives[J]. Higher education，2013，66(6): 741-754.

[21] RAIKOU N，KARALIS T. Non-formal and informal education processes of European lifelong learning programmes for higher education: the case of the Erasmus programme in a Greek peripheral university[J]. International journal of interdisciplinary social sciences: annual review，2010，5(1):103-114.

[22] RAŢĂ G. Intercultural development through intercultural awareness and cultural briefing[J]. New trends and issues proceedings on humanities and social sciences，2017，4(1):61-67.

[23] RODRIGUEZ GONZALEZ C，BUSTILLO MESANZA R，MARIEL P. The determinants of international student mobility flows: an empirical study on the Erasmus programme[J]. Higher education，2011，62(4):413-430.

[24] SOUTO-OTERO M. The socio-economic background of Erasmus students: a trend towards wider inclusion? [J]. International review of education，2008，54(2):135-154.

[25] TEICHLER U. Temporary study abroad: the life of ERASMUS students[J]. European journal of education，2004，39(4):395-408.

[26] UNLU I. Teacher candidates'opinions on Erasmus student exchange program[J]. Educational sciences: theory & practice，2015，15(1):223-237.

[27] WILSON I. What should we expect of "Erasmus generations"? [J]. Journal of common market studies，2011，49(5):1113-1140.

[28] ZHELYAZKOVA Z. Cultural and linguistic implications of

the Erasmus exchange program[J]. Trakia journal of sciences, 2013, (3):377-384.

（三）报告类

[1] European Commission. Annex I Erasmus+ programme annual report 2015 statistical annex[R]. Luxembourg:Publications Office of the European Union,2017.

[2] European Commission. Combined evaluation of Erasmus+ and predecessor programmes: final report—jean monnet programme evaluation [R]. 3rd Vol. Luxembourg:Publications Office of the European Union, 2017.

[3] European Commission. ECHE monitoring guide for Erasmus+ national agencies[R]. Brussels:General for Education and Culture,2016.

[4] European Commission. Erasmus + annual report 2016 [R]. Luxembourg:Publications Office of the European Union,2017.

[5] European Commission. Erasmus + annual report 2019 [R]. Luxembourg:Publications Office of the European Union,2020.

[6] European Commission. Erasmus + annual report 2020 [R]. Luxembourg:Publications Office of the European Union,2020.

[7] European Commission. Erasmus+ capacity building in the field of higher education: at a glance(2015-2020)[R]. Luxembourg: Publications Office of the European Union,2022.

[8] European Commission. Erasmus + higher education impact study[R]. Luxembourg:Publications Office of the European Union,2019.

[9] European Commission. Erasmus+ programme guide 2017[R]. 2nd ed. Luxembourg:Publications Office of the European Union,2017.

[10] European Commission. Erasmus+ programme guide 2020[R]. 3rd ed. Luxembourg:Publications Office of the European Union,2021.

[11] European Commission. Jean monnet activities: 30 years of excellence in EU studies[R]. Luxembourg: Publications Office of the European Union, 2019.

[12] European Commission. Strengthening European identity through education and culture[R]. Luxembourg: Publications Office of the European Union, 2017.

[13] European Commission. Study on the impact of Erasmus+ higher education partnerships and knowledge alliances at local, national and European levels on key higher education policy priorities[R]. Luxembourg: Publications Office of the European Union, 2019.

[14] European Commission. The Erasmus impact study: effects of mobility on the skills and employ ability of students and the internationalisation of higher education institutions[R]. Luxembourg: Publications Office of the European Union, 2014.

[15] European Commission. The Erasmus impact study regional analysis: a comparative analysis of the effects of Erasmus on the personality, skills and career of students of European regions and selected countries [R]. Luxembourg: Publications Office of the European Union, 2016.

[16] European Commission. 2023 annual work programme— "Erasmus+": the union programme for education, training, youth and sport[R]. Luxembourg: Publications Office of the European Union, 2022.

[17] Eurydice. The European higher education area in 2015: bologna process implementation report[R]. Luxembourg: Publications Office of the European Union, 2015.

[18] Go International. Gone international: mobile students and their outcomes-report on the 2012/13 graduating cohort[R]. London: UK Higher Education International Unit, 2015.

[19] MARINONI G, VAN'T LAND H, JENSEN T. The impact of COVID-19 on higher education around the world: IAU global survey report[R]. Paris: International Association of Universities, 2020.

[20] United Nations. Policy brief: education during COVID-19 and beyond[R]. New York: United Nations, 2020.

后　　记

长久以来，伊拉斯谟计划对于提升欧洲高等教育质量和一体化发展水平，促进各国高校之间在人员、机构、平台资源等方面的交流与合作取得了较好的发展成果。在起初研究该计划时，我时常抱有这样的一些疑问：欧盟开展伊拉斯谟计划三十多年的时间里，其内外环境不断变幻，欧盟是如何确保该计划得以顺利实施的？又是怎样在高等教育一体化进程中协调质量与公平、多样与统一？再者，在高等教育跨国流动中，欧盟是如何处理一体化与国际化的发展关系的？在撰写本书的过程中，笔者对于这些问题的答案也渐渐明晰起来。首先，以欧盟为依托所长期形成的合作基础与身份认同是持续开展伊拉斯谟计划的重要前提，而计划的开展亦是巩固欧洲一体化、提高欧盟国际影响力的重要因素，两者互相作用，形成战略发展的良性循环。其次，秉持包容性和均衡性的发展理念是欧盟践行高等教育一体化质量与公平、多样与统一的核心价值。参与伊拉斯谟计划的高校师生来自不同的国家和民族，有着不同的背景、语言及文化等特征，欧盟始终奉行包容性的发展理念，重视参与群体的多元化和参与形式的多样化。同时，欧盟更为关注发展的均衡性和教育质量的保障。在伊拉斯谟计划的开展中，欧盟不仅为处境不利的参与者提供多方面的发展支持，确保流动项目参与机会和过程的公平性，还通过创设一系列的质量保障机制、学分认可转换机制等手段来促进项目参与的质量与效率。最后，欧盟始终将促进欧洲维度作为伊拉斯谟计划发展的核心目标。将高等教育跨国交流与合作的范围扩大至世界其他地区已然是欧盟今后开展伊拉斯谟计划的主要趋势，但巩固和增强欧洲意识与身份却是伊拉斯谟计划始终不变的核心发展任务之一。

现如今，由于地缘、经济及文化等因素的共同作用，以区域形式开展高等教育跨国交流与合作在世界高等教育国际化发展中逐渐显现出较好的发展优势和竞争力。欧盟在开展伊拉斯谟计划中所呈现出的上述发展经验，或可对我国开展和参与区域性的高等教育跨国师生流动与机构合作提供一定的启示与参考。

本书的顺利出版得益于我的导师于洪波教授、路书红教授的指导与支持，得益于河北大学出版社编辑的辛劳付出，悉心雠正错漏，在此致以衷心的感谢!

本书尝试对欧盟伊拉斯谟计划进行系统而全面的梳理和分析，但由于本人资历尚浅、水平有限，本书难以避免存在一些错讹之处，敬请专家学者指正!

黎芳媛

2023 年 2 月于济南